·光明文丛系列·
Guangming Wencong series
光明文丛

中国文化教程

杨丽萍 覃德清 ◎编著

光明日报出版社

图书在版编目（CIP）数据

中国文化教程 / 杨丽萍, 覃德清编著. —— 北京：

光明日报出版社, 2024.9

ISBN 978-7-5194-7610-6

Ⅰ.①中… Ⅱ.①杨… ②覃… Ⅲ.①中华文化—教

材 Ⅳ.①K203

中国国家版本馆CIP数据核字(2023)第221418号

中国文化教程
ZHONGGUO WENHUA JIAOCHENG

编　　著：杨丽萍　覃德清

责任编辑：房　蓉　　　　　　责任校对：郭玫君

封面设计：李　阳　　　　　　责任印制：曹　净

出版发行：光明日报出版社

地　　址：北京市西城区永安路 106 号，100050

电　　话：010-63169890（咨询），010-63131930（邮购）

传　　真：010-63131930

网　　址：http://book.gmw.cn

E - mail：gmrbcbs@gmw.cn

法律顾问：北京市兰台律师事务所龚柳方律师

印　　刷：北京科普瑞印刷有限责任公司

装　　订：北京科普瑞印刷有限责任公司

本书如有破损、缺页、装订错误，请与本社联系调换，电话：010-63131930

开　　本：170mm×240mm

字　　数：303 千字　　　　印　　张：14.25

版　　次：2024 年 9 月第 1 版　印　　次：2024 年 9 月第 1 次印刷

书　　号：ISBN 978-7-5194-7610-6

定　　价：68.00 元

目　录

第一编　中国文化演进历程

第一章　从文化发祥到百家争鸣

第三编　中华民族文化系统

第九章　汉族文化的形成与演进

第四编　中国文化形态结构

第十三章　文化符号与生活习俗

绪 论

一、核心概念的界定

文化因其固有的复杂性,使得人们对文化的理解以及对"文化"一词的运用存在明显差异,往往在不同的场合,强调"文化"的不同侧面,并赋予"文化"不同的内涵。

(一)文化的多重含义

"文",指交错的纹理。《周易·系辞下》:"物相杂,故曰文。"《说文解字》:"文,错画也,象交文。"由此引申出文字符号、文物典籍、礼乐制度等含义。《尚书·序》载伏羲画八卦,"由是文籍生焉"。《论语·学而》:"行有余力,则以学文。""文"进一步指向人为修养、美善品行等。《尚书·舜典》:"经纬天地曰文。"《论语·雍也》:"质胜文则野,文胜质则史,文质彬彬,然后君子。"

"化",本义指化生、化育、改易。《周易·系辞下》:"男女构精,万物化生。"《礼记·中庸》:"可以赞天地之化育。"《黄帝内经·素问》:"化不可代,时不可违。"由以上诸说,"化"进一步引申为教行迁善之义,如《说文解字》载"化,教行也"。

西汉以后,"文"和"化"正式合成一词,或与"大自然"相对,或与"质朴""野蛮"对举。例如,"文化不改,然后加诛"(《说苑·指武》),"设神理以景俗,敷文化以柔远"(《三月三日曲水诗序》)。

西方各民族语言文字系统中,与"文化"相对应的词是拉丁文 Cultura,含有耕种、居住、练习、注意等意。德文 Kultur 和英文 Culture,本指栽培、种植等,逐渐被引申为对人情操的陶冶和品德的修养,与中国古代"文化"一词中"文治教化"的内涵接近。

现代汉语中,"文化"一词有广义和狭义之分。广义的"文化"指人与动物、人类社会与自然界的本质区别,以及人类独特的生存方式,涵盖面非常广泛。狭义的"文化"专注于人类精神创造活动及其成果,如英国文化学家泰勒在《原始文化》中说,文化"乃是包括知识、信仰、艺术、道德、法律、习俗以及作为社会成员的人所掌握和接受的任何其他的才能和习惯的复合体"①。

---

① 爱德华·泰勒.原始文化[M].连树声,译.桂林:广西师范大学出版社,2005:1.

广义的文化包罗万象,然而淡化了文化的核心本质;狭义的文化侧重于精神活动及价值观念,却忽略了广博浩繁的文化事象。我们既要关注广义的文化,养成宏阔的视野,也要着眼于狭义的文化,把握文化的精髓与实质;既要透过纷繁复杂的人类文明成果,揭示文化的深层结构,也要通过理解文化共同的特性,领会文化的内在意涵。

概而言之,文化是"自然的人化",是个人和民族的智慧与潜能外化的方式及成果,是人类向往光明、追求自由、超越自我进而实现自身价值的途径及结晶。

1. 象征性

文化事象是民族代表性的创造成果,集中体现了民族的智慧,是民族标志性的文化符号,具有强烈的象征意义。例如,中国的长城、丝绸、瓷器、兵马俑、中国结、太极图、儒道释学说等备受世人关注,在于它们体现了中国人的智慧,是中国文化的象征。

2. 民族性

文化超越个人而存在,为特定区域内的大多数社会群体所共同创造、分享和传承,并从不同侧面表现出民族性特征。如我国草原游牧民族住帐篷,南方山地民族住干栏;北方民族性格慷慨豪放,南方民族性格深沉委婉;西北民族的"花儿",曲风高亢嘹亮,南方民族的歌谣,曲调婉转悠扬。

3. 时代性

文化如奔腾不息的长河,穿越历史时空,在不同时代由不同群体创造并传承,同时由于时空的变换,文化的变异不可避免地发生。某些不符合社会要求的文化现象消失了,而体现时代精神、更符合人类进步要求的文化特质不断诞生,为人们所接受,成为新时代的文化象征。

4. 整体性

文化是由代代相承、一以贯之的价值观念和行为模式构成的有机整体,是历史文化与形态文化的整合,各种文化形态相互交织,彼此密不可分。每一个局部的变革,都会相应地引发整体的重组,局部的革新,也依赖于整体的转型。

5. 多元性

文化的萌生、演化、发展都依赖于特定的生态环境,都是适应不同自然生态环境的结果,因而都具有特定意义和存在价值。我们应当尊重文化的多元性。任何文化事象,只要体现了特定群体的心志和理想,都应该肯定其作为一种文化类型的存在意义。不能以人口多少、实力强弱判定某个民族文化的价值大小或优劣。正是人类文化价值的多元性,构成了丰富多彩的人类社会。

(二)传统文化·民族文化·中国文化

传统文化与现代文化是相对的概念,传统文化是指历史上形成的具有强大生命力的那些文化事象。传统文化的成果孕育于特定的历史时期,在特定的族群中相习成俗,积淀在民族记忆深处,历久弥新,生生不息。

传统文化不只体现在博物馆里的陈列品或图书馆里的典籍、文献中,还潜藏在各民族心理意识的深层结构中,潜移默化地影响着人们的思维方式和行为准则。

传统文化常以节令习俗、人生礼仪、文学艺术、生活方式或民族心理结构为载体,贯穿于社会发展进程中。人们既继承了传统文化,又赋予它新的形式和内容,使之不断获得蓬勃的生机与活力。传统文化因此具有相对的稳定性、广泛的社会性及鲜明的时代特性。

民族文化与世界文化相对应。世界文化由人类各民族文化构成,强调文化的整体性和普同性。民族文化由各民族创造,强调文化的区域性和特殊性。民族文化在特定的地理空间衍生,由特定族群所创造并传承,集中体现了这个民族的思想感情、价值观念、人生理想、审美旨趣、生活方式和文化精神。

民族文化有显在和隐在两种不同的存在方式。可直接观察到的服饰、饮食、建筑、语言文字、工艺美术、生产生活方式等,是民族文化显在结构的主要组成部分。民族文化的隐在结构指民族的心理、感情、信念、意志和自尊心,是需要细致体察和真切感悟才能领会的民族意识中最重要而深刻的部分。

民族文化的显在和隐在结构相互依存、互为表里,民族文化的研究与构建,一方面不能忽视显在文化,另一方面更应聚焦于隐在文化。每一个能够立于世界民族之林的民族,所依凭的往往不是外在的表层文化,而是内在的精神文化。在全球化时代,区域民族文化备受冲击,面临着被同化甚至消解的挑战。如果人类文化变成同一种模式,世界将不再丰富多彩,这当然不是人类文明演化的理想结果。因此,延续与拓展汇聚着民族精神特质的隐在文化,促进人类文化变得更加异彩纷呈,显得尤为重要。同时,调适并构筑民族文化的自我更新机制,实现民族文化与现代文明的化合创生也是一项十分紧迫的任务。

中国文化,指在中华民族五千多年的文明基础上孕育而成,由中华五十六个民族共同创造和传承的文化。其核心内涵是中国精神、中国价值和中国力量,主要内容包括中华优秀传统文化、革命文化和社会主义先进文化。其中,优秀的中华传统文化体现于"古"和"传统",革命文化和社会主义先进文化体现于人民的、大众的、先进的新文化。

中国文化是一个独特、开放、包容的文化系统,在不同历史时期有不同的表现形态,其反映和表达的是不同历史时期中华各民族所从事的实践活动存在与发展的"状态",具有文化的连续性和历史的统一性,在民族迁徙与文化传播的过程中,共同汇聚成中华民族的文化海洋。

面对当今世界文化多元并立、相互竞争的发展大势,中国文化的建设必须始终坚持以马克思主义为指导,始终坚守中国文化立场,传承中国文化基因,在创造中继承,在推陈中出新,中华民族精神的发展才有方向,中国文化才能以中国特色、中国风格、中国气派的文化形象屹立于世界民族之林。

(三)"大国学"与中国文化的内涵和外延

季羡林先生基于中国文化整体观的理论视野,提出"大国学"理念,主张将中国区域文化和各民族文化纳入国学研究范围。他说,"国内各地域文化和 56 个民族的文化,就都包括在'国学'的范围之内。地域文化和民族文化有各种不同的表现形式,但又共同构成中国文化这一文化共同体","过去光讲黄河是中国文化的中心,我是不同意的。长江文化、其他地域文化,其实都应该包括在国学里边","中国文化,中国所有的民族都有一份。中国文化是中国 56 个民族共同创造的,这 56 个民族创造的文化都属于国学的范围"。① 季先生的见解为国学研究的深化发展及中国文化教育内涵和外延的确定指明了方向。

中国的历史是由汉族和各少数民族共同创造的,"中国"这一概念的内涵和外延的演变过程,反映了中国成为统一的多民族国家的历史发展轨迹。与此相应,中国文化的创造者和传承者是自鸿蒙初辟以来世代栖居在中国辽阔疆土上的各民族及其先民。中国文化是在中国历史上各个时期创制并绵延至今的文化演进系统和中国境内各区域各民族文化系统和谐统一的综合体。华夏族及其后裔汉族是中国的主体民族,但不等同于今天所说的中华民族;华夏文化或汉族文化是中国文化中博大精深而影响深远的重要组成部分,但不是中国文化完整结构的全部;以汉文为载体的经史子集是中国文化的精粹,但除此之外的其他民族文化形态,同样浩如烟海,意蕴深邃。

多元一体的中国文化凝聚着中华民族的创造智慧和文明成果,体现了中华各民族对自然、社会、人生的深刻理解,是中国人开创民族文化新纪元的动力源泉。把汉族文化和各少数民族文化作为一个完整的统一体予以审视,有利于揭示中国文化的原初形貌,实现哲学意义上的中国文化和人类学范畴里的中国文化的交融整合,促使中国文化的深层意蕴与现代价值得到多维度的阐扬。

二、"天地人文"与中国文化认知图景

中国文化博大精深、浩如烟海,本书不能将各民族、各时期、各形态的文化完全纳入进来,但应具有相对统一的理念、主旨、核心精神和思想主轴。中国文化教育的核心任务是依据横向空间和纵向历史相统一、创造主体和文化表征相印证的原则,向世人展示中国历史文化、区域文化、民族文化和形态文化,构建科学、系统、全面、完整的中国文化认

---

① 季羡林.国学应该是"大国学"[J].紫光阁,2007(8):60-61.

知图景。

　　天时、地利、人和、文昌,是中国人审时度势的四大范畴,也寄寓着中国人的社会理想。中国文化认知图景整体建构的路径也由此展开:围绕"天—天时—历史进程""地—地域—国土疆域""人—民族—文化主体""文—文化—文化形态"四大维度,梳理文化历史脉络和演进历程,构建关于中国区域文化的整体认知,认清中国文化创造和传承主体及其文化源流,领悟具有象征意义的文化成果及其蕴含的文明智慧。

　　《中国文化教程》力图打通传统人文学科间的壁垒,将中国文化归入文化演进系统、区域文化系统、民族文化系统、文化形态系统,亦即天、地、人、文四个系统,由此构成中国文化认知图景的整体结构。

(一)天—天时:中国文化演进历程

　　文化的稳定是相对的,其变迁是永恒而绝对的。中国文化始终处在动态的演化过程中,不同历史时期的中国文化,呈现出各自不同的特色。随着中国各民族的深度融合,"中国人"的族群构成不断拓展,文化的创造者和传承者发生了变化,相应地引起了文化结构和特质的更新。

　　中国文化系统结构的发展,经历了先秦的初组期、秦汉的定型期、魏晋至隋唐的鼎盛期、宋元明的强化期、清代的衰微期和近现代以来的重振期。

　　1. 中国文化初组期

　　从远古人类文化起源到多元浑一结构的形成。这部分主要以中华大地上的旧石器、新石器文化为依据,探讨中国文化的多元起源及其浑一化的过程。根据考古发现,中华远古文化由北方文化区、南方文化区、中原文化区和青藏文化区构成,从而形成多元浑一的潜在法则,或显或隐地支配着中国文化的发展。

　　2. 中国文化定型期

　　自中国文化迈入文明的门槛,即从二里头文化、二里岗文化、小屯文化到秦汉时期,中原文化区的主导地位得到确立。同时,思想领域由百家争鸣到独尊儒术,秦汉两朝的政体结构、思想结构、伦理结构、宗教结构、民族结构业已定型,并绵延于中国文化发展的全过程。

　　3. 中国文化鼎盛期

　　魏晋至隋唐,独尊儒术的文化格局被打破,思想异常活跃,多元文化并存,多民族文化汇聚,人的潜能被全方位激发,中华民族进入空前鼎盛的历史阶段。唐朝国运大振、经济繁荣、文化发达,中国文化发展到历史的最高峰。

　　4. 中国文化强化期

　　公元 907 年,唐王朝覆灭,经五代十国及宋辽夏金元多国对峙,中国文化的多元格局得以强化。元、明两朝加强中央集权和意识形态控制,是一体结构的强化;而各民族间频繁的战争冲突和文化交流,征服者文化同被征服者文化的融合,又加速了中华民族的浑一化进程。

5. 中国文化衰微期

满汉文化的融合曾一度延缓了中国文化的颓势,出现经济繁荣、社会安定的"康乾盛世",但这终究只是封建文化的回光返照。中国文化自清至近代发展的总趋势是每况愈下,特别是相对蒸蒸日上的西方工业文明而言,中国文化处于由盛转衰的历史阶段。

6. 中国文化重振期

自辛亥革命至今,乃至今后相当长的历史时期,中华民族处于由衰转盛、由弱而强、由丧权辱国到独立自主的艰难探索的历史阶段。以孙中山为代表的资产阶级革命派,推翻了长达两千多年的封建专制制度;五四运动从思想文化层面唤醒了国民;中华人民共和国的成立,标志着中国成为独立自主的国家;20世纪70年代末改革开放政策的推行,20世纪90年代社会主义市场经济的逐步确立,有力地促进了中国文化的发展;21世纪,我国进入全面建设小康社会新时期,踏上了全面建设社会主义现代化国家新征程,实现中华民族伟大复兴进入了不可逆转的历史进程,中华优秀传统文化的创造性转化和创新性发展、革命文化的继承、社会主义先进文化的发展得到前所未有的重视。

(二)地—地域:中国国土疆域结构

任何文化都是在特定的空间中萌生、孕育、演化的,世界上不存在飘忽在虚空中的文化。人类的长期实践活动逐步将自然空间变成人化空间。人类通过对自然生态环境的认识、利用和创造,开辟出适合人类生产生活的各种人文空间。

常言道:"十里不同风,百里不同俗。"自然生态环境是文化衍生的地理根基,各民族只能在大自然提供的舞台上从事文化创造活动,而不同区域的自然生态总是给该区域的文化打上深深的印记。

中华民族栖息的地理空间既有高山大漠、辽阔草原,也有山地丘陵、河域平原,复杂的地貌构成了中国文化纷繁复杂的生态基础。因此,我们研究中国地域文化系统时,有必要从横向的角度考察中国文化的地理分布及其在不同的生态环境制约之下呈现的绚丽多姿的形貌。

中国的国土疆域和区域文化空间是一个不断拓展的过程。元代,中国的疆土横跨亚欧;清代,中国的疆域格局逐步趋于稳定。中国文化的主体衍生在中国辽阔的疆域上,从东海之滨到青藏高原,从内蒙古草原到海南岛,到处遍布着迷人的文化景观。中国各区域凡是有族群聚居的地方,都衍生出某种文化。汉族聚居的秦陇文化区、中原文化区、齐鲁文化区、东北文化区、巴蜀文化区、荆楚文化区、吴越文化区、岭南文化区、闽台文化区,都是自成一体的地方文化。少数民族聚居的北方草原文化区、青藏高原文化区、藏彝民族走廊、南岭民族走廊等,遍布着丰厚的区域文化资源。只有将上述各区域的代表性文化成果纳入中国文化研究的视野中,才能展示中国文化的整体景观。

　　中国文化是中国境内各区域、各民族文化系统和谐统一的综合体,各民族文化区域的划分,应该考虑到覆盖面的周全,划分标准的大致统一,并坚持层次清晰、条块分明的原则。中国的区域文化系统客观上存在北方文化系统和南方文化系统之分,以秦岭—淮河为分界线,南、北方文化形貌具有明显的差异。以地理位置、自然资源、经济基础为衡量标准,中国又可划分为东部地区、中部地区和西部地区。东部地区临近海洋,自然资源相对贫乏而经济发达;西部地区自然资源丰富,而经济发展相对滞后;中部地区介于两者之间。从系统理论和结构主义的观点来看,这是对中华民族地域文化系统的浅层划分,也是对中国文化系统地域构成的浅层把握。根据覆盖面周全和层次性清晰的原则,对中国文化结构做中层划分,则可划分为五个区域,即北方草原游牧文化区、黄河流域麦作文化区、长江流域稻作文化区、珠江流域与闽台文化区、滇黔青藏高原文化区,这是中华民族地域文化的中间层次,反映了中华古文化、经济文化的概貌。如果再向深层划分,则可将五个文化区细分为十五个小文化区,即东北文化区、内蒙古文化区、西北文化区、秦陇文化区、中原文化区、齐鲁文化区、巴蜀文化区、荆楚文化区、吴越文化区、粤西文化区、粤东海南文化区、闽台文化区、滇黔文化区、西藏文化区、青海文化区。

　　两分法、三分法、五分法、十五分法,反映出中华民族地域文化系统的完整结构,本书以此为依据,全面探讨各文化区的文化形貌及其象征结构。

(三) 人—民族:中国文化传承主体

　　民族是文化的创造者和传承者,文化与民族如影随形,世界上既不存在没有文化的民族,也不存在没有创造主体和承载主体的文化。费孝通先生的"中华民族多元一体格局"[①]理论使人们得以深刻理解中国 56 个民族之间的紧密联系。中国各民族都参与了中国文化的创造,也传承着各具特色的文化传统,56 个民族的民族文化共同构成了多姿多彩的中国文化大观园,中国文化的内涵和外延理应涵盖各民族文化。

　　民族是文化创造的主体,理解文化必须立足于民族。中国各民族的经济与社会发展是不平衡的,但经济与社会发展水平不一定与文化的发展程度成正比。如果把文化作为一种生活方式,那么每一个民族无论强弱大小,其生活方式中都积淀着该民族的人生经验及对自然和社会的真切体认,应该给予充分的关注。

　　根据中华各民族繁衍生存的区域,古代民族文化大体上可以分为三个系列:

---

① 费孝通. 中华民族多元一体格局[M]. 北京:中央民族大学出版社,1999:3-39.

1. 北方古代民族文化系列

包括貊、匈奴、鲜卑、突厥、丁零、肃慎，居住在长城以北草原、森林等地区的以游牧、狩猎为主的民族，其生存方式多为逐水草而居，民风淳朴、强悍，富于进取心。

2. 华夏族文化系列

居于黄河流域，以种植小麦为主，是汉民族的主源，开化较早，文明程度高，是中华民族的主体民族。

3. 南方古代民族文化系列

指居住在西南、中南、东南地区的巴、蜀、苗、瑶、濮、越等民族，以种植水稻为主，兼以狩猎，盛行崇巫之俗，民风淳厚。

尽管中国古代的某些民族后被同化或者迁徙域外，但中华民族的基本格局始终包括北方游牧民族、中原麦作农耕民族、南方丘陵稻作以及山地农耕民族。现阶段中国的56个民族大多数由以上三大族系衍生而成，彼此在血缘上一脉相承，只是族称发生了很大变化。

根据我国56个民族的语言谱系，还可以将各民族的文化分为以下六个系统：

1. 突厥语族及印欧语系诸民族文化系统

西北地区许多民族的语言属阿尔泰语系的突厥语族和印欧语系的斯拉夫语族、伊朗语族。该系统包括哈萨克族、维吾尔族、俄罗斯族、塔吉克族、乌孜别克族、柯尔克孜族等民族。裕固族的语言，分属阿尔泰语系的突厥语族和蒙古语族，还有的裕固人说汉语。回族语言异常复杂，来自中亚的回族使用的语言属突厥语族，来自西亚的回族使用波斯语和阿拉伯语。随着社会的发展，回汉民族交流增多，汉语已成为回族的通用语言。为方便叙述，我们将裕固族和回族归于突厥语族及印欧语系诸民族文化系统之中。

2. 蒙古语族诸民族文化系统

该系统涵盖土族、蒙古族、保安族、东乡族、达斡尔族。其分布范围在内蒙古草原和甘肃、青海等地，以游牧及农耕为主要生计来源。其中蒙古族的文化较为强盛，在中西文化交流中起到重要的中介作用。

3. 满语—通古斯诸民族文化系统

居住在东北地区的满族、锡伯族、赫哲族、朝鲜族、鄂伦春族、鄂温克族及其先民开拓了祖国的东北大地，在长期的生产实践过程中，形成了以农耕、狩猎、采集为经济基础的相对统一的文化形貌，在此将上述诸民族的文化作为统一的系统，隶属于中国文化的大系统。

4. 汉、苗瑶语族及南岛语系诸民族文化系统

汉族及苗瑶语族诸民族的祖先长期生活在黄河、长江两大流域，彼此间相互交流、冲突、融合的历史源远流长。公元前23世纪至公元前22世纪，华夏民族在黄河中游地区崛起，经夏、商、周三朝而日益强大，成为中华民族的主体。苗瑶语族原居黄河、长江中下游地区，长期与中原民族相对峙，受挫后退居山林，较为完整地保存了远古文化形态。

5. 壮侗语族诸民族文化系统

属于壮侗语族的民族有壮族、傣族、侗族、水族、仫佬族、布依族、毛南族和黎族,诸民族活动的主要区域是中南、华南各地,同古代的百越、百濮族群存在渊源关系,以水稻种植、干栏建筑、断发文身、青铜铸造为主要文化特质。

6. 藏缅语族及南亚语系诸民族文化系统

藏族、彝族、白族、羌族、怒族、佤族、傈僳族、纳西族、门巴族、普米族、哈尼族、拉祜族、景颇族、基诺族、独龙族、阿昌族、珞巴族、德昂族、布朗族等民族栖居在祖国西南大地,创造了丰富多彩的区域民族文化,充实了中华民族的文化内涵。

(四) 文—文化:中国文化形态体系

文化形态是指民族、国家或群体所创造的整体性文化系统的各种表现形态,是由语言文字、物质生产与物质生活、精神生产与精神生活、各种层次的社会组织与社会关系等一系列子系统构成的大系统。文化形态的差异源于文化创造方式的不同,但各形态之间又密切关联、相互制约。各种文化形态是各民族本质力量的显现,代表着民族的智能结构和文明程度。各种文化形态的协调统一,维系着社会整体的正常运作。

文化形态的存在方式通常表现为物质文化、制度文化和精神文化三种。西方文化人类学研究各民族文化所采用的形态划分方法通常是五分法:语言文字、物质文化、社会组织、宗教信仰、艺术活动。这也是传统文化人类学研究的主要方法。根据中国传统文化的特点,本教材初步将文化的存在方式拟定为六种形态:

1. 信息符号系统

语言文字。人区别于动物的特质之一,是能够创造并运用语言文字等信息符号来表现思想、传达感情。语言文字的发明是人类文明出现的重要标志,而各民族的信息符号系统则全面地影响着民族文化的发展,中华各民族的语言文字同各民族文化的变迁亦密切相关。

2. 生存基础系统

生活习俗。中国各区域生活习俗与民族文化发展之间存在密切的相互制衡关系,各民族的生活习俗从基本层面制约着民族文化的演化路向,甚至对中华民族的生存发展起着决定性作用。因为每个民族的生息繁衍都有赖于从自然摄取生存资源,而生活习俗规定了摄取的途径和方式,并对人们的体质特征与智能结构产生了深远影响。

3. 生殖繁衍系统

婚姻家庭。从某种程度上说,人自身的生产比物质资料和精神资料的生产展现出更为强大的功能。人口数量、人的素质、婚姻家庭的组合方式同样在民族文化发展过程中起着重要作用。

4. 集群规约系统

社会组织。文化的发展依靠特定的社会制度、权力结构、法律体系、民间社团的作用,把各集群连成有组织、有秩序的共同体,维持社会的正常运作,促进文化从低级向高级发展。中华民族的集群规约系统具有鲜明特色,探讨其同中国文化演进的关系,对理解中国文化的发展规律大有裨益。

5. 精神崇拜系统

宗教信仰。这是人文社会科学各学科都关注的文化形态。宗教及各种信仰习俗支配着人们的精神生活,中华民族的宗教信仰形态丰富多彩,须加以重点研究。

6. 审美娱乐系统

文化艺术和民间工艺。文化艺术如歌舞、神话、传说、创世史诗、英雄史诗、叙事长诗等,是中华民族艺术品位和审美追求的集中体现。民间工艺如雕刻、绘画、染织等,在满足实用性的同时也具有很高的审美价值。

三、学习中国文化的宗旨、意义和方法

中国文化源远流长、博大精深,浩如烟海的经史子集、异彩纷呈的民间文化,都吸引着我们去探奇寻幽,去发现中国文化的无穷奥秘,体味中华先祖的创造活力,探寻中华民族那强大的凝聚力与生命力的潜在法则和文化基石。

(一)学习中国文化的宗旨

中国文化凝结着中华民族的创造智慧和文明成果,体现了中国各民族对自然、社会、人生的深刻理解。中国各民族的衣食住行、生活习俗、宗教信仰、文学艺术、哲学思想、伦理道德等不同表现形态,构成了异彩纷呈的中国文化的整体结构。

中国文化是确立民族认同的力量之源,依托中国文化认知和文化自信教育,将国家民族的历史记忆嵌入青少年的心灵,以增强国家认同、民族认同和文化认同,奠定国家富强、民族复兴的文化基石。因此,学习中国文化应围绕以下核心宗旨展开:

1. 把握文化结构,感悟文化精神

中国文化历史悠久,绵延数千年未曾中绝,是人类文明史上无比珍贵的财富。青少年肩负着传承和重建传统文化的历史使命,这就需要深入地认识中国文化的整体结构。在全球一体化的浪潮中,外来文化对中国文化产生了广泛影响,而中国经济的发展和社会的进步,理应推动中华价值观念和文化精神发扬光大。达到这一目的的途径是多种多样的,从文化的角度理解中国文化的整体结构和精神实质,是必不可少的一个方面。

2. 培植文化自觉,提升民族品质

文化自觉要求人们对自己生活其间的文化有所感知、有所了解、有所觉悟,由自知而

自觉,然后理性地投入文化建设当中。文化的自知和自觉是民族素质的有机组成部分,文化自知是文化自觉的前提,文化自觉是文化自信的基础,文化自信是文化自强的根基。培植文化自觉有利于提高国民素质,有了国民素质和品格的整体提高,国家的兴旺发达才有根本保证。

3. 增进相互了解,促进民族和谐

科学技术和经贸往来把全人类紧密地联系在一起,民族之间的交往增多,互动日趋频繁,消解民族间的对立冲突,促进各民族相互理解,推动各民族和睦相处,关系到社会稳定和国家安宁。增进了解,尊重各民族的文化传统,肯定不同文化的价值,是实现民族团结、增强中华民族凝聚力的重要手段,也是与世界其他民族和谐共处,推动构建人类命运共同体的重要前提。

4. 推进人文关怀,反对功利主义

功利主义是人类文明危机的根源。如果任由功利主义蔓延,那么本已脆弱的人与自然、人与人的和谐关系将会遭到破坏,阻碍人类社会的发展。功利主义思潮忽视审美情感的陶冶、忽视心灵的净化,容易造成人的"异化"。因此必须弘扬中国文化的人文主义精神,以人为本而非以物为本,促进人文科学知识的普及,提高国民的综合素质,为中国文化的未来发展奠定深厚的人文根基。

5. 重振民族精神,促进民族复兴

中华民族精神是中华民族在漫长的社会历史发展过程中逐步形成的,它是中华各民族生活方式、理想信仰、价值观念的文化浓缩,是中华文化最本质、最集中的体现,主要内容是以爱国主义为核心的团结统一、爱好和平、勤劳勇敢、自强不息的伟大民族精神。要将中华民族的力量源泉汇聚于民族精神的重构,借助文化的推广和普及,加强精神文明建设,重塑民族精神,统一民族心力,齐心协力地建设美好家园,促进中国文化在新时代焕发绚丽的光彩。

(二)学习中国文化的意义

1. 领悟中国文化智慧

开展中国文化教育,有助于领悟中国文化深厚的人文精神,领略充满文化智慧的道德伦理、社会风俗、人生哲学、价值观念、民族精神,处理好人与自然、人与自我、人与他人、人与社会的关系,增强文化自信心,塑造和完善健康、健全的人格,成长为有理想、有本领、有担当的时代新人。

2. 为"立德树人"奠定文化根基

人无德不立,国无德不兴。中华传统道德是历史上不同时代人们的行为方式、风俗习惯、价值追求和文化心理的集中体现,是中国文化的精髓,是中华民族极其宝贵的精神

财富。以中华传统美德陶冶情操、充实心灵,是实现中华民族伟大复兴的必然要求,也是立德树人的有效路径。通过借鉴各民族的教育智慧,可以激发人们的文化自觉和创造潜能,全面提升中国人的精神品格。

3. 明确人生目标,提升人生境界

完整的生命主体由身、心、灵构成,系统地学习中国文化,了解不同时期、不同民族处理身、心、灵的文化智慧,体悟各自的养生之道、养心之道、养灵之道,有助于明确人生目标,走出文化困境。系统学习中国文化,有助于领悟中国各区域各民族"饭养身、歌养心、圣养灵"的文化经验,逐步走向人生的更高境界,实现安居、安家、安业、安身、安心的人生目标。

(三)学习中国文化的路径与方法

面对浩如烟海的中国文化、瞬息万变的社会生活和纷繁复杂的文化事象,我们要注意掌握以下几种方法:

1. 树立纵横交织的整体观

中国文化是由历史文化和区域文化构成的复杂整体,由文化演进的历程和不同区域文化组成纵横交错的坐标。明确时空坐标意识,把千姿百态的文化事象纳入坐标体系中,使之脉络清晰、条理分明、纲举目张。

2. 主客位视角相结合

主位文化是以文化主体的身份审视文化现象,以文化继承者、参与者、创新者的立场分析问题。客位文化是以文化客体的身份看待文化现象,从旁观者的立场做出冷静评价。把主客位视角相结合,做到"进得去"又"出得来",分析文化的内在结构,阐明文化现象的本质。

3. 经典研习与社会考察相结合

一方面,中华典籍文献是中国文化要义的重要载体,研读古籍,如四书五经、二十四史等,对于我们把握中国文化的精髓非常重要;另一方面,中国文化的众多事象,是以非文本的形式留存于社会生活中的,如饮食起居、民风民俗、宗教礼仪等。这就需要我们将研习的视野延伸到社会生活的方方面面,将文本研究与社会考察结合起来,互相比照、补充、印证,从而全面、动态地理解和把握中国文化。

4. 系统论方法、比较研究法与田野作业法相结合

(1)系统论方法

系统论方法把文化的各组成部分当作一个相互作用、相互联系、有一定结构形态和特定功能的整体。其方法论特点是坚持整体功能、等级结构、综合发展的观点,将宏观和微观研究、定性和定量研究结合起来,揭示文化的特性及发展规律。

（2）比较研究法

中国幅员辽阔、地大物博，历史上中华各民族在不同的自然条件下创造的文化成果，具有明显的民族性和地域性特征。运用比较研究法，有利于认识各民族文化的同与异，发现其他研究方法不易察觉的民族文化内涵，也有利于认识各民族文化的多样性及本质特征，从而充分肯定各民族文化的价值，尊重各民族文化的存在意义，建构丰富多彩的各民族共同参与的社会主义文化新格局。

（3）田野作业法

田野作业法是人类学家、民族学家深入民间实地考察、搜集原始资料的重要方法。采用田野作业法研习中华传统文化，可以获得大量反映社会生活真实形貌的第一手材料，在此基础上建立起中国文化的完整体系。田野作业法的运用切忌以偏概全、先入为主，要坚持实事求是的科学态度，从实际出发对所有材料进行仔细甄别、科学分类、妥善保存、慎重采用。

5. 文化感知与文化建设相结合

学习中国文化，考察中国社会现实，最终目的是传承中华各民族文化的优良传统，弘扬革命文化，发展适应时代要求的社会主义先进文化。对中国文化的整体把握，既需要理性分析和深入调研，也需要调动各种感官去体验、去感知，这在经济全球化、文化一体化的今天显得尤为重要。

文化建设必须反对"复古论"和"虚无论"。一味沿袭旧说，只会扼杀创造力，窒息科学的生命；对传统的全盘否定，则割裂了民族及个人与文化母体的联系。这两种思潮都不利于文化建设。通过文化体验和文化感知，增强文化认同感和文化自信心，方能自觉投身到弘扬中国文化的伟大事业中。

第一编
中国文化演进历程

第一章
从文化发祥到百家争鸣

（图标）**学习提示**

　　人类起源是宇宙中的生命体演化到一定阶段的结果,现代科学的发展为揭开人类起源之谜提供了许多有效的途径和方法,中国人和中国文化是如何起源的,也由此变得日益清晰。本章的学习重点:理解中国文化并非只有单一的发祥地,而是在中国文化的发轫期就已经形成了多元起源的格局。中华各民族文化多元起源后,在长期的交往过程中,不断交流和融合,由古文化、古城,到建立古国,再从古国和方国向中国文化的一体化迈进。春秋战国时期的百家争鸣,促使各种文化思想争奇斗艳,儒、道、法、墨、名诸家的核心观点源远流长,在中国文化史上具有深远的影响力。

　　现代文明的飞速发展冲击着人与自然的天然联系,古老习俗和传统文明渐渐离我们远去。面对繁华的社会图景,人们若有所思:"我从哪里来,将到哪里去?"这成为萦绕在人们心间的难以排遣的疑惑。回归自然,寻找生命的本源,成为人们的共同心态和普遍向往。

一、中国文化的起源

　　任何民族文化的起源与发展,都受到特定的自然生态环境的制约。中国处在相对封闭的地理空间中,文化发展拥有较为广阔的回旋余地,这是中国文化多元起源而又生生不息、绵延至今的重要物质基础。理解中国文化缘何发轫,需要追溯历史,回到鸿蒙初辟的时代,还需要借助生态学、考古学、人类学、历史学和文学的理论视野,给予多方位的审视和省思。

　　人类起源与文化起源如影随形,而关于人类起源一直众说纷纭。人类基因研究认为,现代人类的共同祖先生活在非洲。距今5万年前,人类祖先开始走出非洲,向地球各个角落迁徙。现代东亚人的DNA与5万年前的人类共同祖先存在遗传关系。"现代人从南北两个方向进入中国。"[①]但无论如何,这依然是一个有争议的领域,还需从考古学、

---

① 斯宾塞·韦尔斯. 出非洲记——人类祖先的迁徙史诗. [M]. 杜红,译. 北京:东方出版社,2004:29.

文化学及文化认同心理等不同侧面理解民族起源和文化起源的问题。

目前,考古人类学研究认定最早的人科成员是生活在距今500万—100万年前的南方古猿。南方古猿从猿的世系中分化出来,直立行走、成群而居,以采集和狩猎为生。人类始祖进化到直立人阶段,手足进一步分化,人类体质特征有质的飞跃,脑部较以前发达,可能产生了分节语言,会制造简单工具,由以血缘为纽带的原始群转变为可以逐渐起到统合血缘集团作用的社会组织。

我国早期直立人及其文化的代表有:距今约180万年的山西西侯度人及其文化、距今约170万年的云南元谋人及其文化。考古发现的烧骨和炭屑证明,西侯度人和元谋人都已懂得用火。

晚期直立人生活在距今150万—20万年前,相当于旧石器时代早期。我国处在这一阶段的古人类主要有:距今约100万—50万年的陕西蓝田人,距今约60万—25万年的北京周口店人,距今约30万—20万年的安徽和县人。晚期直立人的双手更灵巧,脑部结构与智能有进一步改善和提高,逐步进化成智人。

人类从古猿开始,经过直立人阶段,到距今10万—2万年的旧石器时代中晚期,终于进化成智人。我国发现的典型早期智人,是广东曲江的马坝人和湖北长阳的长阳人等。早期智人的脑盖较薄,脑量较大,其头面已具有蒙古人种的某些特征,但作为一个人种,还没有最终形成。大约在距今5万年前,人类发展到晚期智人阶段,原始蒙古人种正式形成,中国人的直系祖先登上了历史舞台。

中国晚期智人的代表主要是北京山顶洞人、广西柳江人、四川资阳人、山西峙峪人、内蒙古河套人、吉林安图人、山东新泰人、辽宁建平人、江苏下草湾人、云南丽江人、台湾左镇人等。晚期智人的共同特征是脑量增加,如柳江人和山顶洞人的脑量已经达到1300—1500毫升,与现代人的脑量相近,说明其智力已接近现代人。

晚期智人创造的文化有了明显进步,石器种类增多,加工也更精细,出现了骨角器和装饰品。技术水平的提高,意味着人类自身的进化又迈上了新台阶。

大约在公元前1万年,地球上最后一次冰期结束,气候回暖,原始人群由迁徙不定的狩猎采集生活转向定居生活,开始经营原始种植业和畜牧业。随着人类社会的进步,生产工具更加多样化,石器、骨器、陶器、铜器相继出现。大约在公元前1万年到公元前3500年,中国境内的黄河流域、长江流域、珠江流域、东北地区、西北地区、西南地区遍布人类活动的足迹,这些远古人类凭借各自的文化实绩,坚定地走出蛮荒时代,向文明社会迈进。

由于蒙古人种的许多性状都可以追溯到直立人,说明中国的人类化石和近代中国人群体之间存在一脉相承的连续性。人类学、考古学、历史学、文化史学等领域已形成了这样的共识:中华民族在发展的过程中,虽然吸收并融合了外来族群的某些成分(如元明清时期移居中国并逐渐融入中华民族的一些少数民族,但以汉族为主体的中华民族的主要来源和直系祖先,是土生土长的中国石器时代文化的创造者和传承者。

中国人的起源和中国文化的起源是形影相随的关系,有形而影生,而影必不离形。如前所述,中国先祖的足迹遍布长城内外、大江南北,中国考古发现也如满天星斗,散布在中国的各个省区,构成了中国文化多元起源的璀璨格局。

中国考古文化以黄河流域为中心,以其他地区丰富的史前文化为依托,构建起规模宏大的灿烂图景:从林木葱茏的大、小兴安岭到风光旖旎的天山南北,从莽莽苍苍的青藏高原到山环水绕的东南丘陵,都留下了中华各民族先民筚路蓝缕开创中国文化之源的足迹。

黄河长江流域的主要文化遗址有:

距今 7000—5000 年的仰韶文化,生产工具以磨制石器为主,常见的有刀、斧、凿等。骨器精致。陶器以红陶为主,上面常有彩绘的几何形图案或动物形花纹,是仰韶文化的最明显特征,故又称彩陶文化。

位于山东宁阳堡头村和泰安大汶口一带,距今约 6000 年的大汶口文化,以灰陶为主,红陶次之。

发现于山东章丘龙山镇,距今 4000 多年的龙山文化,以灰黑和黑陶为主,灰陶次之。

发掘于浙江余姚河姆渡镇,距今 7000—6000 年的河姆渡文化,其陶器为黑陶,上面多饰以绳纹和动植物花纹,其居民房屋采用木结构的干栏式建筑,是古老而丰富的稻作文化遗址。

湖北京山屈家岭的屈家岭文化分布于江汉平原,以薄如蛋壳的小型彩陶、彩陶纺轮、长颈圈足壶为主要特征。

居住在长城以北,包括东北地区、内蒙古草原和新疆地区的北方民族先民们,创造了以细石器为主要特征的远古文化,形成与中原文化相对应的北方文化区。

西部的青藏高原,近年来发掘了一系列旧石器和新石器时代的文化遗存,证明这里也是古人类的发源地之一。人类社会进入文明阶段后,这里又因为自然环境相对封闭等原因,形成了以藏民族为主体的高原游牧文化区。

南方民族文化源远流长,东南、中南、西南都发现了古人类活动的遗址,形成了猿人、直立人和智人的发展序列,南方文化区也构成了与中原文化相对应的一极。

在从东北地区向西,经内蒙古草原到新疆的这片广袤土地上,广泛分布着细小打制石器,构成了文化形貌相对独立完整的统一体。新石器时代,东北地区分布着范围广阔、内涵丰富的考古文化,最富有代表性的是红山文化。

红山文化的分布范围在河北东北部以及东北地区西南部,方圆达 50 平方千米,是个坛、庙、冢相互关联的祭祀中心。可以推断,有如此规模的祭祀场所,就一定会有完整的社会文化背景,有统一的社会结构、部落联盟或者民族共同体。在结构富于变化、左右对称的女神庙里,出土了一尊艺术性很高的女神塑像,神像的面部轮廓为方圆形,属蒙古人种。这一女神像,应是神化了的氏族始祖。祭坛的发现说明居住在这一地区的先民们已经创造出发达的原始宗教文化,拥有丰富多彩的祭祀活动。

内蒙古地区也发现了一系列旧石器时代遗址,采集到不少远古石器。翁牛特旗三星他拉村发现了一件距今约 5000 年,属于红山文化系列的大型龙形玉器,其"雕刻风格、表现手法、加工技术,尤以圆雕工艺而论,与商文化、二里头文化、夏家店下层文化的玉器有诸多不同。……反映出较原始的文化性质与较早的时代气息"①。内蒙古地区还发现了富有表现力的浅红、黄褐色岩画,说明前冰川期的人类远古艺术不仅仅在西方,在亚洲中心——蒙古高原也有其渊源。文字是人类从野蛮状态进入文明阶段的重要标志之一。据研究,匈奴从公元前 2 世纪开始,借用印度婆罗米文创造了原始卢纳文,鲜卑、拓跋、柔然等也使用这种文字。蒙古语言学家 A. 鲁布桑登德认为这是音节字母文字。蒙古族的先民们对农业的发展也做出了贡献,蒙古东部最早栽培的植物是黍。"在蒙古有野生的黍,现今有圆锥花序的黍可能即由此发展而来。"②

新疆也是北方细石器文化的分布地区,在哈密、罗布泊、吐鲁番、伊宁、喀什、和田、且末等地都发现了原始文化遗址。巴里坤哈萨克自治县发现了 3200 多年前的巨型石结构遗址,一间房子宽 200 多平方米,墙壁厚约 3 米。同时出土的铜斧、铜刀、彩陶,说明当时已由石器时代过渡到青铜时代。

总之,我国北方文化区经历了旧石器文化、新石器文化、青铜文化的各个发展阶段,直至进入文明时代。先后在这一地带繁衍生息的羌、山戎、林胡、东胡、匈奴、乌桓、鲜卑、突厥、回鹘等族及其先民是北方文化的创造者,他们贡献给中国文化宝库的文化事象,除了丰富多彩的石器,还有鄂尔多斯式的铜器,牲畜驯养的技能,笼头、鞍子、马车的发明,帐篷及其他轻便住所的建造等。

考古学家贾兰坡说:"谈到人类的起源地,也不能忽视青藏高原,因为那里也是同样有希望的地方。"③其实,现今西藏和青海的地势和干燥、寒冷的气候是第四纪以后才形成的。此前,无论地理环境还是气候条件,青藏高原都很适合于人类的生存繁衍和文化的成长发育。西藏大部分地区属亚热带气候,藏北的一系列湖泊互相贯通,气候湿润,林木葱茏。近年来,随着考古工作的进一步开展,先后在西藏定日、聂拉木、林芝等地发现了旧石器、中石器和新石器时代文化遗址,证明青藏高原曾是猿人、直立人、智人生活的乐园,是一个重要的人类文化发祥地,也是我国多元文化结构中不可忽视的"一元"。

---

① 孙守道. 三星他拉红山文化玉龙考[J]. 文物,1984(6):7-10.
② 中国社会科学院考古研究所. 考古学参考资料(第 1 辑)[M]. 北京:文物出版社,1978:64-76.
③ 贾兰坡. 我国西南地区在考古学和古人类学研究中的重要地位[J]. 云南社会科学,1984(3):75-77.

人类学界普遍认为中国南方自然环境优越,适合原始人类的生活,是最有希望的人类起源中心之一。

到目前为止,长江流域及以南地区发现的远古文化遗址主要有:云南元谋人遗址、贵州桐梓县岩灰洞遗址、四川汉源县富林遗址、安徽和县汪家山龙潭洞遗址、江苏丹徒白龙岗山莲花洞遗址、广东曲江马坝人遗址、广西柳江通天岩柳江人遗址。此外,在四川万县(今重庆万州区)、资阳、湖北大冶、长阳、浙江建德、湖南桂阳、贵州黔西、云南宜良、广西桂林、柳州、来宾等地,都发现了旧石器时代文化遗存。进入新石器时代以后,南方各民族先民的活动范围扩大了,创造了更为丰富、精致的石器、陶器及其他器物文化。

华南早期新石器文化以绳纹粗陶为代表,分布范围包括江西、广西、广东、福建和台湾等省份,文化特征是大量的打制石器和磨制石器共存,普遍使用器形简单的绳纹粗陶。

南方最迟在西周时代已进入铜器文化阶段。1986 年,广西考古工作者在武鸣大明山发掘出近 300 座西周时期古代骆越人的文化遗址,出土了青铜器和釜、罐等夹砂陶器,首次在广西发现了提梁铜卣、铜盆,证明壮族先民生活的地区已有采矿、冶炼、铸造业存在,有较为发达的青铜文化。这也许是后来壮族先民把铜鼓文化推向顶峰的基础。

南方文化是个多元复杂而又统一的整体,因各地自然环境和社会形态的差异,呈现出不同的文化特征。考古学者在四川丹巴县发现了一处春秋战国时期的古民族文化遗址,出土了 20 个文化层的大量文化遗存。其文化内涵与同属西南文化区、在四川境内的三星堆、大溪、礼州三处古文化遗址都不相同,被认为是代表氐、羌等古民族文化的全新的考古学文化类型。

长江中下游和珠江流域的共同文化特征,主要包括干栏建筑、悬棺葬、几何印纹陶、有段石锛、有肩石斧等。而水稻栽培及在以稻米为主食的基础上形成的稻作文化,是南方民族对整个中国文化乃至人类文明的伟大贡献,也是南方文化区代表性的文化特质。

以百越民族为主体的南方各民族先民在稻作文化的创制与传承方面,一直扮演着重要的角色。壮族是百越民族的主要组成部分之一,古汉语称大米为"糇",与壮语对大米的称呼完全一致。壮语称种植水稻的田为"那",至今,带"那"字的地名还存在于南方各地。

二、文明曙光的显现

青铜器、都城和文字符号的发明,通常被当作人类由野蛮进入文明阶段的重要标志。今人可以从远古神话传说,从"三皇五帝"的发明创造中寻见中华文明曙光显现的端倪。

在史籍和民间传说中,中国人的先祖统称"三皇五帝"。"三皇""五帝"具体所指,说法不一。通常认为"三皇"指伏羲、燧人、神农。其他说法还有:天皇、地皇、人皇,伏羲、神农、女娲,伏羲、神农、祝融,伏羲、神农、黄帝,伏羲、神农、共工,等等。"五帝"指黄帝、颛顼、帝喾、唐尧、虞舜。其他说法还有：太皞、炎帝、黄帝、少皞、颛顼，少皞、颛顼、帝喾、唐尧、虞舜。"五帝"所处的方位是：东方为太皞，南方为炎帝，西方为少皞，北方为颛顼，中央为黄帝。

伏羲也称"太皞伏羲"，《太平御览》引《诗含神雾》："大迹出雷泽，华胥履之，生宓羲（伏羲）。"谓华胥氏踩巨人的足印，感孕而生伏羲。《春秋世谱》："华胥氏生男子为伏羲，女子为女娲。"在汉代的墓葬壁画和帛画中，伏羲女娲的形象，都是人首蛇身，作执扇相交状。据民间神话传说载，大洪水过后，人间只剩下伏羲女娲兄妹。为了繁衍，兄妹俩商议结为夫妻，由此成为人类始祖。

围绕伏羲和女娲的一系列神话传说，汇聚成了包含图腾崇拜、始祖崇拜、文化英雄崇拜的文化综合体。伏羲被认为是文字的发明者，《周易·系辞下》："古者伏羲氏之王天下也，仰则观象于天，俯则观法于地，观鸟兽之文，与地之宜，近取诸身，远取诸物，于是始作八卦。"又传上古之时，有龙马负图于河，伏羲观察龙马身上的图纹而作"八卦"，今黄河南岸河南省孟津区雷河村有龙马负图寺，相传是伏羲画卦的地方。

中国民间将女娲作为创世女神，其功绩主要是补天和抟土造人。相传在远古时代，天地倾斜，女娲炼五色石补天，斩鳖足作为支撑天地的四柱。天地间原来没有人类，女娲用黄土捏成人，后来因为繁忙，就用绳子引泥浆来回甩动，飞溅的泥浆变成了许多人。至今在中原地区仍广泛流传着女娲的神话及相关崇拜习俗，河南省西华县有女娲城遗址，当地人会在那里举办庙会和祭祀活动。

燧人相传是钻木取火的发明者，也称燧皇。神农相传是农业的始祖，还被当作医药之祖，神农尝百草的神话，流传久远，至今不衰。《史记·补三皇本纪》说神农"尝百草，始有医药"。《淮南子·修务训》："神农尝百草之滋味……一日而遇七十毒。"苗族把神农奉为五谷神，认为是神农命猫和狗去东方取回了稻种。

神农即炎帝神农氏。据传炎帝族居住在渭水上游，姜姓；黄帝族住渭河以北，姬姓。关于炎、黄二帝的诞生，古籍多有记载。《史记·补三皇本纪》："炎帝神农氏，姜姓，母曰女登，有娲氏女，为少典妃。感神龙而生炎帝。人身牛首。"炎帝"以火德王"，"以火名官"，故曰炎帝。《国语·晋语四》："生黄帝、炎帝，黄帝以姬水成，炎帝以姜水成。成而异德，故黄帝为姬，炎帝为姜。"炎黄二帝战于阪泉之野，黄帝获胜。黄帝又和炎帝后裔蚩尤长年征战，战胜蚩尤后，黄帝成为中央天帝。中原地区有许多黄帝遗迹：河南新郑北关祖师庙前有轩辕观；河南灵宝境内有黄帝陵和黄帝庙，相传是黄帝采铜铸鼎处；陕西黄陵桥山有黄帝陵，号称"天下第一陵"；甘肃、河北等地也有黄帝陵。炎黄二帝的记载，大量见于古籍文献和民间传说中，影响广泛而深远。炎黄二帝的传说无疑包含许多文学想象的元素，或者说是历史事实与神奇幻想相交织构成的，反映了中国人心理特征的文化意象。真正理解中国人的先祖从何而来，还需要从历史学、民族学、人类学等学科相交叉的多维角度,理解中华民族的源与流。

韩致中先生认为:"炎帝神农可能实有其人,更可能是伟大部落及其所代表的漫长历史时期的总称。"①炎帝是以牛为图腾的部落首领,黄帝是以熊为图腾的部落首领。黄帝部落的活动范围以黄河中下游为中心,北达河北怀来,南及湖南岳阳,东至山东泰山,西抵甘肃、陇西。炎帝发祥于渭水上游,顺渭水到今河南南部及豫、冀、鲁三省交界地区。徐中舒和唐嘉弘两位教授根据《国语》《世本》《大戴礼记》记载,列出了炎黄世系图:

少典——{ 炎帝(姜姓)
　　　　黄帝(姬姓)——{ 昌意——高阳(颛顼)
　　　　　　　　　　　　玄嚣(青阳)

高阳——{ 穷蝉——敬康——句望(句芒)——桥牛——瞽叟——舜
　　　　鲧——禹
　　　　称——老童(卷章,为楚国王族先祖)

青阳——蛟极——帝喾(高辛)——{ 挚
　　　　　　　　　　　　　　　放勋(帝尧)
　　　　　　　　　　　　　　　契(商人先祖)
　　　　　　　　　　　　　　　稷(周人先祖)

(横线表示父子关系)

图 1-1　炎黄世系图

徐、唐两先生同时指出:如果完全相信这些世系,将其作为编撰中国古代史的依据,无疑是不科学的,和历史事实有所抵牾。人们通常认为黄帝一族在长期征战中获胜而称雄于黄河中下游地区,经尧、舜的禅让,传至禹而建立夏朝。

三、夏商周的文化兴替

著名考古学家苏秉琦教授在《中国文明起源新探》一书中,提出中国文明起源的"三部曲"理论。"三部曲"是指中国文明的起源,经过古国—方国—帝国三个发展阶段。②

古国由古文化和古城演化而来。比如,在渤海湾西岸、燕山南北的古代冀州范围内,

---

① 韩致中. 兴起于宝鸡,弘扬于历山——漫话炎帝神农[J]. 民间文学论坛,1992(5):10-15.

② 苏秉琦. 中国文明起源新探[M]. 北京:生活·读书·新知三联书店,1999:130.

各支系的文化汇聚成"红山诸文化",在距今七八千年前已经从氏族向国家转化,在距今5000年前,率先跨入古国阶段,产生了原始国家。在太湖流域,形成了马家浜—良渚—古吴越文化序列。在天津、山西、四川、广东、广西等地都发现有古城古国遗迹。"满天星斗"的中国石器时代考古文化,衍化成许许多多的地方小国,春秋以后的齐、鲁、燕、晋、楚、蜀、吴、越等都是当地的古国。史书记载"夏有万邦""禹会诸侯于涂山,执玉帛者万国",所指的邦、国实际上就是各地的古国。

大概在距今5000年前,中国各地普遍跨入古国阶段,大约在距今4000年前,发展到方国阶段。方国是比较发达、高级的国家。夏商周不仅是前后承继的关系,而且还是同时并立的方国。这时的中国,是松散联邦式的。直到秦汉帝国的建立,中国跨越了国家形成的"三部曲",也将周代理想的"中国"变为现实的"中国"。

学术界通常把二里头文明当作我国最早的文明时代。

二里头位于河南偃师西偏南约18千米处,自1959年开始不断发掘,取得了引人瞩目的成果。二里头文明叠压在河南龙山文化之上,位于早商文化之下,分布的范围以河南西部、山西南部为中心区域,延伸到陕西东部,河南南部、东部,以及河北、湖北的部分地区。二里头文明的年代,根据碳-14和树轮校正,第一期的年代为公元前2080—前1690年,第二期为公元前1590—前1300年,相当于夏代。[①] 二里头遗址发现了比龙山文化更为发达的农业、饲养业和手工业,出土了大量的农具、家畜家禽的骨骸、青铜制造业的作坊,以及酒器、陶器、玉器、石磬、漆木器等。还有外地所产的玉石、海贝、绿松石、石贝、骨贝,有人推测,这是用于交易的货币。更为重要的是,二里头遗址发现了二十多种刻画符号,古文字学者认为这是形成中的文字。

此外,两座宫殿遗址的发现,标志着我国在此时期已经建立了国家政权,即我国历史上的第一代王朝——夏朝。

关于夏族和夏文化的起源,学术界颇多争议。徐旭生先生认为夏文化的区域"第一是河南中部的伊洛平原及其附近,尤其是颍水谷的上游登封禹县地带",第二才是山西西南汾水下游。[②] 刘起釪先生认为:夏族最初的居住地和夏文化的发源地为晋南,然后东进河南境内。[③] 晋南有华水、华谷等地名,以及陶寺、东下冯等夏文化遗存的发现,为此说提供了有力的证据。

　　夏族先民在长期居住的以崇山为中心的地区里创造了自己的文化,在本地区继续发展六百多年后,当经过两个多世纪,又发展到邻近地区东下冯,并开始铜器制

① 孙英民,李友谋.中国考古学通论[M].郑州:河南大学出版社,1990:160.
② 徐旭生.1959年夏豫西调查"夏墟"的初步报告[J].考古,1959(11):592-600.
③ 刘起釪.由夏族原居地纵论夏文化始于晋南[J].华夏文明.1987(1):18-52.

作,而陶器则发展为火候较高的绳纹灰陶。……他们利用其阶级压迫权势,驱策本部族全体力量向外发展,正像后来的拓跋、契丹、女真、蒙古等族那样,由氏族进到部落联盟,进而建立起奴隶主政权后,立即形成能进攻中原建立王朝的强大力量。这一原以龙为图腾的夏族,就在公元前约21世纪进入中原,打败原以凤为图腾的鸟夷部落,建立起夏王朝,同时把自己东下冯类型二里头文化带到中原。①

王克林先生亦持夏文化源于晋南说,并认为:"中原晚期龙山文化就是夏文化,是中国华夏文明的开端。而与晚期龙山文化有承继的二里头文化,就是夏代统一奴隶制国家时期的文化。"②

曲英杰先生说:"尧舜禹皆都河东,而不在河南。夏代早期的活动在晋南,与尧舜等为同一系,其在文化面貌上基本相同,至中后期方转到豫西。"③

夏文化的社会性质,学术界一致认为:夏王朝已经进入阶级社会,建立了国家,修造了宫殿、宗庙之类的建筑,出土的大量青铜器、骨器、玉器和贝类证明夏代已出现了农业、畜牧业和手工业的分工。

夏代自禹始,至桀而亡,传17代。夏代的总积年说法不一,计有七家十二说之多。大多数学者认为,夏代前后约500年,后被东部的商部族取而代之。

商部族活动的中心是黄河下游地区,即今豫北冀南和豫东鲁西。商部族以鸟为图腾,是东夷部落集团的一支,与在其西的夏部族相对峙,长期并存。夏部族鼎盛之时,商为夏的方国。商的第一位父系祖先名契,《诗经·商颂·玄鸟》:"天命玄鸟,降而生商。"商族和商代比起夏族和夏代来,具有更丰富的文献记载和更确凿的考古文化证据。一般认为:二里头三、四期文化属于商代早期文化,二里岗文化为小屯殷墟之前的商代文化,有人称之为商代中期文化。小屯文化位于河南安阳市旧城西北2.5千米处,是殷商王朝的宫殿遗址文化。商部族征服了夏部族,同时又是夏文化的继承者,实现了夏商两族文化的涵化,把中国文化推向新的历史阶段。二里岗文化和小屯文化的发掘,证明商代相比夏代而言,农业、手工业进一步发展,阶级分化日趋明显,文字(甲骨文)大量出现,都城和城市正式形成,国家政权更加稳定。

周部族兴起于戎狄之间,活动于泾、渭上游,定居于渭水中下游岐山周原一带,商末成为商的诸侯。按照《诗经·大雅》的有关记述,周部族始祖之母名姜嫄,"姜"通"羌",可见同羌部落具有十分密切的关系。

演进至西周时期,中国文化结构的雏形业已具备。周初实行大分封,"灭一国始封一

① 刘起釪.由夏族原居地纵论夏文化始于晋南[J].华夏文明,1987(1):18-52.
② 王克林.中国古代文明与龙山文化[J].华夏文明,1987(1):150.
③ 曲英杰.禹都考辨[J].华夏文明,1987(1):293.

国",把征服而得的土地分封给子弟和功臣,扩大了统治的区域。周代统治者强化了国家统治,建立了较为完备的制度文化,礼有吉、凶、宾、嘉、军五种,确立尊卑、长幼、亲疏、贵贱诸差等,设风、雅、颂之乐,勺、象之舞。周人继承了商代的天命神授思想,以"德"解释王朝的兴替、人事的盛衰。"德"的内容,一为"敬天",二为"保民"。周人认为周兴而灭商是上天的旨意,而要维护政权的稳定,应"知稼穑之艰难",体恤百姓的苦楚,施惠于民。这是儒家德治思想的根源。

夏商周在黄河流域的建立,标志着中原文化在整个中国文化结构中已占据主导地位。夏商周既是先后承继的王朝,也是三个并行的政治实体和文化系统,是古代中国文化体系的几个分支。因而,某个王朝的统治地位的丧失,并不影响这个共同文化的延续性。商是夏拥有至高无上的王权之时业已存在的一个方国,而周也是商拥有最高权力时的方国之一。夏朝衰落之后,夏的后裔杞国,又成为商、周两代的方国之一。商亡后,商的继承者宋国,也是周代的一个诸侯国。所以,王朝的崩溃,并没有导致文化的消失。①《礼记》:"三代之礼一也,民共由之。"《论语·为政》:"殷因于夏礼,所损益,可知也;周因于殷礼,所损益,可知也。"有些专家强调损益关系,而实际上这里阐明的是因袭关系。

四、百家争鸣的黄金时代

春秋战国时期,出现了中国文化的多元格局。周朝式微,诸侯强大;公室卑弱,大夫崛起。世道衰颓,诸侯国之间征战不断,暴乱频发,礼崩乐坏。铁器的使用,地主阶级的兴起,使私田超过了公田。吴起相楚,秦用商鞅,子产不毁乡校,大大增强了诸侯国的实力。各诸侯国争相养士,促进了士阶层的形成和士文化的诞生。儒、道、墨、法等诸子百家登上了历史舞台,他们代表不同阶级的利益,互相辩难,著书立说,授徒讲学,四处游说,推行自己的政治主张,形成了百家争鸣的局面。

经过长期的兼并战争,战国后期,出现了齐、楚、燕、韩、赵、魏、秦七雄并峙的局面,其中齐、楚、秦的国力最强。战国时代的百家争鸣和群雄并起,奠定了中国传统文化思想和地域文化的多元格局,这是经夏、商、周三代的统合之后,在更高层次上出现的分化。

儒、道、墨、法诸家学说的产生,同当时的社会背景以及各自的地域文化色彩紧密相关。

儒家思想产生的地域文化背景是鲁文化。鲁文化是儒家学说的"产房",华夏正统文化的象征之一,本于周公旦制定的礼乐制度——周礼,在鲁国得到完好的保存。

孔子(前551—前479),名丘,字仲尼,是儒家学派的创始人,曾在鲁国任小官,后来

① 张光直.早商、夏和商的起源问题[J].华夏文明,1987(1):408-423.

周游列国,目的是恢复周礼,施展政治抱负,却一路艰辛,四处碰壁,鲜有响应者。孔子返回鲁国之后,致力于授徒讲学,以"承礼启仁"。他总结自己一生经历时说:"吾十有五而志于学,三十而立,四十而不惑,五十而知天命,六十而耳顺,七十而从心所欲,不逾矩。"(《论语·为政》)观文意,其生命轨迹阶梯式地指向自由圆满的道德境界:为学阶段,温故而知新,立足于社会后,逐步对人世间的事理了然于心,不再困惑,进而知晓自己的命运及肩负的历史使命,由"畏天命"到"知天命"而迈向至善,从知天、畏天、顺天达到"从心所欲,不逾矩"的乐天境界。

孔子弟子及再传弟子根据孔子言论编成的《论语》,集中体现了儒家思想的精髓,"己所不欲,勿施于人""己欲立而立人,己欲达而达人"等至理名言,至今仍给人们以智慧的启迪。

重礼务实、讲究信义、重农抑商是鲁文化和儒家文化的共同特征。孔子创立儒家学派,重视尊卑长幼、贵贱亲疏的血亲人伦;提倡积极入世,重视现世生活的淳厚的价值取向;主张建立以仁、义、孝、悌、忠、信、惠、恭、敏、让为核心的伦理道德和君君臣臣、父父子子的社会秩序;以仁为思想核心,以礼为行为规范,以义为价值准绳,以知(智)为认识手段。

儒家将礼、义、廉、耻当作"国之四维",立身行事坚守道德底线,追求"和为贵"。认为"和实生物",即宇宙间任何具体事物都不是单一成分的,而是由多种成分按一定的关系,形成"和"的状态。儒家提倡仁义忠信,敬祖孝亲,制定了君臣关系、父子关系、夫妻关系的行为准则,向往"天下大同"的太平盛世,因此,被当作"治世"的文化准则。《礼记》主张"人情本于天道""故圣人作则,必以天地为本,以阴阳为端,以四时为柄,以日星为纪,月以为量",所以,"古之制礼也,经之以天地,纪之以日月,参之以三光,政教之本也"。

孟子(约前372—前289)继承和发展了孔子的德治思想,将"仁政"作为政治思想的核心,将天视为具有道德属性的精神实体,是其哲学思想的最高范畴。孟子将治国之道分为"王道"和"霸道",认为唯有施"仁政"和"王道",方可一统天下。而仁政的核心是本着"民为贵,社稷次之,君为轻"的情怀,通过"教民""养民"而赢得民心,"得民心者得天下"。

如果说儒家关注的是"人与人的关系",以"仁"为中心,生发出君臣之道、父子之道、师友之道,将自身的修养和德化的功能贯穿于为人之道、为政之道的全过程,那么,道家的核心思想则是"人与自然的关系"。道家产生的文化土壤是楚国的社会历史文化,道家思想的精华在《老子》一书中,而《老子》的精髓源于楚人的思想传统。

道家的创始人老子,姓李,名耳,字聃。其著作《道德经》,又名《老子》,文约意丰,虽仅五千言,却包含着丰富而深刻的哲学思想。老子哲学的核心思想是"道生一,一生二,二生三,三生万物。"(《老子》四十二章)"一",指宇宙未开,浑然一体的状态。"二",指宇宙剖分为阴阳。"三",指阴、阳、人。而"道"是一种虚无缥缈的存在,是世界的本原。天地万物依照自然规律发展变化,因而要"道法自然""无为而治"。

老子说:"人法地,地法天,天法道,道法自然。"主张通过"柔"与"不争"的途径和方法实现社会的和谐。天地之道,都要遵循自然,何况人类的行为举事?"治大国若烹小鲜",老子主张顺应自然之理,治理国家必须小心翼翼,政令应有稳定性和延续性,不可朝令夕改,过多扰民。

道家主张"抱朴守真""处柔就下""以柔克刚"。道家哲学认为,天地万物"有无相生,难易相成,高下相倾,声音相和,前后相随""柔弱胜刚强""大道至简",认为世间三宝是"一曰慈,二曰俭,三曰不敢为天下先",集中体现了中国文化的智慧。

楚文化史专家张正明先生认为:

> 从社会内容看,《老子》一书较多地反映了楚国县民的处境和愿望。县民原非楚人,是在其故国沦亡并改为楚国的县邑之后才成为楚人的。老子也是这样的县民。县民之中,既有贵族,也有平民。他们怀着黍离之悲,对福与祸、兴与废的转化有真切的体验,对鬼神的信仰则比较容易破灭。他们希望楚国的统治少触动他们原有的社会秩序,少打乱他们原有的生活方式……作者为民和小国执言,但也为君和大国着想,在刚与柔、上与下、动与静、有为与无为的对立统一关系问题上,自然是要强调柔、强调静、强调无为的。①

道家的另一代表人物庄子(前369—前286),名周,是战国时期著名的思想家、文学家。庄子继承了老子的思想。《庄子》集中体现了追求精神自由的思想,主张通过"心斋""坐忘""游心于尘外",实现心灵的空寂与自由。而"庄周梦蝶"的典故,揭示了"天地与我并生,万物与我为一"的逍遥境界。

道家思想富于想象,纵横驰骋,追溯天地宇宙万物的形成。其哲学思辨,达到了天、地、人的混一,具有高度抽象化的神秘色彩。这同楚人尚巫,具有超凡想象的原始宗教有某种对应关系,或者说,楚巫文化是形成道家思想中顺应天道、崇高无为、泯灭是非、等同生死、超凡脱俗等观念的文化基石。

墨家的创始人为墨子(约前468—前376),名翟。其思想反映了下层人民的价值观,主张兼爱、非攻、节用,讲究义利,提倡忠、孝、惠、慈的伦理规范。墨子希望强不凌弱,富不辱贫,贵不傲贱,智不诈愚,"为人君必惠、为人臣必忠,为人父必慈,为人子必孝,为人

---

① 张正明.楚文化史[M].上海:上海人民出版社,1987:242.

兄必友、为人弟必悌"①。这同儒家主张的君君臣臣、父父子子的角色意识和道德规范是一致的。

墨子"饥者不得食,寒者不得衣,劳者不得息"②的忧民思想同儒家的民本思想亦有相通之处。儒家认为爱有差等,强调推己及人,不求回报。墨家讲兼爱、爱无差等,强调相爱和相互间的义务,"夫爱人者,人必从而爱之;利人者,人必从而利之"③。

孔子是周代文化的维护者,墨子则是它的批判者。墨子及其门徒出身于游侠阶层,具有严明的军事团体作风,组织严密、注重纪律。在先秦百家争鸣的文化氛围中,儒墨两家双峰并峙,同为当时的显学。

秦汉以后,儒学独尊,墨学衰微。究其原因,首先在于中国文化多元结构向一元结构的转变,强调思想一元化的秦汉王朝使其他理论流派失去了生存、发展的根基。其次在于墨家学说本身,亦存在不可调和的矛盾,缺乏理论弹性。

法家学说集大成者是韩非(约前280—前233),被尊称为韩非子。法家学说是先秦思想多元结构的重要组成部分,法、术、势是其基本的思想内核。法家代表着新兴地主阶级的利益,是专制主义的政治理论。法家的理想人格是积极进取、敢于奋进、建功立业的英雄。认为"上世亲亲而爱私,中世上(尚)贤而说(悦)仁,下世贵贵而尊官",体现了历史进化的观点。韩非子把物质的多寡、得失作为一切社会关系的基础,认为人们相互争斗的原因在于"人民众而货财寡,事力劳而供养薄",君主治国要根据财富的多少、供养的厚薄来制定政策,这就为统治阶级的扩张争霸政策提供了理论依据。韩非子还认为"上古竞于道德,中古逐于智谋,当今争于气力"。④ 因此要富国强兵,争霸天下,必须依靠法、术、势的结合,以"气力"一统天下。

法家的兴衰同秦朝的崛起和灭亡密切相关,秦国以法家思想为立国之本,得以由贫变富,由弱转强,最后实现统一大业。秦始皇极赞赏韩非子的学说,他读了《孤愤》《五蠹》等文章后,说:"寡人得见此人与之游,死不恨矣。"⑤可以说,秦国的强大离不开法家创始人对现实的深刻见解,对社会世象的理性分析以及对统治策略的完备阐发。

法家思想同秦文化的风格也是相协调统一的。秦地之俗重利轻义,功利色彩浓厚:"秦国之俗,贪狼强力,寡义而趋利"⑥,"不知反(返)廉耻之节,仁义之厚"。⑦ 秦人崇拜多神,认为鬼神的降灾、赐福与人的道德伦理毫无关系,因而不重视祖先崇拜,不慕先世,

① 唐敬杲选注. 墨子[M]. 北京:商务印书馆,2019:46.
② 唐敬杲选注. 墨子[M]. 北京:商务印书馆,2019:104-112.
③ 唐敬杲选注. 墨子[M]. 北京:商务印书馆,2019:25-32.
④ 韩非子. 韩非子[M]. 姜俊俊,校点. 上海:上海古籍出版社,2015:539.
⑤ 司马迁. 史记[M]. 长春:吉林大学出版社,2015:466-469.
⑥ 刘安. 淮南子[M]. 长沙:岳麓书社,2015:227.
⑦ 贾谊. 贾谊新书译注[M]. 于智荣,译注. 哈尔滨:黑龙江人民出版社,2003:76.

只重现世。"津津乐道的问题都是农战、攻伐、垦荒、开塞、徕民、重本、抑末等与国计民生有直接利害关系的事。他们不屑于仁义礼乐的哲学论证,更无心于超越时空、驰骋古今的玄想,对人伦关系的道德要求,也远远不如东方各国那样严格。"①在这种文化背景中,法家思想获得了发展壮大的良好氛围。

　　儒、道、法之间的论战,源于不同的思维观念和文化根基。儒家的思想主轴是人与人之间的关系,道家的思维视域是人与自然的交融,法家关注的焦点是如何在冷峻的社会现实中立于不败之地。关注点的差异源自不同学派各有各的"理想人格":儒家向往的是以"仁义礼智信"为精神内核的君子人格,道家推崇的是"无为而无不为"的隐士人格,法家所倾慕的是建功立业的英雄人格。先秦诸子百家的激烈争辩,从各个社会层面、各个角度阐明了中华民族传统文化的天人观、人生观、价值观和政治思想,象征着中国文化悠远浩博、群星璀璨、交相辉映的多元格局在哲学思想领域的正式形成。

思考题

1. 作为中华先祖的远古人类主要有哪些?试说明其分布范围。
2. 简述中国文化从多元起源到一体结构的演化特点。
3. 文明起源的标志是什么?试述中国文明曙光显现的历程。
4. 试述春秋战国时期儒、道、墨、法诸家代表人物及主要理论主张。

---

① 李晓东,黄晓芬. 从《日书》看秦人鬼神观及秦文化特征[J]. 历史研究,1987(4):56-63.

第二章
从文化统合到多元交融

学习提示

荀子《天论》：“天行有常，不为尧存，不为桀亡。”人类社会的演进有其自身的机制。中华民族的政治体制和社会文化始终在“分化”与“统合”的博弈中演进。本章的学习重点：梳理秦汉至南北朝时期中国文化的演进历程，理解中国政体结构、思想结构、伦理结构、宗教结构、民族结构在秦汉时期基本定型的情状。同时，学习并了解魏晋南北朝时期多民族融合的过程，意识到正是因为中国大地上的“十六国”群雄并起，各路豪杰各展雄才，游牧民族与农耕民族在互动中融合，儒学、道学、玄学各种哲学理论和价值观念并行不悖，才能够更深层次地汇聚各区域各民族的潜能，从而更全面地激发中华民族的创造活力。

文化如生命之树，从生根发芽到绿荫如盖，受天地间自然法则的制约。中国“文化之树”在秦汉至南北朝时期焕发了蓬勃生机，继而枝繁叶茂，硕果累累，实是天时、地利、人和相互作用的结果。

一、秦朝统一与文化统合

秦灭六国、平岭南，实行郡县制，建立了我国历史上第一个封建君主专制的中央集权国家。秦始皇的首要功绩，在于实现了对东至大海，西抵临洮、羌中，北达阴山，南越五岭，横跨黄河、长江、珠江三大流域的疆土的全面控制，废除了周代以来的分封制度，在这辽阔的版图上实现了政令、军令的统一。此外，秦王朝逐步实现了思想的统一，吕不韦主持编撰的《吕氏春秋》指出：“必同法令，所以一心也。智者不得巧，愚者不得拙，所以一众也。勇者不得先，惧者不得后，所以一力也。故一则治，异则乱。一则安，异则危。”[1]秦王朝以雄厚的军事实力为后盾，通过强制的手段，实现政治思想的统一，加速了民族的

---

① 吕不韦. 吕氏春秋[M]. 夏华，等，编译. 沈阳：万卷出版公司，2017：223.

融合。统一的政体和统一的国家是民族统一、思想统一、文化统一的可靠保证。虽然在秦代，中原诸部族尚未正式形成中华民族的主体民族——汉族，但是，秦的统一为形成具有共同地域、共同语言、共同经济生活、共同心理素质的严格意义上的民族奠定了坚实的基础。

文字是历史文化的重要载体，是信息传播的重要工具，先秦文字繁复而不统一，极大地妨碍了各地经济、文化的沟通和政令的推行。李斯等人遵照秦始皇的旨意，开展文字的整理和统一工作，创制了一种笔画简略、形体齐整的新文字——秦篆，即"小篆"。同时，狱吏程邈经过潜心研究，创造出一种更为简便的字体——隶书，并迅速流行开来，实现了我国文字史上的一次革命。文字的统一，极大地增强了各民族间的相互交流，增强了中华民族的认同心理和凝聚力。

各民族文化的交流、涵化的实现，还有赖于便利的交通。先秦时期，各国的车辆形制不一，道路宽窄不同，极大地阻碍了各地区的相互往来。秦始皇规定车宽六尺，一车可通行全国，并下令修筑东抵齐燕、南达吴越的通道。秦王朝疏浚河流，开凿灵渠，既利于军队的征伐，又便于经济和文化的交流，为促进中国文化一体化创造了有利条件。

秦王朝在各地设置专司教化的乡官，称为"三老"。三老掌教化，凡有孝子顺孙，贞女义妇，让财救患，及学士为民法式者，皆给予表彰，同时按中原文化习俗的标准，同化、改变其他地区的社会风尚，促进了统一的民族文化心理的形成。

在中国文化史上，秦王朝的长城、阿房宫、都江堰、郑国渠、灵渠、兵马俑和秦始皇陵等，不仅是秦文化的杰出代表，也是具有象征性的中国文化符号。

举世闻名的长城是中华文明的瑰宝，世界文化遗产之一。春秋战国时期，各国诸侯为抵御别国入侵，修筑烽火台，并用城墙相连接，形成最早的长城。公元前221年，秦始皇灭齐，结束了春秋战国以来分裂割据的局面，建立起中国历史上第一个大一统的封建帝国。秦朝建立后，北方游牧民族匈奴却日益强大，对秦帝国的安全造成威胁。公元前214年，秦始皇令蒙恬负责修筑北方的长城，以防备匈奴南侵。总体而言，秦长城是在秦、赵、燕三国长城的基础之上进行整修，使三者连为一体。秦长城西起今甘肃临洮，东端止于朝鲜半岛，总长度约5000千米，万里长城之说名副其实。长城的磅礴气势，象征着中华民族坚不可摧的意志和力量，是中华民族的骄傲。

秦昭襄王五十一年（前256年），李冰为蜀郡太守。李冰在前人治水的基础上，依靠当地人民群众，在岷江出山流入平原的灌县（今都江堰市），建成了兼具防洪、灌溉、航运功能的综合水利工程——都江堰。都江堰位于四川省都江堰市城西、成都平原西部的岷江上。作为举世闻名的水利工程，其历史悠久，规模宏大，布局合理，运行科学，至今依然灌溉着岷江地区的良田，造福于民。

秦始皇二十六年（前221年），秦始皇发兵50万，分为五军，进攻岭南地区，遭到西瓯人的顽强抵抗。为了解决粮草供应问题,秦王朝命史禄开凿灵渠,连通湘漓,沟通长江和珠江水系。至秦始皇三十三年(前214年),秦兵征服了西瓯,在西瓯故地及其相邻地区建置了南海郡(郡治在今广东广州)、象郡(郡治在今广西崇左境)和桂林郡(郡治在今广西贵港境)三郡。几十万北方军民留居岭南,与越人杂居,共同开发珠江流域。

作为世界上最古老的运河之一,灵渠被誉为"世界古代水利建筑明珠"。灵渠水系由北南两渠组成。北渠俗称湘江新道,全由人工开凿而成,大致与湘江故道平行,湘江水在分水塘经铧嘴分流和大小天坪坝引流后,约七分水流入北渠,引湘江水约三分经南渠进入漓江,故有"三分漓水七分湘"之说。

灵渠连接了长江和珠江两大水系,自秦以来,对巩固国家的统一,加强南北政治、经济、文化的交流,密切各族人民的往来,起到了积极作用。灵渠经历代修整,一直发挥着重要作用。

被誉为"世界第八大奇迹"的兵马俑,继承了战国以来中国的陶塑传统,又为唐代雕塑艺术的繁荣奠定了基础,起着承上启下的作用,堪称人类古代精神文明的瑰宝。秦俑丰富而生动地塑造了多种具有一定性格的人物形象。其风格浑厚、洗练,富于感人的艺术魅力,是中国古代塑造艺术臻于成熟的标志。

秦王朝建立了我国历史上第一个封建专制集权国家,这种家国同构的政体绵延了两千多年,君主独揽大权,至高无上,"天下之事无大小皆决于上"[①]。在家国同构的政体中,君权实际上是父权的延伸,家庭是国家的缩影,国家是家庭的扩大。自秦至清,实行王位世袭制,非我嫡系、非我同姓无权染指最高权力宝座。秦国推崇法家思想,励精图治,富国兴邦,完成了统一大业,但片面地强调了严刑峻法,忽视了奖功赏能、抚民给养,秦始皇和秦二世滥用民力,暴虐无比,征服无度,激化了阶级矛盾,导致了秦王朝的速亡。

二、汉代的文化拓展与儒学独尊

汉代革除秦朝苛政,继承并发展了秦王朝的各种制度。西汉时期,中华民族家国同构中央集权的专制制度、官僚政治制度、思想文化制度、传统道德伦理规范都已经确立,奠定了中华民族大一统文化结构的基础。两千多年中国封建社会的演进历史表明,虽然王朝更迭,但是以皇帝为中心,以皇帝的家属体系为网络,以满足统治阶级的欲望为宗旨的社会结构运作模式始终没有改变,呈现出一种超稳定的结构特征。这种家国同构的统治制度在秦汉时期创制并得到完善、确立、定型。

汉承秦制,同时对秦亡的教训作了深刻的反思。汉初统治者深知秦朝过早覆灭的原因在于严刑峻法,于民过苛。因而,陆贾提倡的"无为而无不为"的治世理念得到了汉初

①　司马迁. 史记[M]. 哈尔滨:北方文艺出版社,2019:14-23.

统治集团的认可和推崇。自汉高祖至文景时代,黄老学说蔚然成风。人们普遍认为"昔虞舜治天下,弹五弦之琴,歌《南风》之诗,寂若无治国之意,漠若无扰民之心,然天下治",进而"约法省禁,轻田租",与民休养生息,出现了经济繁荣、社会安定的局面。

其实,汉初推崇的"无为",不完全等同于消极的"无为",而是以"无为"达到"有为"的目的。以刘安为领袖的淮南学派,对先秦道家的"无为"观作了新的阐发,吸收了孔孟学说的某些合理因素,认为"仁义者,治之本也"①。主张通过制礼作乐,教化人民,认为"安上治民,莫善于礼;移风易俗,莫善于乐",设置了管理音乐的"乐府"机关,专事搜集与整理民间音乐、歌舞,促进了民间文化与官方文化的交融。西汉王朝经过近70年的休养生息,国力大盛,人民殷足,天下太平。"太仓之粟,陈陈相因,充溢露积于外,至腐败不可食。"②

在经济繁荣、社会安定、国富民强的情况下,主张清静无为的黄老学说日益显示出它的不合时宜。意气风发的汉武帝刘彻即位之后,在内政外交各个领域施展了他的雄才伟略:坚决实行盐铁国有政策,打击豪强和巨商的经济垄断,加强中央集权;镇压了宗室藩王的阴谋叛乱;改变了对北方游牧民族以防为主的策略,实行以攻为守的方针,通西域,伐大宛,拓疆土;派重兵出击西南夷、东瓯闽越、南越国等地区,控制了南方边疆少数民族地区,在岭南设南海、苍梧、郁林、合浦、交趾、九真、日南、珠崖、儋耳九郡,实现了空前的国家强盛、民族统一、社会繁荣。中华民族文化跨入了新的黄金时代。

政治上的宏图大展,相应地引起文化思想的变革,与轰轰烈烈的伟大事业相适应的是儒家的进取有为、繁文隆礼、讲求事功、修身齐家治国平天下的理论主张,是排斥与儒家思想相抵触的道、法、纵横诸家学说,实现政治文化思想的新的统合。"罢黜百家,独尊儒术"的建议和实践在这样的社会背景下应运而生了。

在中国思想文化的演进过程中,儒家思想显示出强大的生命活力,董仲舒倡导"独尊儒术"的文化史意义,在于奠定了中国思想文化讲究仁义礼智、温柔敦厚、自强不息、隆礼重德、兼济天下的传统。汉武帝采纳董仲舒、公孙弘的建议,兴太学,立五经博士,"罢黜百家,独尊儒术",结束了百家论争,把思想结构定于一尊,奠定了中国文化以儒家为主体的思想特征。儒家推崇的天人感应、天人合一、君权神授观念在汉代成熟。董仲舒认为天命对帝王有最终决定权,"王者欲有所为,宜求其端于天。天道之大者在阴阳。阳为德,阴为刑,刑主杀而德主生"③,把殷周时期的天命神权、敬德保民和阴阳五行思想推向新的历史阶段,建立了一整套以阴阳五行学说为框架,以天人感应为核心的神学化的理论体系。

---

① 陆贾.新语今译[M].姜爱林,编译.北京:国家行政学院出版社,2015:89-108.
② 刘安.淮南子[M].长沙:岳麓书社,2015:96-107.
③ 班固.汉书[M].北京:团结出版社,1996:551-561.

东汉《白虎通义》将"三纲五常"连用,而董仲舒对"三纲五常"做了系统而全面的论述。他说:"阴者阳之合,妻者夫之合,子者父之合,臣者君之合。……君为阳,臣为阴;父为阳,子为阴;夫为阳,妻为阴"①;"天子受命于天,诸侯受命于天子,子受命于父,臣妾受命于君,妻受命于夫"②。以孝忠为纽带,明确了君臣、父子、夫妻之间的伦理规范。此外,董仲舒还提出"五常之道":"夫仁、义、礼、智、信,五常之道,王者所当修饰也。王者修饰,故受天之佑,而享鬼神之灵,德施于方外,延及群生也。"③规定了中国伦理文化结构的行为模式和价值观念,从框架结构和内涵两方面,奠定了中国伦理文化的基础。

中国尊师重教的传统正式形成于西汉时代。董仲舒对教化的功能、兴教的措施、忽视教化的恶果等方面都做了深刻的论述,提出了独到的见解。他说:"圣王已没,而子孙长久安宁数百岁,此皆礼乐教化之功也。"建议"立太学以教于国,设庠序以化于邑","臣愿陛下兴太学、置明师,以养天下之士,数考问以尽其材,则英俊宜可得矣"。④ 同时在各地设立庠序之学,"令天下郡国皆立学校官"⑤,"乡学之秀者移于庠,庠之秀者移于国学"⑥。

学校的设立和发展,促进了人才的选拔和升迁,为士人提供了晋升之阶,为国家输送了栋梁之材。西汉末年,"四海之内,学校如林"⑦。建立了完备的学校教化体制。董仲舒认为,废教化的结果,将导致邪恶并出:"是故教化立而奸邪皆止,其提防完也;教化废而奸邪并出,刑罚不能胜者,其提防坏也。"⑧汉代将教育、考试、选官结合起来,实现了孔子"学而优则仕"的主张,确立了影响中国历史两千多年的文教体制和文官制度。

综上所述,中国文化结构演进的历程表明:尽管魏晋以降至有清一代,中华民族不断吸收、融合其他地区、其他民族的文化,不断创造出新的文化特质,把中国文化推向一个又一个高峰,但是,从整体结构而言,两千多年的封建文化存在着承前启后、一脉相承的关系。文化的特质与内涵改变了,而政治文化、思想文化、伦理文化、文教文化、民族文化、宗教文化的结构则保持相对的稳定性,而这是在秦汉时代创制并定型的。

三、魏晋南北朝时期的文化交融

东汉末年,北方草原地区进入周期性的寒冷时期。为了生存,北方游牧民族向南迁

① 董仲舒.春秋繁露[M].程郁,注释.长沙:岳麓书社,2019:217-223.
② 董仲舒.春秋繁露[M].程郁,注释.长沙:岳麓书社,2019:282-287.
③ 班固.汉书[M].北京:团结出版社,1996:551-561.
④ 班固.汉书[M].北京:团结出版社,1996:551-561.
⑤ 班固.汉书[M].北京:团结出版社,1996:620.
⑥ 公羊高.《春秋公羊传》通释.陈冬冬,校注.成都:四川大学出版社,2015:345.
⑦ 班固.昭明文选译注[M].陈宏天,赵福海,陈复兴,等,主编.长春:吉林文史出版社,2007:54.
⑧ 班固.汉书[M].北京:团结出版社,1996:551-561.

移,加快了中原民族与北方少数民族的融合。及至公元 220 年东汉王朝覆没,魏、蜀、吴三足鼎立,经西晋、东晋及南北朝的多国并存,至隋朝统一之前,中央王朝政权频频更迭,军阀割据,战乱频仍,政治黑暗,纷争四起。

魏晋南北朝时期,北方游牧民族南迁,汉民族纷纷移居江南,引起历史上罕见的整体性、大规模、多层面的南北方民族及其文化的大交融。北方少数民族入主中原,与汉人通婚,接受汉文化,改称汉姓,逐渐同化于汉族。由于中原地区烽火四起,中原各民族为避战乱而南迁,给江南地区带来了先进的生产技术和丰富的文化知识,为南方民族文化的繁荣发展注入了新的生机活力。

游牧民族和农耕民族自古以来便存在相互依赖的互补关系。北方民族勇武善战,擅长骑射绝技,中原农耕民族拥有先进的生产方式、发达的制度文明、精神文明以及富饶的物产。各自的优长与不足构成了文化的落差,形成各民族文化之间对流、互借、融合的内驱力。先秦时期,秦学西戎"击技",赵着胡服、习骑射,楚国融合了苗蛮文化,实现了空前的民族文化大融合,为秦汉文化的兴盛奠定了坚实的根基,魏晋南北朝时期的民族融合方式更为激烈,范围更为广阔,影响更为深远。

西晋末年,北方和巴蜀地区各民族纷纷建立起地方性政权,史称"十六国"。匈奴人建立了前赵(汉)、夏与北凉;羯人建立了后赵;氐人建立了成汉、前秦、后凉与仇池;羌人建立了后秦;鲜卑人建立了前燕、西燕、后燕、西秦、南凉、南燕与代七个政权;汉人建立了前凉、魏、西凉、蜀和北燕。北方少数民族对华夏民族文化多有钦慕之心、向往之情、攀附之言、归化之行。匈奴人赫连勃勃建立夏政权,他曾说:"自以匈奴夏后氏之苗裔也,国称大夏。……朕大禹之后……今将应运而兴,复大禹之业。"[1] 匈奴人刘渊建立的政权,名曰汉,旨在继承汉朝的王统,他用汉族姓氏,是由于汉高祖刘邦"以宗女为公主,以妻冒顿,约为兄弟,故其子孙遂冒姓刘氏"。刘渊曾说:"昔我太祖高皇帝,以神武应期,廓开大业。……孤今猥为群公所推,绍修三祖之业","(并)追尊刘禅为教怀皇帝,立汉高祖以下三祖五宗神主而祭之"。[2] 鲜卑各支系亦认为是炎帝和黄帝的后裔,其真实的历史基础姑且不论,但中华民族的认同心理与文化的强大凝聚力却昭昭可见。

据估计,从两晋王朝到刘宋时期,北方有九十多万人南迁江南,随之而来的先进的耕作方式和生产工具,大大促进了南方经济的发展,江南地区呈现了前所未有的繁荣景象,粮食积蓄日多。

据文献记载和考古发现,魏晋南北朝时期,岭南地区的水稻一年两熟。《水经注》:

---

① 房玄龄.晋书(上册)[M].刘湘生,李扬,等,校点.长沙:岳麓书社,1997:2138.
② 房玄龄.晋书(上册)[M].刘湘生,李扬,等,校点.长沙:岳麓书社,1997:1772.

"名白田,种白谷,七月火作,十月登熟;名赤田,种赤谷,十二月作,四月登熟,所谓两熟之稻也。"[1]并掌握了筑埂保水、犁后加耙、平田播种、碎土保墒等先进的耕作技术。在广西贺县(今贺州)出土了魏晋时期的锄、耙、镰、刀、削、锯、凿等铁制工具。[2]

在广东连县(今连州)一西晋墓葬中,发掘出一件陶质水田模型,模型为长方形,四周筑有用以拦水的田埂,四角设有漏斗用以排水,中间有一人用牛犁田,一人用牛耙田。[3] 耙有六根较长的齿,同现在农村使用的耙相似。连州在西晋时属始兴郡,同贺州、富川、钟山等地交往,因而这块水田模型能够代表岭南地区的农耕水平。魏晋南北朝时期,中国文化结构呈现空前的多元格局,正是民族之间的融合与交流,大大激发了中华民族的文化潜力,开发了自然界的资源。具体来说,就是给虽然高雅温文,但却柔弱、保守、停滞的中原农耕文化注入了北方游牧民族的强悍、勇猛、善战、豪放的文化精神,同时,北方民族同化于中原民族,为其文化添上了文雅、敦厚、仁慈的色彩。中原文化播撒江南,发掘了江南的大自然宝藏。江南地区肥沃的土地,温暖湿润的气候,加上中原民族精良的生产器具和各族人民的共同努力,令中国经济与文化重心南移,促进南方民族迈向更高的文明阶段。

魏晋南北朝时期,各民族在动荡不安中度过了近400年的艰难岁月,频繁的民族迁徙和文化交融,深层次实现了中国文化结构的重新组合,多方面激发了中华民族的文化潜能,把中国文化调整到最佳的结构状态,为大唐文化的全面繁荣奠定了良好的基础。

四、玄学兴起与多元信仰的共存

魏晋南北朝时期,在两汉儒学衰微的同时,崇尚清静无为、放达任情,讲究精神自由的玄学勃兴了,并出现了儒道合流的趋势。史载"有晋中兴,玄风独振"[4]。玄学源于老庄,在魏晋时期蔚然成风,并非无风起浪,而是由于时局的动荡不安,讲究伦理道德、温柔敦厚、仁义智信的儒学显得迂腐可笑,苍白无力。报国拯民的路被堵住了,回归自然、淡泊名利、崇尚自由,成为新的价值取向。在曹植的《释愁文》中,"玄灵先生"开出了医治"形容枯悴,忧心如醉"之症的灵丹妙药:

吾将赠子以无为之药,给子以澹薄之汤,刺子以玄虚之针,灸子以淳朴之方,安子以恢廓之宇,坐子以寂寞之床,使王乔与子携手而游,黄公与子咏歌而行,庄生与

① 郦道元.水经注[M].陈桥驿,注释.杭州:浙江古籍出版社,2001:548.
② 广西壮族自治区文物工作队.广西贺县两座东吴墓[J].考古与文物,1984(4):9-13.
③ 徐恒彬.简谈广东连县出土的西晋犁田耙田模型[J].文物,1976(3):75-76.
④ 沈约.宋书.北京:同心出版社,2012:1425.

子具养神之馔,老聃与子致爱性之方,趣遐路以栖迹,乘轻云以高翔。

　　在这种文化思潮的影响下,文人墨客徜徉林泉之间,忘情杯盏之中,清静无为,逍遥自在,甚至归隐田园,守本真心。"世与我而相违,复驾言兮焉求?"陶渊明从时仕时隐,到对污浊的现实彻底绝望,终于选择了一条洁身守志的人生道路,躬耕于南山之下,体味共话桑麻之乐的悠然恬静的心境。

　　南朝宋齐时代,以谢灵运、谢朓为代表的山水诗人,开拓了一代诗风。尽管谢灵运一生都不能忘怀政治权势,他游山玩水是为了排遣政治上的失意情绪,但是,他的言行及诗作客观上对悠游林泉的社会风尚起到了推波助澜的作用。

　　从哲学人类学的观点来看,文化创造的根本目的是实现人的价值,达到人与自然的和谐发展,体会生命的本质意义。魏晋南北朝时期寄情田园山水、崇尚返璞归真的社会风尚,表明中国文化业已关注人与自然的和谐问题以及自然风光陶冶性情的功能。这虽然谈不上是对人与自然关系的自觉认识,但足以说明当时已经实现人对自然的一次回归,人们体验到人类同自然之间先天性的精神联系和信息交感,从中得到心灵的安慰和审美的愉悦。

　　在列强四起、弱肉强食的动荡岁月,传统的价值观念随着文化结构的变迁而冰消瓦解——以董仲舒为代表的汉儒学说至魏晋已经显得黯淡无光,受到了前所未有的猛烈抨击。阮籍认为"君立而虐兴,臣设而贼生"。孔融说父亲之于儿子"实为情欲发耳",儿子之于母亲"譬如寄物瓶中,出则离矣",彻底否定了汉儒倡导的君臣父子之道。

　　但是,先秦原始儒学思想的精髓却延绵不绝,时有显现。曹操曾被当作加速儒学衰微、崇尚法家思想的政治家,然而他并不排拒德治,更未放弃治国平天下的伟大抱负。他在《度关山》中描绘了理想的社会图景:"天地间,人为贵,立君牧民,为之轨则。"在《对酒》中表明了崇礼重德的主张:"王者贤且明,宰相股肱皆忠良。咸礼让,民无所争讼。……耄耋皆得以寿终,恩泽广及草木昆虫。"这与孟子的"七十者衣帛食肉,黎民不饥不寒"的太平盛世如出一辙。曹操一生积极入世,以匡扶天下为己任,直至晚年,依然高歌"老骥伏枥,志在千里",这显然同儒学倡导的自强不息、兼济天下的人文精神相契合。[①] 同样,曹植早年亦抱着"戮力上国,流惠下民,建永世之业"的远大志向。天下三分格局奠定后,他立志西灭"违命之蜀",东灭"不臣之吴",实现"混同宇内,以致太和"的政治目标。魏晋时期的政治家、思想家、文学家摒弃了儒家学说中的迂腐因素,继承了积极进取、入世有为、拯世济民、施展宏伟抱负的文化内蕴。在社会动荡的年月,弘扬这种民族精神,以天下兴亡为己任,彰显济世情怀,尤为难能可贵。

① 孙明君. 曹操与儒学[J]. 文史哲,1993(2):68-71.

即便是以归隐田园为人生归宿的陶渊明,少年时代亦抱着积极入世、大济苍生的壮志。"忆我少年时,无乐自欣豫,猛志逸四海,骞翮思远翥。"(《杂诗》其五)当理想幻灭后,他选择了洁身守志、独善其身的人生道路,但从未忘却现实,时常流露出对现实的不满和壮志难酬的焦灼和悲愤。"日月掷人去,有志不获聘。念此怀悲凄,终晓不能静。"(《杂诗》其二)《读山海经》中歌颂精卫和刑天至死不屈的诗篇,更洋溢着壮志常在的坚强意志:"精卫衔微木,将以填沧海。刑天舞干戚,猛志固常在。"这些诗句集中体现了传统儒家生命不息、奋斗不已的豪迈气概。

然而,时世的动荡,经济的萧条,早已打破了儒学独尊的格局,出现了精神信仰的多元化,使这一时期成为我国历史上"精神上极自由、极解放,最富于智慧,最浓于热情的一个时代"①。

与战国时代文化多元化、百家争鸣格局有所不同的是,魏晋南北朝时期的思想各行其是,较少论辩色彩,儒、道、释趋于"三教调和"。因战乱频繁,而产生兼济天下的入世思想;因政治黑暗、报国无门,而兴起谈玄、崇尚虚无、消极避世之风;社会习尚、价值观念、审美旨趣的变迁,促使部分文人寄情山水,悠游林泉,追求人格的自我完善。

如果以国家的统一、国力的强盛、经济的繁荣、社会的稳定程度而论,不能把魏晋南北朝视为中国文化演进的鼎盛期。但是,东汉以后,大一统的国家分崩离析,儒学的地位每况愈下,玄学蔚然成风,仙道广为流布,佛学势力大增,人们的思维取向、价值观念、人生目标更是千姿百态,实现了人的自由发展,文人士子或立志于济世救民,或寄情于田园山色,或沉溺于修道求仙,各种价值观念与人生理想并行不悖,争相竞秀,不愧为精神文化的繁荣时世。

思考题

1. 秦汉时期完成了国土疆域和文化思想的统一,这对中国文化产生了哪些深远影响?

2. 董仲舒提出"罢黜百家,独尊儒术"理论主张的时代背景是什么?这对儒学在中国文化中占据主导地位起到了什么作用?

3. 魏晋南北朝的文化认同与文化交融体现在哪些方面?试论述民族融合与文化复兴的内在关联。

---

① 宗白华.美学散步[M].上海:上海人民出版社,1981:117.

第三章
从文化汇聚到文化隆盛

学习提示

多民族文化蕴能的相互激发,多民族精神智慧的合力创造,终于在唐代把中国文化推向历史的最高峰。唐代国运隆盛,创演了一部令国人自豪的历史长剧。本章的学习重点在于理解中国文化演进到唐宋时期而达到顶峰状态的机理,感知唐代实现了国家空前强盛的胜景:万邦来朝,军威四震,光耀四海。同时,领略唐诗宋词和唐宋时期的书法、绘画、雕塑等艺术作品的文化魅力,领会程朱理学的思想内涵。

隋唐王朝的建立,结束了近 400 年的战乱频仍、南北对峙的多民族政权并存局面。隋唐王朝实行均田制,限制豪门士族的势力,减赋税,轻徭役,促进了农业和手工业的发展。一系列生产关系的调整,激发了人们的创造活力,水陆交通的拓展和延伸,促进了各区域文化的相互沟通。

一、隋唐时期的文化汇聚

隋朝凿通大运河,促进了南北文化的沟通和融汇。唐代水陆交通四通八达,以长安为中心,有五条大道通往全国各地。水路"旁通巴汉,前指闽越","控引河洛,兼包淮海"。陆路有北、中、南三条路通往中亚和印度。航海可达红海、印尼和日本,便利的交通促进了各民族之间的相互往来与文化的融合。

唐代实行道、州、县三级行政区划,在少数民族地区实行"羁縻制度",即在这些少数民族地区的贵族归附王朝之后,中央王朝授予官衔,使其附属于王朝,给予不同于中原地区的政治、经济权益,把周边众多的民族置于唐王朝的统一管辖之下,打破了各民族之间的割据局面,缓和了各民族之间的尖锐矛盾。

唐王朝加强了对少数民族地区的控制,同时委派官吏到边远之地兴利除弊,传播先进的中原文化。唐代贤相宋璟被谪贬岭南期间,教民"陶瓦筑堵,列邸肆"①。元和初年,

---

① 欧阳修,等. 新唐书[M]. 许嘉璐,主编. 北京:同心出版社,2012:3031.

韦丹任容州刺史,"教民耕织……教种茶、麦,仁化大行"①。柳宗元任柳州刺史期间"大修孔子庙,城郭巷道,皆治使端正"②。韩愈在潮州设院讲学,革除陋习,弘扬儒学。"自今已后,其岭南五府管内白身,有词藻可称者,每至选补时,任令应诸色乡贡,仍委选补使准其考试,有堪及第者,具状闻奏。"③这既为岭南学子打通了进身之阶,亦扩大了中原文化的传播和影响。

随着国家的统一,鲜卑、氐、羯等北方民族改称汉姓,与汉人通婚,参与汉人政权,逐渐消融于汉民族之中。唐代的中原地区,实际上是以汉族为核心的民族大熔炉。谷苞先生说:"南北朝时期的汉族不同于隋、唐时期的汉族;隋、唐时期的汉族也不同于元、清时期的汉族。"④而隋唐时期是少数民族汇入汉族,汉族充实其他民族的民族大汇聚的高峰。

据王桐龄先生考证,隋唐时期的汉族是以汉族为父系、鲜卑为母系的新汉族。隋炀帝杨广、唐高祖李渊的母亲,都出自鲜卑的独孤氏。唐太宗李世民的生母为鲜卑族。长孙皇后父系、母系皆为鲜卑人,故唐高宗李治承袭鲜卑血统近四分之三,承继汉族血统仅四分之一。⑤林惠祥先生认为:"李唐一代君既不纯为汉人,臣亦多出身异族,所用之兵更多属异族,实为华夷混合之国家,不能指为纯粹汉族之时代。"⑥唐有宰相369人,而胡人出身者共20姓36人,占总数的十分之一。唐的政权在很大程度上靠藩将维系和支撑。⑦隋末,中原地区人口锐减,唐朝有意迁塞外各族入居内地。"因其归命,分其种落,俘之河南,散属州县,各使耕田,变其风俗,百万胡虏,可得化而为汉。则中国有加户之利,塞北常空矣。"⑧

北方少数民族的大量南迁,导致北方少数民族的文化习俗亦随之传播到中原地区。唐太宗长子常山王李承乾酷爱突厥文化。"又好突厥言及所服,选貌类胡者,被以羊裘,辫发,五人建一落,张毡舍,造五狼头纛(突厥可汗帐幕外竖立的旗帜,突厥以狼为图腾)。分戟为阵,系幡旗,设穹庐自居,使诸部敛羊以烹,抽佩刀割肉相啖。"⑨

北方少数民族的崇武精神、豪放气概、蔑视礼法的言行,同中原文化相融合,北方少数民族的音乐、舞蹈、服饰、饮食等文化习俗在唐人中广为流行,为大唐文化增添了万千

① 欧阳修,等. 新唐书[M]. 许嘉璐,主编. 北京:同心出版社,2012:4216.
② 韩愈. 韩愈全集[M]. 钱仲联,马茂元,校点. 上海:上海古籍出版社,1997:289.
③ 王溥. 唐会要[M]. 上海:上海古籍出版社,2006:1605.
④ 谷苞. 论中华民族的共同性[J]. 新疆社会科学,1985(3):1-10.
⑤ 王桐龄. 中国民族史[M]. 长春:吉林出版集团股份有限公司,2017:322.
⑥ 林惠祥. 中国民族史(上册)[M]. 北京:商务印书馆,1993:32.
⑦ 贾敬颜. "汉人"考[J]. 中国社会科学,1985(6):99-109.
⑧ 刘昫,等. 旧唐书[M]. 许嘉璐,主编. 北京:同心出版社,2012:1878.
⑨ 宋祁,等. 新唐书[M]. 许嘉璐,主编. 北京:同心出版社,2012:2261-2262.

风采,使之洋溢着蓬勃的生机活力。

从体质人类学和优生学的角度来说,北方少数民族同中原汉族通婚,有利于中华民族身体素质的改善和智能水平的提高。北方少数民族文化同中原汉族文化交流,彼此取长补短,相得益彰。这充分体现了多民族融合、多种文化相涵化的综合优势,同时释放出无比巨大的效能,缔造了博大精深、富丽堂皇的大唐文化。

二、盛唐气象

初唐和盛唐时期的统治集团顺应时代的潮流,锐意革新,削弱豪门势力;审时度势,推行一系列富国强兵的政治措施;大开国门,广纳四方文化精英;实行科举制,打破士族特权,招揽了大批济世兴邦的栋梁之材。

唐朝是公元7—9世纪世界上最强大的封建帝国,统治者思想开明,胸襟宽阔,兼容并蓄,广采博收,展现了自信刚强而无所顾忌的恢宏气度,与西方教会禁锢思想、摧残人性、仇视创新的种种做法形成鲜明对照。唐朝国泰民安、四海宁一、百业俱兴、万民归附,而当时的欧洲政治腐败、经济穷困、社会混乱、文化停滞。两者相比,实有天壤之别。

唐都城长安是当时的国际性都市,规模之大,位居世界前列。长安城"象天设都",结构谨严,气势磅礴、街道纵横交错、方正整齐、形如棋盘,充溢着象征意味。长安城是世界文化汇聚的中心,南亚天竺国的佛教、医学、历法、音乐、美术,西亚的伊斯兰教、摩尼教、景教,中亚的音乐、舞蹈,乃至域外的奇珍异宝、水果蔬菜,纷纷传入中国。

长安商业区布满邸店、商肆,聚居着中亚、波斯、大食等国的客商,留学生亦纷至沓来,学习取经。据记载,唐朝的国子学和太学,接纳了三万多名来自各国的留学生,有的还在朝廷任职,见习唐朝典章制度。每逢各地士子汇集京城参加科举考试,更是热闹非凡,真可谓"群贤毕至"。

唐王朝开明君主的博大胸襟、开放精神以及中外多元文化的汇聚,促进了文化诸形态的空前繁荣。唐代统治者尊儒、崇道、礼佛,促使儒学、道教、佛教并行不悖、相互阐发。唐代诗歌、音乐、舞蹈获得创新的契机,出现百花争妍、流光溢彩的繁荣景象。

儒家思想在多元文化激荡的魏晋南北朝时期,备受冲击,失去了主导的地位。唐朝统一中国,儒家有为入世、笃礼崇义的思想,与如日方升的唐朝的社会崇尚颇为契合。唐太宗宣称:自己对于周、孔之教,"以为如鸟有翼,如鱼依水,失之必死,不可暂无耳",促使形成"学者慕响,儒教聿兴"的新局面。中唐时期,韩愈率先发起了复兴儒学的运动,企图通过加强儒家思想的统治,遏制佛老思想的流行,强化中央集权,削弱藩镇势力。他的这些政治主张虽然没有取得成功,但他倡导的古文运动却取得了胜利,开创了文道合一、务去陈言、文从字顺的新文风,以文"传道"或"明道"。这里所说的"道",其实就是历代相传、历史悠久的以孔孟儒家为正宗的思想体系。

道教发展至唐代,进入全面兴盛时期。道教著名学者被延请入宫,参与政事;道教信徒增多,道教宫观遍布全国,规模日益宏大;道士地位明显提高。道教在初唐被列为道、儒、释三教之首。道教经典著作得以妥善保存,唐玄宗下令诸学士编撰了《一切道经音义》140 余卷,《道藏》3744 卷。在唐开元、天宝年间,道教发展到前所未有的鼎盛阶段。

道教在唐代隆盛的原因,首先得力于唐代开放、宽松的文化氛围。其次,由于唐朝皇室出身于北朝鲜卑军户,并非名门望族,而魏晋以来盛行的门阀制度虽已衰微,但余响犹存。李渊、李世民父子为抬高其门第,巧妙地利用道教祖师老子姓李的巧合,尊老子为唐王室的祖先,李唐王族便成了神仙的后裔。一些道士借此制造"老君显灵""君权神授"的舆论,以迎合统治阶层的需要,因而得到了唐王朝的扶持。最后,道教的斋醮法事可为统治者祈福禳灾,祷告天下太平;道教的养生之术,可以满足帝王贵族追求长生不老的愿望;道家主张顺应自然、清静无为、与世无争的思想,可以为失意官僚和文人提供精神慰藉。①

佛教自汉代传入中国,经过数百年的译介,至唐代进入宗派林立的全盛阶段,同唐王朝的倡导存在密切关系。佛学的盛行,对中国的哲学、建筑、雕刻、音乐、绘画、诗歌、舞蹈及民俗诸事象产生了深远的影响。

唐代都城长安,寺庙林立,不计其数,和尚们春风得意,四处讲经。佛教传至中国,在同中国的传统文化碰撞、交汇、排拒、吸收的过程中,创立了天台宗、法相宗、华严宗、禅宗、净土宗、律宗、密宗等不同教派,统治阶级利用儒学治世、佛学治心、道教养性,发挥各自的功能,佛学以理论的严密性、完备性及其对社会苦难现实的深刻揭示,同中国文化心理某些层面相对应,逐步实现中国化,成为中国文化的重要组成部分。

唐代开放、开明与包容的文化政策开创了中国文化史上"儒学昌明、道教风行、佛学兴旺"的文化共荣局面。中华民族潜能的全方位激发,中国文化的全面隆盛,相应地带来了科学技术以及各种艺术形态的成熟和繁荣。

唐代天文学家僧一行实测子午线的长度,在天文学史上属于首次,编成《大衍历》。"药王"孙思邈撰写《千金方》共 60 卷,详细记载了中药的选材和制作方法,将中医理论和养生学说相结合,堪称中医学的经典。

唐代诗人博采众长,推陈出新,把诗歌艺术推向艺术的巅峰。大唐王朝诗情洋溢,上自帝王将相,下至樵夫乞丐,莫不谈诗、议诗、写诗。《全唐诗》收录了 2800 多位社会各阶层人士创作的 49400 多首诗歌,可谓洋洋大观,灿若繁星。唐诗的内容、形式、风格、技巧

---

① 中国社会科学院世界宗教研究所道教研究室编. 道教文化面面观[M]. 济南:齐鲁书社,1990:22-25.

达到炉火纯青、后世不可企及的境界,是历史进步、社会繁荣、文化昌盛,以及南北文化、各民族艺术相融合,多元文化合力作用的结果。

隋唐国家的统一,有利于南北方各区域各民族互相取长补短。南北朝时期,南北文化风格迥异。"南人约简,得其英华;北学深芜,穷其枝叶。""江左宫商发越,贵于清绮;河朔词义贞刚,重乎气质。"如果说汉魏重风骨,质胜文,齐梁重声律,文胜质,唐诗则"各去所短,合其所长",文质彬彬而风骨与声律兼备。

书法艺术发展至唐代,亦是名家辈出、众体皆备、异彩纷呈。如张旭的狂草和怀素的草书,世有"颠张狂素"之称。楷书方面,书家辈出,如欧阳询、虞世南、褚遂良、颜真卿、柳公权等。柳公权在结字上吸取了颜体的纵势,舍弃颜字竖画肥壮的写法,形成了谨严端庄、遒劲峻拔的风格,世称"颜筋柳骨"。[①]

唐代绘画呈现勃勃生机,题材广泛,风格多样的气象,人物画、山水画、花鸟画都日趋成熟,出现了吴道子、张璪、李思训、李昭道、王维等绘画大师。

唐代乐舞富丽堂皇,气派非凡,绚丽壮观。如《秦王破阵乐》声振百里,动荡山谷;《上元乐》舞者众多,歌声阵阵,气象恢宏。唐玄宗创作的乐舞《霓裳羽衣曲》,舞者"飘然旋转回雪轻,嫣然纵送游龙惊","烟娥敛略不胜态,风袖低昂如有情"。

唐代继贞观之治后,传至第七位皇帝李隆基,在开元年间,进入了最为繁荣的顶峰阶段。李隆基登基之初,以经天纬地的雄才大略,广开言路,善于纳谏,励精图治,重用贤相,以博大胸襟广纳诸方文化,终于迎来了"开元盛世"的繁华景象。

但到了天宝年间,唐玄宗纵情声色,疏于朝政,崇尚黄老,信任奸臣,加上年老体衰,对藩镇割据失去了警惕。公元755年,"渔阳鼙鼓动地来,惊破霓裳羽衣曲",安史之乱爆发。国家元气大伤,国势江河日下,社会日趋混乱,忧郁阴沉的格调取代了热情奔放、明朗高昂、充满生机活力和进取精神的盛唐之音。

三、宋代中国文化的精致化

自907年唐朝退出历史舞台,经五代十国,宋辽夏金元诸政权并存局面形成。在宋代,北方游牧民族势力日趋强大,纷纷建立地方性国家政权,与中原王朝相对峙,这是多元格局的强化。同时,各民族之间频繁的战争冲突和文化交流,以及征服者同化于被征服者,加速了中国文化结构的一体化进程。

宋代文化是一种阴柔、内向、萎缩型文化,经济繁荣与歌舞升平的表象,掩饰不住国力的衰微和军威的不振。唐朝中国文化气势恢宏、雍容大度、雄壮健伟、自信高昂、热情

①　启功. 书法概论[M]. 北京:北京师范大学出版社,1986:66-99.

奔放的景象已经一去不复返了。

宋初统治者深知,唐朝政体之失在于边将权力过重和藩镇割据,因而以"杯酒释兵权"解除了将帅们统兵的权力。实行"更戍法",轮番派遣京师的驻兵到各地戍守,使"兵不知将,将不知兵";设置枢密使,掌握调兵之权,令天下之兵本于枢密。枢密使有发兵之权,而无握兵之重。京师之兵总于三帅,有握兵之重,而无发兵之权。彼此之间互相牵制,互相猜忌,每逢大兵压境,各个机构往往决策不灵,争议不休,导致"宋人议论未定,敌兵已经渡河"。宋王朝屡战屡败,一直挺不起腰杆,只好委曲求全,忍辱签约,割地称臣,纳银捐输。这是抑制武将兵权,重用文官主政,对唐王朝藩镇割据之害矫枉过正的结果。

宋、辽、西夏、金、元诸国之间,常出于各自的利益,或彼此联合,或相互征伐。战争可导致文化的毁灭,也带来文化的交融。从整个中华民族的文化演进历史看,各民族之间的冲突是中国文化整合的主要途径和方式之一。如果说,战国时期、十六国、南北朝和五代十国等历史阶段,中华民族文化格局呈现多元鼎盛、一元解体的状态,各区域、各民族文化一次又一次的激烈冲突,震荡着中国文化的结构,那么,宋元时期各民族建立的国家政权之间的侵略和兼并,是在更广阔的范围、更高的层次上,以更强大的冲击力涤荡着中国文化的各个层面。

北宋给予文人优厚的待遇,离职时还可领取半俸,武官就不能这样。宋代上自宰相,下至州郡长官,几乎都由文官担任,客观上提高了文人的地位。虽然北宋军威不振,但是"重文"的结果,却使中国文化系统演进至宋代而呈现文人得志、学校发达、书院增多、诗词繁荣、曲艺勃兴、学术昌盛的景象。

宋代继承了前代学校制度和科举制度,在京师设国子学、太学,此外,还开办律学、算学、书学、画学、医学等培养专门人才的学校。宋仁宗曾明令全国州县都建立学校,采取了一系列通过考试选拔士子的办法。宋代私立书院逐渐增多,规模日益庞大,如白鹿洞书院、石鼓书院、应天府书院、岳麓书院,号称四大书院。鼎盛时期的白鹿洞书院,学生多达数千人。应天府书院在宋真宗时修建了150间校舍,规模大于官办学校。学校的发展和书院的兴旺,有利于文人的成长和文化的传播。

北宋时期,民间刻书业兴旺发达,活字印刷术的发明,使得各种刻本大量流行,激发了文人学者著书立说的兴趣,官方和民间的藏书量也日益丰富,如宋敏求、叶梦得、晁公武等私人藏书量达数万卷。每年来京师应试的士子多达六七千人,是唐代应试人数的好几倍,有力地促进了宋代文化的繁荣。

宋代科技有了新的发展,毕昇发明了活字印刷术,是世界印刷史上的一大创举。在宋代,指南针应用于航海,为远洋航行奠定了基础。沈括《梦溪笔谈》共30卷,涉及数学、天文历法、地理、物理、冶金、水利、建筑、医学等诸多方面,是当时中国科学技术最高成就的荟萃。

宋代建筑工艺的典范主要有：建于北宋时期的山西太原晋祠、河南开封的祐国寺铁塔、浙江杭州的六和塔等。宋代的桥梁建筑、园林营造、漆器、金银器的制作水平均达到了新的高度。

北宋张择端《清明上河图》，堪称中国绘画史上的杰作。该画总长 528.7 厘米、宽24.8 厘米。整幅作品采用现实主义手法，规模宏大，结构严密，构图起伏有序，其笔墨技巧活泼简练，描写细腻、逼真、生动，艺术技巧高超、纯熟，人物生动传神，牲畜形态、房舍、舟车、城郭、树木、桥梁、河流，无一不至臻至妙，实为我国绘画史上的稀世奇珍、画之瑰宝。宋代以前，我国绘画作品以人物为主要题材，《清明上河图》的超越体现在关注普通劳动人民的生活场景和日常情趣，实现人物与情境的完美融合，开拓出新的境界，突破了传统题材的局限。

宋代的诗文、词曲等文学艺术诸门类的创作，都取得了显著的成绩。唐诗的巨大成就如诗歌发展史上的一座丰碑，达到了后人难以企及的艺术境界，所以宋代诗人就很难跨越横亘于前的艺术高峰。而词作为一种新兴的体裁，在晚唐主要用于描写艳情，题材限于抒发痴情男女的离愁别绪，形成了绮靡婉约的风格，恰好为宋人留下宽广的余地来驰骋才情和笔力，在艺术上显示出独创性。前人素有"唐诗宋词"之称，不无道理。

随着都市的繁荣，市民文学应运而生。"瓦肆""勾栏"林立，规模庞大，北宋汴京"街南桑家瓦子，近北则中瓦，次里瓦，其中大小勾栏五十余座。内中瓦子莲花棚、牡丹棚，里瓦子夜叉棚、象棚最大，可容数千人"①。据《武林旧事》记载，南宋杭州演出的伎艺有 50多种，瓦肆 23 处。这些群众游艺娱乐场所，经常表演说话、说唱、杂剧、院本等通俗文艺，对于推动我国话本小说和表演艺术的发展，起到了积极作用。

宋代衰颓的国势必然给中国文化的演进造成极大的影响，具体表现为：宋文化发展的始终，贯穿着阴沉、柔弱、婉约、凄楚、苍凉的风格，与所谓的"盛唐气象"形成了鲜明对比。即使间有豪放激越之作，亦渗透着苍凉的情调，乃至国破家亡的哀思；即使是热血沸腾的爱国强音，也因为投降派专权，复国壮志难酬，而夹杂悲愤沉郁的声符。

宋代以前，中国文化的重心一直在黄河中下游地区。这里率先跨入文明的门槛，文物昌盛，物产富饶，经济发达，地灵人杰。南北朝时期，北方游牧民族南侵，曾迫使汉人南迁，促进了南方经济的发展，但长安—开封—洛阳一线仍是我国的政治、经济中心。唯至宋代，衰微的国势抵挡不住金人南犯的锋芒。1127 年，"靖康之难"爆发，汴京沦陷，宋室南渡，偏安江南，正式确立江南地区作为我国政治和经济中心的历史地位。

---

① 孟元老．东京梦华录[M]．北京：中国书店，2019．

思考题

1. 唐宋时期中国文化的主要成就体现在哪些方面?

2. 简要说明宋辽夏金元多国对峙局面与中国文化重心的转移过程。

3. 如何借助唐宋时期的文化成就,增强中华民族的文化自信?

第四章
从文化激荡到文化重构

学习提示

　　元明清时期,中国文化在多重激荡中开疆拓土,在诸多领域取得长足发展。学习本章,需要理解的核心内容有:蒙古族建立的元朝是中华民族历史上疆域面积最大的王朝;明代心学理论与人性的觉醒,是中国文化史上的华美篇章;清代的"康乾盛世",实现了满汉文化的新融合。但是,西方列强的入侵,激起了中西文化的急剧冲突,也唤醒了中华民族救亡图存的强国意识。中国先贤们以坚韧不拔的顽强意志,探求中华民族复兴的有效路径,在艰苦卓绝的探索中,追寻实现中华民族伟大复兴的强国梦想。

一、多国对峙与多民族文化的激荡

　　唐以后,契丹、党项、女真、蒙古等游牧民族日渐强大,分别建立了辽、西夏、金、元等国,分别称帝,与中原王朝宋朝对抗,对宋形成严重的威胁。在频繁的征战中,各国在政治、经济、军事各领域发生长期的对峙和冲突,多民族文化在激荡中交融。

　　辽建于公元907年,国号契丹,耶律阿保机为辽太祖。辽国境内的契丹、汉族和其他各族人民,共同创造了具有草原游牧特点的文化。契丹文化与汉文化互相影响、互相吸收,共同发展,丰富了中华民族的文化宝库。契丹原无文字,契丹文人在汉人的协助下,以汉字隶书减少笔画或直接借用汉字的方法创制了契丹大字。后来,参照回鹘字对大字加以改造,创制了契丹小字。契丹小字为拼音文字,拼音方法受回鹘字的启发和汉字反切注音的影响。在辽境内,契丹语和汉语都是官方和民间的通用语言。契丹字和汉字也同样被官民使用并在境内外通行。契丹字创制后,用于书写官方文书、碑碣、牌符、书状、印信等。同时辽也用契丹字翻译了大量儒家经典和文学、史学、医学著作,中原地区的科学技术、文学、史学成就等被介绍到草原地区,增进了汉族文化与契丹文化的交流和发展。出使辽的宋朝人有些也能用契丹语作诗,这有助于沟通彼此之间的思想感情。

　　辽国统治阶层仰慕汉文化,以儒家学说作为治国的主导思想,建孔庙,用儒家的道德标准选用人才。契丹政治家耶律楚材在其《怀古一百寄赠张敏之》中云:"辽家遵汉制,孔教祖宣尼。"

契丹人的文学艺术具有鲜明的地方特色。辽国画家以契丹人的生活为创作题材，创作了大量优秀的绘画作品，取得了卓越成就。东丹王耶律倍和著名画家胡瓌、胡虔父子所画作品，精致入微，被誉为"神品"。胡瓌善画蕃马，所画蕃马"骨格体状富于精神"，堪称绝代之精品。胡瓌画契丹人马，善用狼毫制笔，疏渲鬃尾，细密有力，笔法神妙，独具一格。

东北地区的女真族以渔猎为生，唐朝时称靺鞨，五代时有完颜部等部落，臣属于渤海国。辽国攻灭渤海国后，收编南方的女真族，称为熟女真，北方则是生女真。辽国晚期朝政混乱，天祚帝昏庸无能，辽国不停地索求贡品，并且鱼肉女真百姓。在女真30多个部落中，完颜部最为强大，完颜部逐步地统一了女真各部。公元1114年9月，完颜阿骨打率领女真各部起兵反辽，次年在上京会宁府（今黑龙江哈尔滨）建都立国，国号大金。金朝（1115—1234年）是中国历史上由女真族建立的封建王朝，共传十帝，享国120年。

金国于1125年灭辽，1127年灭北宋。贞元元年（1153年），海陵王完颜亮迁都燕京，改名中都（今北京）。金世宗、金章宗统治时期，金朝处于鼎盛时期，疆域辽阔，统治范围包括淮河北部、秦岭东北部和今俄罗斯的远东部分地区。金章宗在位后期金国由盛转衰。金宣宗继位后，内部政治腐败，民不聊生，外遭大蒙古国南侵，被迫迁都汴京（今河南开封）。女真贵族大肆占领华北田地，奴役汉族，当金国势力衰退时，汉族纷纷揭竿而起。1234年，金国在南宋和蒙古的南北夹击下覆亡。

金国在政治、军事、经济等多方面受到宋朝的影响，在文化方面也逐渐汉化，杂剧与戏曲在金朝得到相当的发展，金代院本为后来元杂剧的形成打下了基础。

金朝中期以降，女真贵族改用汉姓、着汉服的现象越来越普遍，朝廷屡禁不止。金世宗积极倡导学习女真字、女真语，但仍无法改变女真汉化的趋势。

金朝以儒家为"正理之主"，早在金军进军曲阜时，金兵意图摧毁孔子墓，被完颜宗翰制止。金熙宗时，在上京立孔庙，封孔子后裔为衍圣公。同时，金朝充分肯定周敦颐、程颢、程颐建立的北宋理学，将佛教、道家与理学思想融合为一体。

女真贵族官员乐于与汉人士大夫交游，倾心学汉诗。金朝有名的文人为王若虚与元好问。王若虚著有《滹南遗老集》，擅长诗文与经史考证。元好问是金朝文学集大成者，著有《遗山集》《论诗绝句》《中州集》等。金章宗时期，董解元创作的《西厢记诸宫调》是中国古典戏剧史上的杰作。

女真文和汉文是金朝通行的官方文字，其中女真文是用根据汉字改制的契丹字拼写女真语言而制成的。女真族原采用契丹字，随着金朝的建立，完颜希尹奉金太祖之令，参考汉文与契丹文创造女真文，在1191年8月颁行。1165年徒单子温参考契丹字译本，译成《贞观政要》《白氏策林》等书。金世宗时，朝廷设立译经所，翻译汉文经史为女真文，而后又陆续翻译了多本汉文书籍。

宋辽金元时期,中国历史进入多民族竞争的阶段,汉族的宋朝,契丹族的辽、女真族的金、蒙古族的元各据一方,交互并存,互不统属,而又频繁交往,既战且和,长期对峙。除了宋、辽、金的对峙外,还存在着西夏与大理等国。靖康二年(1127年)金兵占领宋朝都城汴梁,俘虏宋徽宗和宋钦宗,北宋灭亡。赵构在南京(今河南商丘南)称帝,宋金在淮河一线又形成对峙态势。1206年,蒙古贵族铁木真召开各部落首领会议,创立了蒙古汗国,结束了蒙古各部长期分裂的局面,被称为成吉思汗。统一的蒙古汗国顺应历史潮流,在政治、军事上实施一系列行之有效的措施,取得了显著成效,国力大增。1234年,元宋联合灭掉金。此后,元又灭掉了西夏和大理,并于1279年灭南宋,统一全国,建立了疆域比汉唐时代更为广阔、横跨亚欧大陆的强大帝国。

二、元代的文化拓展

元朝(1271—1368年)是蒙古族建立的王朝,定都大都(今北京),传五世十一帝,历时98年。由忽必烈建立的元朝,其前身是成吉思汗所建立的蒙古汗国。元朝的正式国号叫大元,源于《易经·乾篇》"大哉乾元,万物资始"。元代是我国历史上少数民族取得对整个国家统治权的第一个封建王朝。元朝的统一结束了300多年来国内几个政权并立的局面,改变了北宋以来长期积弱不振的形势。由于疆域辽阔,交通便利,城市经济得到发展,市民力量在缓慢增长。

元朝统治者将全国人分为四等,即蒙古人、色目人、汉人、南人,在法律、政治、经济上都规定不同的待遇,以达到分化各族人民团结的目的。但是,在文化上,元朝采用相对宽松的多元化政策,尊重全国各个民族的文化和宗教,积极推进理学和心学各流派之间的文化交流和融合,舍弃各自的短处,融汇各自的长处,同时在继承程朱理学基础上,侧重将学理思辨转向对道德实践的重视,为阳明心学的崛起打下了基础。元朝推崇藏传佛教,还包容欧洲文化,接纳欧洲人在官府任职。据《马可·波罗游记》记载,马可·波罗本人曾被任命为元朝官员。[1]

元代,上层官员多由蒙古人和色目人担任,士大夫文化式微,但是在天文学、纺织技术、戏曲创作等方面,取得举世瞩目的成就。郭守敬、黄道婆、关汉卿成为元代科技文化领域的著名人物。郭守敬,字若思,汉族,顺德府邢台县(今河北邢台)人,著名的天文学家、数学家、水利学家,著有《推步》《立成》等14种天文历法著作。黄道婆,又名黄婆或黄母,松江府乌泥泾(今上海市徐汇区)人,是宋末元初著名的棉纺织技术革新家,因传授先进的纺织技术以及推广先进的纺织工具而受到百姓的敬仰,被尊为布业的始祖。

在文学艺术方面,元代诗歌、散文创作相对于唐宋时期而言,已经日趋衰落。但是,

① 马可·波罗. 马可·波罗游记:第2卷[M]. 上海:亚东图书馆,1940:226.

元杂剧和散曲却脱颖而出,成就斐然。关汉卿、白朴、马致远、郑光祖被誉为"元曲四大家"。

三、明代的人性觉醒

如果说,秦汉文化洋溢着青春的朝气,盛唐文化呈示出恢宏磅礴的气度,元代文化展现了显赫战功和勇猛刚烈的民族精神,那么,明代文化则经历了从充塞帝王意志的"文化钳制"逐步转向"人性觉醒"的过程。

元朝末年,战火纷飞,最后朱元璋平定南方割据势力,完成了统一大业。明王朝的建立,重新建立了汉民族与汉文化的统治地位。明朝初年,朱元璋实施与民休养生息的政策。"天下初定,百姓财力俱困,譬犹初飞之鸟,不可拔其羽,新植之木,不可摇其根,要在安养生息之。"同时,移民垦荒、兴修水利、减轻赋税、抑制豪强,恢复商业和手工业,促进了社会的安定和经济的复苏。

中国封建专制文化演进至明代,已进入垂暮时期,日益变得老气横秋、刻板冷峻而多有避讳。明王朝为强化皇权专制统治,废除了有1000多年历史的丞相制度,取消了有700年历史的中书、门下、尚书三省制度,将军政大权揽于皇帝一身,排除异己,消灭异端。

明王朝难以实现中国文化的结构性转型,无法应对外来文化的挑战,不能在西方走出中世纪、向资本主义过渡之时,相应地推动中国传统文化结构的更新。然而,强权统治阻挡不了历史进步的车轮,明王朝传至孝宗、武宗时期,社会、经济、文化各方面发生了巨大的变化,社会经济经过一个较长时期的休养生息后,呈现出兴旺发达的繁荣景象,纺织、采矿、冶铸、造纸、印刷、制糖等行业都有了新的发展,东南地区出现了相当繁华的都市,促进了商品的流通和资本主义的萌芽。与经济发展相适应,社会风尚、价值观念、文学创作等方面也发生了显著的变化,最终的结果是人性的复苏。

在西学东渐与人性复苏的时代背景下,明代科学家及一批仁人志士在科学技术、文学创作、哲学理论等方面,取得了显著的成就。

在科学技术方面:宋应星著《天工开物》,分上、中、下三编,收录了包括粮食加工、制陶、造纸等诸多方面的工艺技术,真实反映了当时中国的工艺水平。徐光启著《农政全书》,共60卷,70多万字,涉及农本、田制、农事、水利、农器、植树、养蚕等方面,是中国农学的经典之作。李时珍著《本草纲目》,共52卷,包括1109幅药图、11096首方剂歌诀,是16世纪之前中药研究成果的集大成之作。

在地理学、旅游学上占有显著位置的是徐霞客及其游记。徐霞客,名弘祖,字振之,别号霞客,江苏江阴人。徐霞客是中国历史上伟大的地理学家之一,也是著名的旅行家和文学家。他从22岁开始,告别书斋生活,外出游历,历经34年,游历了大半个中国,足迹遍及华东、华北、中南、西南等地。在旅途当中,他记下旅途经历、考察的情况以及心得体会,给后人留下了兼具地理价值、旅游价值和文学价值的《徐霞客游记》。

明代的文学成就主要体现在长篇章回小说的创作等方面,《三国演义》《水浒传》《西游记》是中国章回小说的经典作品。

在哲学思想领域,王阳明的"心学"理论和李贽的"童心说"独树一帜。

王阳明的哲学理论以"心"为主体,代替了"理"的本位,弘扬人的主体性,肯定人的能动性。"我的灵明,便是天地鬼神的主宰。天没有我的灵明,谁去仰他高? 地没有我的灵明,谁去俯他深? 鬼神没有我的灵明,谁去辨他吉凶灾祥。"[①]

李贽,号卓吾,福建泉州人。他提出不以孔子之是非为是非,认为穿衣吃饭就是道,是人生的最基本要求,因而"道"不在于禁欲,而在于满足人们的需要。在文学思想方面,他提倡"童心",认为"天下至文"皆自"童心"出,童心即是"绝假纯真,最初一念之本心",他强调创作要出于"自然",认为好的作品都是"发愤"之作。

王阳明、李贽等人的新思想,给中国思想界带来了新气息,给沉重、灰暗的封建文化添加了几丝亮色,如闪电出现在初夜的长空,但终究还是被庞大的宗法一体化的封建官僚黑暗政治吞噬了。如果把14—17世纪兴起的中国思想启蒙比作山雨欲来、乌云沉沉的夜空中的一道闪电,那么,几乎同时发生在欧洲的文艺复兴运动,则有如冰雪融化、万物复苏之后的春的脚步。前者由于封建文化的凝重和资本主义因素势单力薄,没有把中国文化引向万象更新的境界,而后者却把西欧社会带出了中世纪,走向阳光明媚的新天地。两种思想启蒙思潮迥然不同的结局,预示着欧洲文明崛起和中国文化的衰微,甚至在某种程度上影响着此后中国文化结构的演进历程。

四、清代的文化延续

1616年,女真族统治者努尔哈赤在东北地区建立大金(史称后金)政权。1636年,努尔哈赤之子皇太极改国号为清,定族名为满洲。明末李自成起义,吴三桂引清兵入关,清王朝入主中原、统一全国之后,采取了一系列的措施,缓和民族矛盾,恢复农业经济,维护社会安定,取得了显著的成效,缔造了充满向上精神的"康乾盛世"。但是,以君主政体为核心的封建专制文化,毕竟已经耗尽了生机活力,进入穷途末路。满族文化作为一种文化新质,给中原文化结构注入了新鲜血液,在一定程度上促使中国文化焕发了生机,但终究只是封建文化的回光返照。纵观清初至近代的中国文化演进历程,不难得出每况愈下的结论,相对于蒸蒸日上的西方文明,更是"沉舟侧畔千帆过,病树前头万木春"的盛衰两相映照的景象,故将清代称为中国文化系统结构的衰微期。

清初统治者锐意进取,大胆革新,努力拓展疆域,革除弊政,与民休养生息,促进了经济繁荣和社会秩序的稳定。因此,清朝前期的满族文化显示出蓬勃向上的进取精神,能

---

① 王阳明 . 传习录[M]. 马祝恺,主编 . 罗海燕,点校 . 北京:金城出版社,2018:412.

够给中原封建文化注射强心针,改变中原文化结构的传统构成,促使中国文化在封建专制政体的统摄之下,延宕了将近 300 年。

清朝大体上承袭明朝的制度,同时更强化了中央集权。清王朝把中国分为 18 个省和边疆少数民族地区的 6 个藩部,有力地强化了中国文化的一体化,维护了祖国的领土完整和国家统一。

清初统治者尊孔崇儒,维护“三纲五常”的伦理道德,推崇四书五经,确立了程朱理学的正统地位。同时,沿用明代旧制实行科举,以八股取士,网罗大量人才。清朝采取毁书与编书并举的方式控制社会文化思想。一方面毁掉一批不利于清朝统治的书籍,另一方面重新刊行《性理大全》等书,编修《明史》,先后编出《康熙字典》《佩文韵府》《四库全书》《古今图书集成》等书。

有清一代,以满汉文化的冲突、交融、涵化为中心,蒙古族、回族、藏族及南方各民族共同上演了一部各民族文化大融合的历史大剧,民族文化的交流达到空前的鼎盛时期。这次交流融合的结果,再次显示了中原汉文化的强大涵摄功能。汉文化如同烟波浩渺的大海,兼容不同的民族文化,体现出海纳百川的恢宏气度。满族在明代曾吸收了汉文化,提高了民族的文化素质,入关之后,依靠汉文化行使对全国的统治权力,终于实现满汉文化的全面融合。林惠祥先生对满族的汉化过程做过精辟的论述:

> 满洲初兴时文化尚在野蛮以至于半开化阶段,然其民勇敢诚朴,其酋长则与明边官界接触久而富有军政常识及智略,盖已可谓为文明人矣。以此种酋长用此种人民,自然朝气蓬勃,战胜攻取,举老朽腐败之明室一举而代之。然其民族既小,所统治之汉族过大,故于种族观念斤斤注意,且知己族纯赖武力立国,而其武力系由于野蛮生活之培养,故甚惧为汉人文弱之风所同化。其开国之君颇能谆谆告诫其族众,然而大势所趋,颓风莫挽,不数传而其民族已同化于汉人,其文弱或且过之。[①]

满汉文化的互动与交融,经历了漫长而艰难的排拒、对抗、反同化的过程。满族统治者以征服者的姿态,推行“首崇满洲”的国策,大兴文字狱,镇压“反清复明”浪潮,强令汉人遵从满族习俗,剃去头部四周的头发,头中间编成发辫,垂于脑后。“留发不留头,留头不留发”,从精神习俗上征服汉民族,激起了汉人的强烈反满情绪,江南、西南等地掀起了如火如荼的抗清斗争。

处于上升时期的清王朝,凭着强大的军事实力,南征北战,建立了北达漠北,南抵西沙、南沙群岛,西及中亚巴尔喀什湖北岸,东至库页岛的幅员辽阔的国家,大幅度拓展了

① 林惠祥. 中国民族史[M]. 北京:商务印书馆,1993:206.

中国文化的横向播布范围。

在满汉文化冲突与融合的初期阶段,从表面上看,满文化居于攻势,汉文化处于守势。清朝统治者为了维护民族文化系统的完整性,常常训诫子孙莫忘骑射,须时时练习,以备武功,恪守民族的"言语衣服",严防汉化,规定满语、满文为官方语言文字。但是,浩如烟海的汉文化典籍,较为先进的汉民族典章制度、道德规范、礼仪习俗,非满族传统文化所能比拟。清统治者一系列禁止汉化的做法,正好反证了汉文化的强大和满族统治者担心文化失落的忧虑心态。只是面对汉文化的强大涵摄能力,满族的汉化已经成为不可逆转的时代潮流。

汉官汉儒参政,进入清朝统治阶层,既是满汉文化交融的标志,也是汉文化进入满族上层文化的主要渠道。满族统治者也曾直接采纳汉族官僚的进谏,以取信于天下,驱动着满汉文化隔阂的消失和彼此的融汇过程。

汉文典籍译成满文,潜移默化地影响着满族的思想意识。如《明会典》《素书》《三略》《资治通鉴》等汉文典籍,经翻译之后,广为满人诵读,汉民族的道德意识、伦理观念、治国方略、立身原则等文化思想潜移默化地影响、制约着满人的文化心理结构。

语言是民族文化的核心构成之一,语言的变迁是民族文化变异的重要表征。清统治者曾试图维护满语的主导地位,命令大臣及其子孙学习满文,以满语奏对,用满语操练八旗兵士,但入关之后,满语陷入汉语的汪洋大海之中。至康熙末年,京城地方已出现"满洲不能说满话"的现象,而到清朝末年,能懂满文满语的人就更少了。

文化心理的改变必将促进习俗的变迁。在汉文化的熏染之下,满族的婚姻习俗、丧葬习俗等发生了巨大的变化,满族曾盛行族内婚,汉文化渗入满文化系统之后,清朝统治阶层意识到族内婚的落后性,皇太极还亲自下令禁止族内转房婚,遂导致满族内婚制的消失。清朝入关之后,强调寡妇守节,提倡建立贞节坊,立节妇、烈妇、孝妇、贞女的牌位。入关前,满族妇女不裹足,康熙帝为了体现"满汉一体"化的思想,解除了严禁缠足的命令,上层满族妇女开始有了裹足之俗。满族贵族入葬,曾有人殉之俗。汉臣朱斐上疏康熙帝,认为好生恶死,人之常情,不宜捐躯轻生,康熙采纳了这一意见,结束了满族的人殉习俗。

清代,中国文化演进历程的总趋势是由盛而衰,但在诸多层面亦有新的拓展。疆域上,扩大了中华民族的版图,维护了民族的统一和国家领土的完整。文学创作上,不朽巨著《红楼梦》,标志着我国长篇章回小说创作达到了最高峰。文献编撰方面,乾隆年间组织编纂的《四库全书》,历时 10 年,分经、史、子、集四部,收书数量约 3460 种,7.9 万余卷,成为汇集我国古代文化典籍的皇皇巨著。

五、近代以来的文化冲突与文化重构

中国文化在西方的传播,同西方文艺复兴与工业化运动合流,迸发出万丈光芒。但进入 19 世纪后,泱泱中华的文化创造灵光渐趋暗淡了。世界文明发展圆圈式走向理论认为:任何一种文明都有一个兴旺和衰落的过程,文明的中心不会固定在一个地方,总是不断地转移,大体上是沿着东方—西方—东方,河—海—洋的运动路线移动。14—15 世纪,西欧文化逐渐呈现蓬勃向上的强劲势头。17—18 世纪,西欧掀起了中国文化热。法国皇亲贵族酷爱中国画和服装,1667 年,国王路易十四化装成中国人参加庆典,宫廷贵妇人以手执中国的扇子为时髦,朝野市井随处可见中国文化的影子——茶叶、陶瓷、服饰、园林、建筑乃至四书五经等,中国文化普遍得到人们的喜爱。但这些并不是中国文化同化西方文化的征兆,恰恰相反,是西欧文化超越中国文化的先声。

西方列强的侵略,促使中国封建社会解体,把封建社会变成了半封建的社会,把独立的中国变成了半殖民地的中国。在中国文化演进过程中,绵延两千年的封建君主专制政体到近代社会再也不能驱导中华文明向前迈进,因而摧毁封建政体成为中华民族向现代化国家转化的前提。

面对西方列强的瓜分豆剖,蚕食鲸吞,在农村田园经济基础上建立起来的中国文化已孱弱不堪,摇摇欲坠。西方文化的冲击,伴随着军事的征服、经济的掠夺、文化的摧残,无疑令中国人痛心疾首。但是,如果说痛苦是新生的产婆,那么承受这种痛苦,就如同蚕变蛾、蛇蜕壳,如同凤凰涅槃之前必须付出的代价、必须承受的创伤。马克思对东方传统社会的落后及其崩溃的必然性和人类文化进步的意义,曾做了精辟的论述:

> 从纯粹的人的感情上来说,亲眼看到这无数勤劳的宗法制的和平的社会组织崩溃、瓦解,被投入苦海,亲眼看到它们的成员既丧失自己的古老形式的文明,又丧失祖传的谋生手段,是会感到悲伤的;但是我们不应该忘记:这些田园风味的农村公社不管初看起来怎样无害于人,却始终是东方专制制度的牢固基础,它们使人的头脑局限在极小的范围内,成为迷信的驯服工具,成为传统规则的奴隶,表现不出任何伟大和任何历史首创精神。我们不忘记那种不开化的人的利己性。他们把自己的全部注意力集中在一块小得可怜的土地上,静静地看着整个帝国的崩溃、各种难以形容的残暴行为和大城市居民的被屠杀,就像观看自然现象那样无动于衷;至于他们自己,只要某个侵略者肯来照顾他们一下,他们就成为这个侵略者的无可奈何的俘虏。①

如果说,近代中国文化的演进有什么成果的话,主要表现在改变了中华民族地大物博、唯我独尊、天下第一的骄狂与盲目自尊的观念,知道天外有天,中国不是世界文化的

---

① 弗里德里希·恩格斯,卡尔·马克思. 马克思恩格斯选集(第二卷)[M]. 北京:人民出版社,1972:67-68.

唯一中心，懂得所谓的"狄夷"，不再是昔日的化外之民，而是处在资本主义上升时期，完成了工业化，具有强大实力的西欧列强，"降及今日，泰西诸国以器数之学，勃兴海外……虽以尧舜当之，终不能闭关独治"，认识到"华夷隔绝之天下，一变为中外联属之天下"①，因此必须"以西方之学术灌输于中国，使中国日趋于文明富强之境"②。为了实现富国强兵的目标，忠贞不贰的卫道士、慷慨激昂的改良派、叱咤风云的革命者，基于不同的文化背景和阶级立场，开展了充满艰难曲折的探索。

中国封建专制政体传承至近代，已经如同残烛当风，奄奄一息。"山雨欲来风满楼"，人们普遍预感到中华民族将面临一场空前的危机和巨大的变革。内忧外患相交织，旧体制与新观念相冲突，必然带来连续不断的革新运动和轰轰烈烈的革命浪潮。太平天国起义试图推翻清王朝的统治，其历史功绩在于使国民觉醒，并且意识到需要有一个新国家。为了实现建立新国家的梦想，无数仁人志士抛头颅、洒热血，献出了宝贵的生命。孙中山、毛泽东等历史伟人，在不同的时期率领中华儿女，沿着复兴中华民族之路，向着建立新国家的伟大目标艰难迈进。

（一）维新变法的失败

对于复兴中国文化的途径和方式，素有"中体西用"的维新之路与推翻清王朝的革命之路两种选择。"中体西用"之付诸实践，是开展维新变法与洋务运动，而维新变法的失败与北洋水师的覆灭，标志着"中体西用"这一主张在理论和实践上的双重失败。

物质文化层面的改革难以救中国，人们逐步把革新的目光投向制度层面。1895年，康有为同梁启超联合1300多名在京会试的举人，发起"公车上书"，提出"拒和、迁都、变法"的主张。1898年1月，康有为上《应诏统筹全局折》，提出"大誓群臣以定国是"等变法纲领。光绪帝接受了这一主张，下"明定国是诏"，宣布变法，其改革内容涉及政治、经济、文化、思想、军事等诸多方面，极大地损害了以慈禧太后为首的顽固势力的利益。1898年9月21日，慈禧太后发动政变，囚禁光绪皇帝，杀害谭嗣同、杨锐、刘光第、林旭、杨深秀、康广仁六人（史称"戊戌六君子"），康有为、梁启超出逃，维持103天的变法宣告失败。

从文化冲突的角度加以审视，维新变法实际上是中国士文化、封建专制文化和西方现代文化三者之间的一次较量，是封建制度腐朽而残酷的本性扼杀了中国文化结构中的新质，吞噬了中国人刚刚萌发的创新意识。

康有为出身于士人和官僚的家庭，早年受学于理学名儒朱次琦，后来深受"今文派"和西方"新学"的影响，曾"大攻西学书，声、光、化、电、重学及各国史志、诸人游记皆涉

---

① 郑振铎. 晚清文选［M］. 北京：中国社会科学出版社，2002：216.
② 容闳. 西学东渐记［M］. 徐凤石、恽铁樵，译. 北京：朝华出版社，2017：19.

焉"①。西方的自由、平等、博爱思想,中国的人本主义思想和经济哲学、道统观念构成了康有为思想结构的主体。变法失败后,他流亡海外,避居印度北部山城大吉岭,潜心著述,所著的《大同书》,充分体现了他熔铸古今中外文化精华于一体,以拯救天下生灵为宗旨的远大抱负:

> 盖积中国羲、农、黄帝、尧、舜、禹、汤、文王、周公、孔子及汉、唐、宋、明五千年之文明而尽吸饮之,又当大地之交通,万国之并会,荟东西诸哲之心肝精英而酣饫之。神游于诸天之外,深入于血轮之中,于时登白云山摩星岭之巅,荡荡乎其骛于八极也。
>
> 吾为天游,想象诸极乐之世界,想象诸极苦之世界,乐者吾乐之,苦者吾救亡,吾为诸天之物,吾宁能舍世界天界绝类逃伦而独乐哉!②

由是观之,康有为的思想不仅在构成上与近代中国士文化同构,而且在性质上具有共同特征:抱负远大、志在济世,但又不切实际、多存天真幻想。

康有为的维新思想在政体上的反映,就是主张君主立宪。他说:

> 臣窃闻东西各国之强,皆以立宪法、开国会之故;国会者,君与国民共议一国之政法也。盖自三权鼎立之说出,以国会立法,以法官司法,以政府行政,而人主总之,立定宪法,同受治焉。③

君主立宪制在英国取得了成功,用不流血的方法改变了国家的权力结构,国王依然存在,而实权归于国会,为西方国家的政治改革树立了榜样。但这种变革的前提是"被统治者若坚决要求,统治者应做适时的让步"④,实际上是新旧势力的一种妥协。而中国封建专制文化的土壤,遵从绝对权威,不同势力之间往往形同冰炭,水火不相容,滋长不出异质文化,萌发不出法制的秩序、民主的精神和文化自觉更新的机制。

以慈禧太后为代表的顽固势力,是封建专制文化的象征,慈禧太后屡屡发动政变,独揽大权,垂帘听政,成为同治、光绪两朝的实际统治者,对外屈膝求和,对内血腥镇压人民的反抗,表现出封建制度残忍的本性。

在当时的历史条件下,中国文化总体上具有兼容其他民族文化的开阔襟怀,具有强

---

① 康有为.康南海自编年谱[M].北京:中华书局,2012:8.
② 康有为.大同书[M].上海:上海古籍出版社,2005:1-4.
③ 康有为.康有为政论集[M].北京:中华书局,1998.
④ 钱乘旦.现代文明的起源与演进[M].南京:南京大学出版社,1991:140.

劲的涵融其他民族文化的功能,但是,在涉及封建王朝的江山社稷和至高无上的君权问题上,却表现得极为狭隘。"统治阶级不会自动退出历史舞台"是对这一文化特征的独具慧眼的阐述。因此,维新变法的失败,是中国士人天真幻想的破灭,证明了在当时中国的经济基础和文化氛围之中,建立君主立宪政体如同与虎谋皮,缘木求鱼。

(二)孙中山的执着追求与资产阶级民主革命的不彻底性

康有为、梁启超开出的"济世药方"拯救不了垂危的封建王朝,君主立宪制在中国宣告失败,代之而起的是深受西洋文化熏染的革命派倡导的资产阶级民主革命。

1904年,黄兴、刘揆一、宋教仁等在长沙成立华兴会,蔡元培等在上海成立光复会;1905年,孙中山联合革命派诸组织在日本东京成立全国性的政党——中国同盟会,提出"驱除鞑虏,恢复中华,建立民国,平均地权"的政治纲领。

孙中山成长于中西文化大碰撞的动荡岁月,从青少年时代起就深受西方文化的影响,他的父亲曾在澳门从事缝纫,两位叔叔到了美国。1879年,孙中山乘船赴檀香山,切实地接触西洋文明,顿生钦慕之心。据美国人林百克(Paul Liebarger)所著的《孙逸仙传记》记载,孙中山在火奴鲁鲁美国教会学校留学期间,"身心上受了很大的变化,使他渴望中国的觉醒。校中纪律他竭诚的遵守着,对于各种学科,没有不勤力学着。所以成绩很好"。回国之时,孙中山"带来的书,有一本耶稣教的《圣经》;他当耶教是文化的法则,他把中国文化同耶教国文化比较,看出中国没有一种进步的宗教的害处,他看见耶教是与近代文化一同往前进的,而孔教佛教道教都持中国于二千年前的状态"①。

西洋文化的熏陶,社会的苦难现实,造就了孙中山宏阔的眼光、远大的志向、坚韧不拔的意志和百折不挠的奋斗精神,他深怀救国大志,亦能洞察中国社会腐败、落后的根源。他说:

> 中国积弱,至今极矣!上则因循苟且,粉饰虚张,下则蒙昧无知,鲜能远虑。堂堂华国,不齿于列强,济济衣冠,被轻于异族,有志之士,能不痛心?夫以四百兆人民之众,数万里土地之饶,本可奋发为雄,无敌于天下;乃以政治不修,纲维败坏,朝廷则鬻爵卖官,公然贿赂,官府则剥民刮地,暴过虎狼;盗贼横行,饥馑交集,哀鸿遍野,民不聊生,呜呼!惨矣!②

孙中山融汇中西文化的精华,提出了三民主义理论纲领,主张实行民族革命、政治革命和社会革命。三民主义的实质就是消灭帝国主义,求得中华民族的真正自由与独立;实现国内各民族的平等,建立国民皆平等、人人所共有的民主政治;平均地权,节制资本,

---

① 林百克.孙逸仙传记[M].徐植仁,译.桂林:广西师范大学出版社,2011:15.
② 中国社科院近代史所.孙中山全集(第1卷)[M].北京:中华书局,1981:21—23.

改良社会经济组织。三民主义的具体化就是：驱除鞑虏——推翻清朝政府；恢复中华——中国者，中国人之中国，中国之政治，中国人任之，驱除鞑虏之后，光复我民族之国家，敢为石敬瑭、吴三桂者，天下共击之；建立民国——今者由平等革命，以建立民国政府，凡为国民皆平等，皆有参加权，大总统由国民共举，议会以公举之议员组成之，制定中华民国宪法，人人共守，敢有帝制自为者，天下共击之；平均地权——文明之福祉，国民平等以享之，当改良社会经济组织，核定天下地价，其现有之地价，仍属原主，所有革命后社会改良进步之增价，则归国家，为国民所共享。①

从文化学的角度看，孙中山担当了文化驱导的角色，力图摧毁业已腐败不堪而丧失文化整合功能的封建政体，建立能够激发中华民族创造潜能，把中国文化引向繁荣昌盛的崭新的政治体制，其目的就是让中国的文明和世界先进国家并驾齐驱。孙中山晚年对世界文化潮流有了新的认识，主张将中国文化、西方资本主义文化、新兴的社会主义文化加以融会贯通，为中华民族创造更高的文明社会。

孙中山对民族国家倾注了炽热的感情，志在建立资产阶级民主共和国。但是，由于民族资产阶级自身的软弱性和妥协性，孙中山领导的辛亥革命没有取得成功。从文化根基角度审视辛亥革命的不彻底性，在于中国的先进文化还没有成为中国文化的主流。除了东部沿海的城市，中国广大农村仍以自然经济为主，绝大多数农民仍是故步自封，思想落后、麻木。鲁迅的小说《阿Q正传》《风波》的文化价值，正是深刻地揭露了辛亥革命的不彻底性和中国下层人民的落后、麻木的心理意识，辛亥革命的领导阶层同西方文化的联系远胜于同中国主体文化——大众文化的沟通，他们追求西方文化的热情远胜于对中国传统文化的体认，因而缺乏广泛的群众基础，加上没有常备的武装，没有严密的组织和坚强的领导核心，辛亥革命的失败，是不可避免的。但是，"辛亥革命极大地促进了中华民族的思想解放，传播了民主共和理念，打开了中国进步潮流的闸门，撼动了反动统治秩序的根基，在中华大地上建立起亚洲第一个共和制国家，以巨大的震撼力和深刻的影响力推动了中国社会变革，为实现中华民族伟大复兴探索了道路"。②

（三）毛泽东思想的形成与中华民族的新生

近代历史证明，中华民族及其文化的新生，不能依靠改良主义思想，不能运用西方的政治体制和文化模式来削足适履地改造中国传统文化，只有融合西方先进文化于中国文化之中，对中国文化进行创造性的改造，才是中国文化的发展方向。毛泽东博览群书，与传统文化保持着天然的联系。同时，随着五四运动的爆发，苏联社会主义革命浪潮的推波助澜，马克思主义、列宁主义广泛传入中国，充实了毛泽东思想的内容。毛泽东思想的

诞生,点燃了中华民族的希望之火。中国人以全新的革命力量和民族意志,摆脱封建主义和帝国主义的统治,建立了崭新的国家,开创了中国文化的新纪元。

　　毛泽东诞生在湖南的一个农民家庭。湖南古属楚地,岳麓书院前"惟楚有材,于斯为盛"的对联,描绘了湖南地灵人杰、文化昌盛的特点。在湖南这片神奇的土地上,孕育了瑰丽的湘楚文化。北宋以后,中国文化重心南移,胡安国父子讲学南岳,奠定了湖湘学派的基础。南宋绍兴年间,城南书院创建。乾道三年(1167年),朱熹授徒岳麓书院,听者如云,"一时舆马之众,饮池水立涸"。但湖湘学派摒弃"存天理,灭人欲"之说,而认为"天理人欲同体而异用",提倡力行致用,弘扬经邦济世之学。湖湘文化蕴含的坚毅勇敢、豪迈不屈、宏阔激昂的精神,培植了一代又一代经天纬地的英才,毛泽东就是在具有这样文化底蕴的环境中成长起来的。

　　湖南衡阳人王夫之,是明末清初卓越的思想家,他强烈反对君主专断独裁,严厉抨击君主神圣论,认为"一姓之兴亡,私也;而生民之生死,公也"①,反对"以一人疑天下""以天下私一人",②因而君主同样"可禅、可继、可革"③。有人认为,王夫之的思想是毛泽东思想的重要渊源之一,经由两条线路汇集到毛泽东而大放异彩,即一条是由王夫之—谭嗣同—杨昌济到毛泽东,另一条是由王夫之—曾国藩—杨昌济到毛泽东。④ 这既促成了毛泽东强烈的反抗封建传统的不屈性格,也造就了毛泽东匡正天下、创造宏伟大业的远大抱负。

　　相较而言,毛泽东没有像孙中山那样系统接受西式教育从而广泛接触西方文化的机会,但却对中国社会的真实面貌具有真切的洞察力,对中国传统文化的精神具有切实的体验和高超的领悟能力。中国共产党内也有许多人系统地接受了包括马列主义在内的西方文化,然而,他们在社会实践当中,往往会犯"食洋不化"的教条主义错误,使中国革命一再受挫。只有吸收了中国传统文化的精髓,又体现了马克思主义科学原理的毛泽东思想,才能代表中国文化发展的新方向,才能把中国文化推向崭新的境界。

　　毛泽东在1920年致周世钊的信中,就充分意识到学习中国文化是首要的任务。他说:

　　　　世界文明分东西两流,东方文明在世界文明内,要占半壁的地位,然东方文明可以说就是中国文明。吾人似应先研究过吾国古今学说制度的大要,再到西洋留学才有可资比较的东西。⑤

　　他指出:"中国共产党人是我们民族一切文化、思想、道德的最优秀传统的继承者,把

①　王夫之. 读通鉴论[M]. 北京:团结出版社,2018:39.
②　王夫之. 思问录·俟解·黄书·噩梦[M]. 北京:中华书局,2009:107-116.
③　王夫之. 思问录·俟解·黄书·噩梦[M]. 北京:中华书局,2009:101-103.
④　彭大成. 湖湘文化与毛泽东[M]. 长沙:湖南出版社,1991:83.
⑤　中共中央文献研究室. 毛泽东书信选集[M]. 北京:人民出版社,1983:104.

这一切优秀的传统,看成和自己血肉相连的东西,而且将继续加以发扬光大。"①

毛泽东谙熟中国古代文化典籍,同时又能从中生发出创造性的见解,把中国某些古典唯物主义的范畴和原理,上升到现代哲学的高度,并赋予其全新的内涵,真可谓"化腐朽为神奇"。如"实事求是"和"矛盾",分别首见于东汉班固的《汉书·河间献王刘德传》中的"修学好古,实事求是"和《韩非子》中的"矛盾"范畴。此外,毛泽东还能深入广大农村,开展广泛的调查,获取第一手材料,增强感性认识,实现理论和实践、感性和理性的结合。

由是观之,毛泽东思想的理论来源及其结构,至少由以下几个方面构成:第一,儒家传统的"治国平天下"思想和"民本"思想;第二,中国古代军事理论和古代哲学;第三,来自国外的无产阶级革命理论;第四,湖湘本土文化及其刚毅精神;第五,对中国国情的切实体验和从感性到理性的认识。

中国革命的实践证明,毛泽东思想同中国社会现实具有明显的契合性和更切实的指导功能,他提出了建设新民主主义文化的三大准则:

第一,新民主主义文化是民族的。坚决反对帝国主义的文化压迫和文化侵略,维护中华民族的独立、自由、尊严,同时注意吸收其他民族的文化内容,互相促进,共同发展。

第二,新民主主义文化是科学的。坚决反对封建迷信思想,坚持实事求是、理论联系实际的原则。

第三,新民主主义文化是大众的。为广大劳苦大众服务,把文化的提高和普及结合起来。

总之,"民族的科学的大众的文化,就是人民大众反帝反封建的文化,就是新民主主义的文化,就是中华民族的新文化"②。五四运动以来,中国人民团结一致,浴血奋战,抗击西方敌对势力的侵略,结束了军阀混战、国无宁日、民不聊生的民族灾难。中国文化的演进史,从此进入崭新的历史阶段。

新中国成立之后,中国人民历尽坎坷,在复兴中国文化的道路上继续艰难地探索。随着改革开放政策的实施,紧闭的中国大门以主权国家的姿态再次向国外敞开,西方文化如潮水般涌进中国,中西文化开始了新的融合,中国文化结构发生了前所未有的变化,中华民族在新的历史阶段将做出新的贡献,走出近一百多年来民族衰落、文化萎缩、国力不振、备受欺凌的阴影,迈向万象更新、春光明媚的新境界。

中华民族在中国共产党的领导下,在抵御外辱、前赴后继的革命实践中,在社会主义革命与建设以及改革开放的伟大实践中,形成了乐观向上、积极进取的革命文化。革命

---

① 中国共产党中央委员会关于共产国际执委主席团提议解散共产国际的决定[N].解放日报,1943-5-26.

② 《毛泽东选集》(第二卷).北京:人民出版社,1991:709.

文化是中国革命世界的精神遗产和文化传承,是与马克思主义相结合的中华优秀传统文化在中国救图存过程中的生动体现。革命文化主要包括革命精神文化和革命物质文化。革命精神文化主要包括:革命时期的井冈山精神、长征精神、遵义会议精神、延安精神、西柏坡精神、红岩精神等;社会主义建设时期的抗美援朝精神、北大荒精神、红旗渠精神、大庆精神、雷锋精神、焦裕禄精神、"两弹一星"精神等;改革开放新时期的特区精神、抗洪精神、抗震救灾精神、奥运精神、女排精神、载人航天精神、抗疫精神、脱贫攻坚精神等。革命物质文化主要包括革命和建设时期的历史遗物、遗存、建筑、旧址和场所等。革命文化彰显了现代中国文化发展的民族性和人民性,塑造了中国文化的崭新形态,成为当代中国文化自信的重要精神源泉与发展基础。

中华民族在中国共产党的领导下,在推进中国特色社会主义的伟大实践中,形成了面向现代化、面向世界、面向未来的,民族的、科学的、大众的,代表着时代进步潮流和发展要求的社会主义先进文化。社会主义先进文化根植于中华优秀传统文化土壤,萃集不同文化精华,并立足国情积极改革创新。它既海纳百川,又独具民族特色,已成为引领中国经济社会发展的精神支撑。社会主义先进文化的主要内容有:中国特色社会主义共同理想和共产主义远大理想、马克思主义中国化的制度和理论成果、社会主义核心价值观、以爱国主义为核心的民族精神和以改革创新为核心的时代精神等。社会主义先进文化主要具有三个基本特征:一是社会主义的本质属性。社会主义文化是中国的主流文化,这与欧美等资本主义国家的资本主义文化相区别;二是先进的指向。先进文化是人类文明进步的结晶,是一种积极健康的精神生活方式,能够为人类进步提供精神动力和智力支持,这与落后的文化相区别;三是文化的本体。文化这一意义象征体系能够体现意识形态属性,承载着统治阶级的文化政策。总而言之,社会主义先进文化萃取了中华优秀传统文化和革命文化的精华,是对中华民族优秀传统文化和红色革命文化的深度融合,也是中国文化在当代中国的最新发展。

中国共产党第十九次全国代表大会的报告指出,"中国特色社会主义文化是激励全党全国各族人民奋勇前进的强大精神力量","没有高度的文化百信,没有文化的繁荣兴盛,就没有中华民族伟大复兴","中国特色社会主义文化,源自于中华民族五千多年文明历史所孕育的中华优秀传统文化,熔铸于党领导人民在革命、建设、改革中创造的革命文化和社会主义先进文化,植根于中国特色社会主义伟大实践"。① 中华各民族优秀传统文化、革命文化和社会主义先进文化共同构建了新时代中国特色社会主义文化的基本内容。中国特色社会主义伟大实践为发展中国特色社会主义文化、增强文化自觉和文化自信提供了坚实基础和丰厚土壤,中国特色社会主义文化发展繁荣为坚持和发展中国特

① 习近平.决胜全面建成小康社会　夺取新时代中国特色社会主义伟大胜利——在中国共产党第十九次全国代表大会上的报告[EB/OL].新华网,2017-10-27.

色社会主义提供了有力保障和精神支撑。历史和实践表明,中国特色社会主义实践创造了中国乃至世界历史上的发展奇迹,孕育出具有中国特色、时代特色的思想和精神,决定着中国特色社会主义文化的实践性和发展方向。

思考题

1. 元明清时期中国文化演进历程的主要特点是什么?
2. 你认为中国文化从强盛转向衰微的根本原因是什么?
3. 怎样总结历史经验教训,实现中华民族伟大复兴?

第二编
中国区域文化格局

第五章

中国文化衍生的地理空间

文化依托于特定的地理空间而生成发展,各个区域不同的自然生态环境,不仅给各区域文化打上了地域差异的深深印记,而且直接制约着寄寓其间的民族文化的演化。本章的学习重点:理解中国区域文化的总体构成,了解中国南北方不同的文化传统和文化特质,了解东中西梯度差异格局、中国文化区域的划分方法,建立起中国文化的整体认知地图。

中国文化的衍生和发展受到中国区域生态系统的制约。生态系统包含着相对稳定的能量交换结构。在地球的生态系统中,每一种生物为了生存和繁衍,都需要从周围的环境中吸取阳光、空气、水分、热量和营养物质,特定地理空间的文化生成也不能够孤立地生存,要依赖生态系统以及社会结构提供能量。

一、生态环境与人地关系

中国生态系统是经过漫长岁月逐步演化而成的,哺育了中华民族的同时,也衍生出多彩的文化。中国文化萌生发展至今,离不开生态系统的维护作用,中国各区域环境的承载力始终是中国文化可持续发展的决定性因素之一。

中国生态系统是地球生物圈的有机组成部分,依托于由陆地生态系统、淡水生态系统和海洋生态系统构成的物质能量交换整体。陆地生态系统包括森林生态系统、草原生态系统、荒漠生态系统、农耕生态系统、城市生态系统等。淡水生态系统包括以江河为主体的流水生态系统,以湖泊为主体的静水生态系统。海洋生态系统则分为近海和远洋两种生态系统。历史上,中华民族既得益于生态系统的滋养与呵护,也承受着生态环境失衡带来的冲击与灾难。

一般认为,可持续发展理念是在资源危机与环境污染严重影响到人类的生活、生存后才提出来的。事实上,中国人自古以来就强调人与自然和谐共处,只是尚未将其提升到现代科学理性层面。现代可持续发展理论,产生并完善于人口爆炸、资源匮乏、环境恶化、生态失衡的社会背景,强调社会发展的代内公平与代际公平原则;经济发展在不损害其他国家民族利益、不危及后代生存发展的前提下,寻找满足当代人需要的发展途径;注重审视经济增长的方式及环境代价;经济的发展应同环境的承载力相协调,同社会进步相适应,以提高生活质量为目标;承认并体现环境资源的价值,将发展与环境作为一个有机的整体。

当前中国面临的人口激增、资源枯竭、大气污染、自然灾害频发等生态危机,不是局部的生态失调,而是历史原因与现实原因交互作用的结果。回顾中国文化的演进历程,需要参照自然生态环境因素,从民族与国家生存安全的高度审视生态系统,重新认识天地人三者间的相互关系,从生态系统支持与环境效应的角度,理解中国文化发展历程,探讨各区域、各民族文化盛衰演替的原因,在此基础上形成理解与评价社会发展与文化建设成就的新视野。

自然生态环境与国计民生密切相关,它以生计模式为中介,铸造民族文化的品格。农耕民族在适合农业生产的生态环境中,长期过着日出而作、日落而息的程式化生活,养成顺应自然、乐天知命的生活哲学以及安土重迁、知足常乐、淡泊宁静的民族性格。游牧民族和商业民族长年习惯于流动的生活,通过拓展生存空间获取生活的资源,造就了他们勇于开拓、频繁迁移、劲健强悍的性格特征。自然生态环境同民族文化精神的互动过程如下:生态环境—生计模式—生活方式—文化传统—民族性格—文化精神。

从中心与边缘的角度审视,上古以来,以西安—洛阳—开封为中心的黄河中下游地区,一直是中国文化的轴心,历代王朝国都的选址,基本上在这一中轴线上作东西向的移动。唐代以后,黄河流域包括关中地区,气候转向寒冷干旱,农业生产逐渐衰落,从关外运粮补给困难重重,国都东迁势在必行,于是有了洛阳和开封的兴起。即便如此,到了北宋末年,气候干旱,汴河泥沙淤积,漕运不济,数十万禁军缺粮少饷,加上指挥不灵,训练不力,最终成为"靖康之难"的一大诱因。由此可见自然生态环境与国计民生、国家安全之密切相关性。

北方民族南迁,促进了长江、珠江流域的开发,加上南方政治相对稳定,经济实力明显增强,学风渐兴,文人学士脱颖而出。东南沿海地区钟灵毓秀,人才辈出,成为"人文渊薮"。中国的政治、经济和文化中心发生历史性的转移,长江流域江南地区及北京渐次崛起,逐步取代黄河中下游西安—洛阳—开封文化区的核心地位。

文化是时空交织而成的统一体,不存在超越时空亘古不变的抽象的文化。从横向空间分布的视角审视中国各区域的不同文化形态,有利于深入理解不同地理区间的自然生态与文化发展的密切关系。一方水土养一方人,也孕育一方文化。文化依托于特定的地理区间生成发展,各区域不同的自然生态环境,不仅给文化打上了地域差异的印记,而且制约着民族文化的演进,对文化发展的模式和民族文化性格有决定性作用,甚至影响到文化的兴衰存亡。

中华民族拥有比两河流域、古埃及、古希腊和古印度等文明更宽广而复杂的衍生空间。中华文明生生不息绵延至今,没有出现文化断裂,重要原因之一就是中华民族拥有亚洲东部、太平洋西岸这片广袤的生存空间。在激烈的民族竞争中,可以凭借复杂的地理环境,退守回旋、养精蓄锐、东山再起,赓续或再度创造新的文化。

二、中国文化区域的划分

文化区域(Cultural Area),是指具有相似文化特征和生存方式的地理空间单位。同一文化区域通常拥有相对一致的地形地貌、经济生活和文化特征。这一概念的界定及相关理论的确立,得益于美国文化人类学家韦斯勒的积极探索。韦斯勒认为,文化特质是文化的最小单位,一系列的文化特质构成文化丛,若干密切关联的文化丛构成了文化区域。

美国人类学家赫斯科维茨、克鲁伯等也针对“文化区域”提出了自己的见解。赫斯科维茨认为:“当客观地观察文化时,它们看起来可以说是许多充分同类的丛体,它们所发生的区域可以在地图上圈出来,若干相似文化存在的区,也就是一个文化区。”克鲁伯说:“文化区是有地区限制的那种文化。”①文化区域概念的核心是从文化空间分布的角度认识特定区域族群的文化特质,这些特质在相对统一的地域空间里生长、发育,形成大体统一的文化形貌,并与其他区域的文化模式相区别。

文化区域理论重视文化特质、文化的横向空间分布,容易忽视文化的时间维度。因此,理解文化的深层结构,还需要考察一个民族、一个区域的文化起源、发展、兴盛、衰亡的全过程,实现纵横交叉的全方位研究,方可把握民族文化的整体形貌。另外,区域文化的特殊性是相对的,还要注重同一区域内文化的多重结构及其异同。在同一文化区域内,因时空差异,会造成文化的差异性;而在不同的文化区域间,因人类心理、生存需求的普同性,也会造成文化的趋同性。

中国文化区域格局既有南北之分,也呈现东部、中部和西部梯度差异格局。每个区域的文化虽然风格不同,却有各自独特的创造,共同构成中华民族绚丽多姿的文化景观。

按照两分法,通常以秦岭—淮河为界,把中国文化区域看作南北二元对立的结构,将北方草原和黄河流域当作北方文化区,长江、珠江流域当作南方文化区。这是对中国文化区域的宏观总体认知。

从中观层面上看,不同区域的中国文化依然存在较大的差异性。因此,中国文化区

---

① 覃光广,冯利,陈朴. 文化学辞典[M]. 北京:中央民族学院出版社,1988:113-114.

域的划分,应当在涵盖中国文化整体的前提下,坚持层次性的原则,构筑中华民族区域文化的整体认知地图。根据中国区域文化的实情,参照国内外文化区域的划分法,中国区域文化可以划分为以下不同的文化区:

(一)北方草原游牧文化区

指长城以北,自大、小兴安岭,横跨内蒙古草原,西抵天山南北的辽阔区域。这一文化区自然生态构成以高山林木和高原草地为主,游牧、狩猎是主要生产方式,东北平原地区有发达的农耕文化,天山南北有塔里木盆地和准噶尔盆地,是丝绸之路的必经之地和中西文化交流的重要通道。这一文化区因为地域辽阔、地形复杂,文化形态差异较大,但与其他区域文化相对照,又具有相对的统一性,历史上亦同中原文化相对举。

这一文化区还可再分为:

(1)东北文化区

历史上是多民族聚居之地,以森林狩猎、江河渔猎、平原农耕为主要生活方式,民族构成较复杂,文化类型多样,同汉人的交往密切。

(2)内蒙古文化区

这里历来是北方少数民族的栖息之地。辽金时期,蒙古族崛起,铁木真在长年征战中壮大了自己的势力,统一蒙古各部落,建立了强大的蒙古汗国。

(3)西北文化区

历史上先后由匈奴、鲜卑、柔然、突厥等民族控制,民族交流频繁,多元文化汇聚,是中原同中亚、西亚、西欧文化交流的桥梁。

(二)黄河流域麦作文化区

包括关中平原的秦陇文化区、黄河中游的中原文化区和下游的齐鲁文化区。自秦至北宋,历代都城一直坐落在该文化区内,是古代中国政治、经济、文化中心。这里地势平坦、土地肥沃、四季分明、文物昌盛、民风淳厚、文化发达,是举世闻名的文明发源地之一。黄河中下游文化整合程度较高,因重农抑商而导致商品观念相对淡薄,在农耕文化基础上形成了安土重迁、淳厚质朴的民族性格。

(三)长江流域稻作文化区

包括长江上游的巴蜀文化区、中游的荆楚文化区和下游的吴越文化区。这里土地肥沃、水源丰富、气候温暖、物产富饶、地灵人杰,历来是中原民族南迁的回旋之地和坚强的经济后盾。地形地貌以平原、山地、湖泊、沼泽为主,盛产稻米,在稻作文化基础上形成相对坚毅内倾型的民族性格。

（四）珠江流域与闽台文化区

该区域温暖的气候、丰沛的雨量、肥沃的土地造就了丰富多彩的文化，由于远离战乱频仍的中原地区，这里是中原民族逃避战乱的退避之地和保存原生态文化的温床。在西学东渐的过程中，这里又是西方文化进入中国的门户，得风气之先，较早地接受了资本主义文化，成为骆越文化、汉唐古文化、西方商品经济文化荟萃之所。

（五）滇黔青藏高原文化区

主要包括云贵高原的大部分和青藏游牧文化区。山脉纵横、河流湍急、高原辽阔是这一文化区内主要的地貌特征。这里自旧石器时代开始，便有古人类居住，也是中国文化的发源地之一。作为中国文化的大后方，滇藏地区是民族构成最为复杂、原生文化得到较为完好保存的地方。

综上所述，中国文化区域系统构成如图5-1所示：

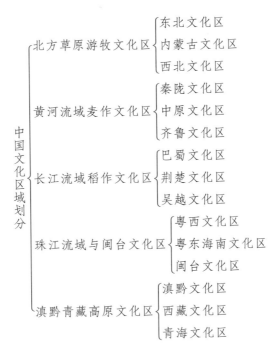

图 5-1 中国文化区域划分

这一文化区域划分整体上涵盖了中国各文化区域，反映了中华民族一体化的结构特征，体现了系统结构理论的层次性原则，以此观照中国文化横向构成的形貌与特质，有助于形成整体性的中国文化区域认知地图。

三、南北方文化的差异

中国文化内部存在千差万别的文化特质,而相对于世界上其他民族文化而言,又具有相对统一的形貌特征。如果以两分法来审视中国文化结构,其南北差异从古至今都是可辨的。大体上以秦岭—淮河为界,此线以北的诸民族生活在辽阔的平原和一望无际的草原地区,造就了宽阔的襟怀和粗犷豪放的民族性格;此线以南的诸民族繁衍于物产富饶的鱼米之乡和层峦叠嶂的山地丘陵,优越的生活环境化育了南方人柔和驯良而内省的民族性格。南北民族鲜明对照的性格特征亦显现在经济、文化、习俗、艺术等诸多方面。

梁启超认为中国南北文化的不同,根本上源于地理环境的差异,尤其是文明赖以发生的各江河流域之间的差异。

> 北地苦寒硗瘠,谋生不易,其民族销磨精神日力,以奔走衣食、维持社会,犹恐不给,无余裕以驰骛于玄妙之哲理,故其学术思想,常务实际,切人事,贵力行,重经验,而修身齐家治国利群之道术最发达焉。惟然,故重家族,以族长制度为政治之本,封建与宗法,皆族长政治之圆满者也。敬老年、尊先祖,随而崇古之念重,保守之情深,排外之力强。则古昔,称先王;内其国,外夷狄;重礼文,系亲爱;守法律,畏天命:此北学之精神也。南地则反是。其气候和,其土地饶,其谋生易,其民族不必惟一身一家之饱暖是忧,故常达观于世界以外。初而轻世,既而玩世,既而厌世。不屑屑于实际,故不重礼法;不拘拘于经验,故不崇先王。又其发达较迟,中原之人,常鄙夷之,谓为野蛮,故其对于北方学派,有吐弃之意,有破坏之心。探玄理,出世界;齐物我,平阶级;轻私爱,厌繁文;明自然,顺本性:此南学之精神也。①

南北艺术风格上的差别则是:

> 燕赵多慷慨悲歌之士,吴楚多放诞纤丽之文,自古然也。自唐以前,于诗于文于赋,皆南北各为家数。长城饮马,河梁携手,北人之气概也。江南草长,洞庭始波,南人之情怀也。散文之长江大河,一泻千里者,北人为优;骈文之镂云刻月,善移我情者,南人为优。盖文章根于性灵,其受四围社会之影响特甚焉。②

林语堂在《吾国与吾民》中指出:"南方中国人民在其脾气上、体格上、习惯上,大抵异于北方人民,适如欧洲地中海沿岸居民之异于诺尔曼民族","假使吾们用一个南方籍

---

① 梁启超. 论中国学术思想变迁之大势[M]. 上海:上海古籍出版社,2006:25-26.
② 梁启超. 饮冰室文集(之十)[M]. 北京:中华书局,2005:86.

贯的指挥官来驾驭北方籍贯的军队,那时立即可使吾们感觉二者不同性之存在。因为一方面,吾们有北方人民,他们服习于简单之思想与艰苦之生活,个子结实高大,筋强力壮,性格诚恳而忮急,喜啖大葱,不辞其臭,爱滑稽,常有天真烂漫之态",而江南人"习于安逸,文质彬彬,巧作诈伪,智力发达而体格衰退,爱好幽雅韵事,静而少动。男子则润泽而矮小,妇女则苗条而纤弱。燕窝莲子,玉碗金杯,烹调极滋味之美,饮食享丰沃之乐",

"北方人长于战斗,而南方人长于贸易,历代创业帝王,几从无出自大江以南者。相传食米之南人,无福拱登龙座,只有让那啖馍馍的北方人来享受。"①这些观点,大体上描绘出南北文化各自的轮廓。

在信息交通日益发达的时代,中国各区域的文化形貌趋于统一,但若深入文化的基础层面加以讨论,如耕作方式、经济文化、生活方式、民间信仰、民间文学风格等,不难发现南北文化差异依然存在。例如,长城以北诸民族以游牧为生,黄河流域以种植小麦为主,长江、珠江两大流域是稻作文化发达地区,西南少数民族依然保留传统农耕文化的基本格局。南北方民族在不同经济基础上产生的生活方式、文化习俗、价值观念、艺术风格是迥然有别的。像"花儿"这样粗犷的民歌植根于强悍的西北文化中,南方文化孕育的则是绮靡轻柔的歌曲。

中国文化整体结构的运行,是南北方民族及其文化相互作用的结果。中国文化生生不息、赓续不绝的创造性活力的根源在于:地域上相对峙的南北方民族文化二元结构和南北方众多的民族不断地给中华民族整体结构输入新鲜血液,一次又一次地激发中华民族的创造活力。北方游牧民族对中原地区的武力征服和掠夺,客观上刺激着中国文化的自我更新:一方面给文弱而衰微的中原文化注入强悍劲健的特质,另一方面又由于本身文化积蓄不丰而被中原文化所同化,最终形成一种涵化了农耕民族和游牧民族文化精髓的新型文化。用英国历史学家汤因比"刺激—反应""挑战—应战"的文化演进理论来解释:正是北方游牧民族的刺激,促使中原民族时时保持警醒状态,不敢懈怠。尽管这种刺激和挑战是被动的,但客观上激发了中原民族的文化创造潜能,推进中华各民族机体的新陈代谢,使其始终保持旺盛的生命活力,延展文化的序列,推动文化的更新。所以,中国历史上每一次民族新血统的输入,必继之以文化奇葩的绽放。

我国北方地区坦荡的地势孕育豁达的人生,开阔的视野塑造宽阔的襟怀,波澜壮阔的历史铸就激越奔放的文化品格。富饶的东北大地,一望无际的内蒙古原野,茫茫苍苍的天山南北,是中华民族展示雄强博大风姿的壮阔舞台。黄河流域作为中华文明的重要发源地,既是周边文化汇聚的核心,又是中国传统文化向海内外传播的中枢,在中国历史发展过程中起到中流砥柱的作用。

---

① 林语堂.吾国与吾民[M].北京:中国戏剧出版社,1990:17-18.

　　在人们的印象中,南方民族因为开化较迟而被称为"蛮夷",南方地区是受贬谪官员的流放地,被视为畏途。但南方文化作为中华民族二元结构中的一元,不仅占据举足轻重的地位,而且也为整个中国文化做出了独特的贡献。

　　考古学家夏鼐先生认为,长江流域开发之初,不见得较黄河流域为晚,进入畜牧和农业阶段才落后了,在铁器得到普遍使用后,又产生了高度灿烂的文明。他说:

　　　从猿发展到人,石器工具的出现,可能长江流域并不比黄河流域为晚,但是进一步战胜了自然,从渔猎采集经济进到农业和家畜的新石器文化,长江流域可能较晚。这大概由于秦岭以南的土壤和气候(温度和湿度),是适宜于森林的生长。到今天虽经过了几千年的采伐,长江流域的森林仍占全国的 39.6%。新石器时代的特征是农业和畜牧。森林地区不适于畜牧,也不适宜原始农业。石斧和铜斧的砍伐树木的效率不高。只有铁斧出现后,才有可能大量砍伐森林,改为农田,才使长江流域的经济迅速发展。①

　　南方民族对中国文化的贡献,不胜枚举,举其要者而言之。

　　第一,开拓长江、珠江两大流域,促进南方地区的文明演进,丰富了中国文化的内容,完善了文化的整体结构。

　　第二,创造了举世闻名的稻作文化。自长江下游至云南的半月形地带,是野生稻分布的密集区,生活在这一地区的各民族先民培植了水稻。经过长期耕作和种植,土壤的地质大循环和生物小循环发生了质的变化,最后形成水稻土。水稻土的分布南起海南岛崖县,北至黑龙江漠河,西起新疆、西藏,东到台湾。全世界水稻栽培面积约 15 亿亩(1 亩≈667 平方米),95% 以上在亚洲,我国则 90% 以上分布在南方,尤其是长江和珠江流域。

　　第三,自传说中的炎黄时代至南明王朝,南方文化区历来是在征战中失利一方的回旋、退避、休养生息之所,是抚慰创伤的安息乡。南方民族历来是中原民族的经济后盾和军事后盾,对中原民族抵御北方游牧民族的南侵予以大力支持,使中原民族拥有强大的同化北方民族的涵摄力,既能承受北方文化的挑战,而又不至于被摧毁,维系着中国文化整体结构的正常流转。

　　第四,自古以来至清代,中国政治舞台都是由北方文化区内的各民族唱重头戏。1840 年之后,在中国文化结构的转变过程中,南方民族的贡献尤为突出。南方民族是中国文化迈向现代化的主要推动者,是封建王朝的掘墓人和西方列强最有力的抵抗者。以

---

　　① 夏鼐. 长江流域考古问题——1959 年 12 月 26 日在长办文物考古队队长会议上的发言[J]. 考古,1960(2):1-3.

推翻清王朝为宗旨的太平天国运动发动者洪秀全是南方人,维新运动领袖康有为、梁启超是南方人,最后推翻统治中国两千多年的封建帝制、建立中华民国的革命先行者孙中山是南方人。中华人民共和国的主要缔造者,中国共产党的领袖毛泽东、周恩来、刘少奇、朱德、彭德怀、陈毅、贺龙等均来自南方。20世纪80年代以后,中国改革开放的总设计师邓小平也是南方人。南方经济改革的巨大成就,将为开创中国文化的新纪元做出伟大的贡献。

四、梯度格局与西部大开发

中国幅员辽阔,自然环境的东西差异非常明显。我国地貌总体特征是西高东低,海拔依次自西向东逐级下降,形成三大阶梯。我国降水量从东南向西北递减,东南地区水量丰沛,西北内陆干旱少雨。东部平原土地肥沃,利于耕作,面向大海,便于商贸,经济发达;西部地区山高路险,交通不便,社会与经济发展相对滞后,而自然资源丰富,发展后劲较足。因此,如果从东西方向划分,中国文化可分为东部、中部、西部地区,参照地理位置、经济形态、社会发展水平诸要素,通常将内蒙古、西北、巴蜀、粤西以及滇黔藏等文化区作为西部地区。20世纪80年代以来,我国实施东部沿海开放战略,东西部经济实力的差距进一步扩大。进入21世纪,我国加快推行西部大开发战略,东、中、西部社会与经济发展的互补性日益受到重视。

长期以来,我国东部地区一直是人才荟萃之地。历史上这里共产生了700余名状元,有籍贯可考的376名,分布特征呈现自北向东南转移的态势。长江下游地区是状元富集的地方,江苏苏州及其所属的吴县,先后产生了27名状元,浙江杭州和绍兴各有7名状元,江苏昆山、无锡、武进,浙江湖州,福建莆田各有状元5至6名。近现代以来的科学家、学者、教授、院士,其籍贯也以江浙一带占较大比例,可见东部沿海地区文化底蕴之丰厚。

如果从人类演化的整个历史来作宏观审视,中国西部并非始终与落后相连,有些方面恰恰相反。如中国人的远祖频繁活动于西部地区,推动了文化的发源;周秦两王朝在西部崛起;汉唐盛世,中心在关中。丝绸之路沟通了中西文明,敦煌成为宗教文化艺术中心。只是到了明代以后,海路交通逐渐取代陆路交通,海洋文明随之超越了内陆文明,我国的经济和文化中心转移到长江中下游地区,政治中心从江南向北京转移,西方的先进科学技术与工商文明首先在东南沿海传播,然后向内地延伸。东部地区得风气之先,社会经济文化结构率先实现从传统到现代的转型。这是一种历史发展的必然选择。

历史上的戍边、和亲、茶马贸易,建立了西部和中东部的主要互动关系。抗战期间,以重庆陪都和西南联大的成立为标志,中国政治中心与文化中心发生了一次自东向西的大位移。20世纪50年代的支边、六七十年代的三线建设,改革开放以来的沿边沿江开放开发战略,及至西部大开发战略,虽然都直接同西部相关,但是时代背景、目的动机、政策措施、核心内容、影响力度和客观效果,都大不相同。

21世纪初实施西部大开发战略的背景和前提,是经过20多年的改革开放,东部沿海开放战略已取得历史性成就。西部地区丰富的资源需要得到合理开发,西部经济与社会发展滞后的局面需要改变,而东部地区需要开发新的资源,拓展新的市场。两种力量的共同作用,决定了必须实施西部大开发战略。只有这样才能从根本上解决矛盾,进一步提高综合国力,促进区域经济的协调发展。

假设单纯以自然地理位置为划分标准,广西壮族自治区属于东部沿海地区,内蒙古自治区属于中部地区。但如果综合经济因素来考虑,上述两个自治区的经济发展水平,与其他东部沿海省市相比较仍存在较大差距,故应属于西部地区,因此,西部大开发战略的相关政策涵盖范围包括这两个自治区。具体而言,我国西部地区包括内蒙古、宁夏、新疆、西藏、广西5个少数民族自治区和甘肃、青海、云南、贵州、四川、陕西、山西、重庆等省市。

西部大开发战略的内容主要包括加强基础设施建设、调整产业结构、治理生态环境、实施科教兴国等,开发的思路概括为:以经济为中心、以科技为先导、以城市为依托。有学者将主要开发思路拓展为"以经济为中心,以教育为基础,以科技为先导,以民族团结为纽带,以更新人的观念为首要,以人为本,融入人文精神"[①]。

西部地区基础设施不够完善,加紧建设,势在必行;传统产业结构阻碍了经济发展,需要调整;因过度开垦、乱砍滥伐造成水土流失,生态环境遭受严重破坏,水旱灾害频频发生,治理生态环境已刻不容缓。同时,西部地区的落后,不仅是经济和社会的发展落后于时代步伐,而且教育及人才培养机制也难以适应现代社会发展的需要。实施科教体制改革,发展教育事业,培养优秀人才,营造人尽其才的良好环境,成为一项紧迫的任务。

对于历经百年忧患,饱受外族蹂躏与饥寒交迫之苦的中国人,生存成为第一要义,唯富裕是梦,唯富强是求,有其内在的合理性。实施西部大开发战略实际上是这种民族意志的合乎逻辑的体现。然而,1998年长江流域发生的特大洪水促使人们警醒,发展经济,实现工业化、都市化、现代化,不能以牺牲环境为代价。破坏生态平衡,必将受到自然的无情惩罚。保护环境就是保护人类自身的家园,不能破字当头、百无禁忌,过度地向自然索取。

在实施西部大开发战略的过程中,我们在充分关注自然生态环境与保护物种多样性的同时,还应注意保护精神生态与民族文化的多样性。未来人类的良好生存环境,应是自然生态多样性和精神生态多样性的和谐统一,但目前保护精神生态纯洁性与多样性的

---

①　胡鸿保.西部开发与民族地区教育发展战略研究[J].民族教育研究,2000(2):5-32.

重要意义尚未引起人们的足够重视。随着全球一体化进程的加快，人类普同性的文化正以强大的渗透力，淹没本土的、特殊的民族文化。生物物种灭绝了，人们感到痛心疾首，而凝聚着人类智慧的语言文化、生活方式、道德境界、审美习俗如果消失了，同样也是人类文明不可弥补的损失。诸如华南虎之类的濒危物种可以建立保护区，采取特殊方式予以繁育，但是，一种原生态的民族文化失传了，就再也不可能按照原本的形态予以恢复和重建。

总之，我国东西部地区经济与文化梯度差异的形成，是自然环境和历史原因综合作用的结果。宏观来看，未来东西部的发展各有优势和劣势。东部地区经济基础雄厚，社会文化发达，面临辽阔的海洋。有人认为，21世纪是海洋的世纪，对于东部地区来说，可以充分利用海洋蕴藏的丰富资源，为深化发展注入新生活力。而西部地区约占我国陆地总面积的68%，矿产资源与旅游资源丰富。除了畲族、满族、朝鲜族、赫哲族、高山族、鄂伦春族、鄂温克族等民族以外，其他民族都主要聚居在中西部地区。西部的开发与民族的发展紧密相关，应该将保护民族文化的多样性作为西部大开发的一项重要任务。

思考题

1. 中国文化发展历程与自然生态环境的对应关系表现在哪些方面？

2. 怎样划分中国区域文化？中国区域文化构成的总体特点是什么？

3. 中国各区域文化对中国文化整体做出了哪些有代表性的贡献？

4. 实施西部大开发对中国各区域文化的和谐发展有什么重大意义？怎样在西部大开发过程中保护民族文化的多样性？

第六章
北方区域文化

学习提示

　　我国北方地区坦荡的地势孕育豁达的心态，开阔的视野塑造宽阔的襟怀，波澜壮阔的历史铸就激越奔放的文化品格。本章的学习重点：感悟北方区域文化的精神特质。白山黑水间恢宏刚毅的东北文化；一望无际的内蒙古原野上雄强博大的内蒙古文化；茫茫苍苍的天山南北绚丽多姿的西北文化；关中大地上壮阔浩博的秦陇文化；黄河中下游源远流长的中原文化和齐鲁文化。同时，还需要了解各文化区的历史渊源、文化符号、文化杰作和文化景观。

　　秦岭—淮河以北的中国北方，以长城作为分界线，又可以分为两个亚文化区，即长城以北的北方草原游牧文化区和长城以南的黄河流域麦作文化区。万里长城横贯河北、北京、内蒙古、山西、陕西、宁夏、甘肃七个省、自治区、直辖市，像一条巨龙翻越巍巍群山，穿过茫茫草原和浩瀚沙漠，成为中国文化的象征，也是世界建筑史上举世无双的人文景观。

一、白山黑水间的东北文化

　　东北文化区位于我国东北部，包括辽宁、吉林、黑龙江三省，大小兴安岭、长白山脉从三面环抱，辽河、松花江、黑龙江、乌苏里江等江河流灌其间。东北文化源远流长，其创造和传承的主体，既包括远古时期世代栖居在东北各地的原住民，也包括从山东、山西、河北等地"闯关东"的移民。数千年的文化交流，使得东北文化呈现兼容性、开放性和多元性特征。其实，除了"二人转"和"冰雪节"，东北文化还有其他历史悠久、丰富多彩的自然景观和文化符号，比如北大荒的大豆、高粱，大庆油田、太阳岛、镜泊湖，吉林的长白山天池、松花湖、净月潭，辽宁的沈阳故宫、千山风景区、大连海滨、医巫闾山等。

　　东北平原土地肥沃、水源充足，适于农耕。东北林区森林密布、野兽种类繁多，适于采集、狩猎。纵横交错的水网，孕育了赫哲族、鄂伦春族、鄂温克族等民族的采集渔猎经济和文化。东北农耕稻作经济、狩猎经济、渔业经济及相伴生的文化心态、衣食住行、宗教信仰和习俗禁忌,构成了东北传统文化的整体面貌。

(一)农耕经济文化

主要分布在松辽平原,汉族、满族、朝鲜族的一部分是东北农耕经济的主体,他们种植水稻、大豆、高粱等作物。东北的汉族多为"闯关东"和躲避女真人的掠夺而移居东北的中原人,在生活习俗、价值观念上表现出与中原文化的高度一致性,具有安土重迁、追求正统、温文敦厚的民族性格。他们凭着自己的聪明才智,通过农耕生计,在生产实践中作用于生态系统,增加了生态系统能量的输出功能,激发了大自然和人自身的潜在能量,推动了东北文化的发展。

(二)采集狩猎文化

东北山地丰富的动植物资源造就了该地区发达的采集和狩猎经济及相关的禁忌习俗与民族文化心态。采集经济源远流长,原始人没有掌握耕种技术之前,自然采集是最重要的生活来源。采集经济深受生态环境和自然资源的限制,东北地区异常丰富的药材、鲜果、山菜资源,是独具特色的东北采集文化形成发展的基础。

东北的采集文化中以人参和乌拉草最为著名。人参是驰名中外的珍贵药材,被人们称为"百草之王"。人参根部肥大,形若纺锤,常有分叉,全貌颇似人的头、手、足,故而得名。人参采集古已有之,它不仅是东北地区的经济来源之一,还产生了大量关于人参的神奇传说。

"乌拉"是满语皮靴的意思。乌拉草是东北三宝之一,草叶细长而柔软,纤维坚韧,不易折断,是制作草鞋、草褥、人造棉、纤维板等的良好材料,垫在皮鞋里具有显著的保暖防寒功能,冬季走在雪地里不至于使脚受冻,很适应东北冰天雪地的气候。

东北山区栖息着貂、鹿、熊、虎、狍、獾、貉、麝、野猪等富有药用和经济价值的野生动物,为东北狩猎文化的形成奠定了良好的基础,曾是东北狩猎民族的主要经济来源。

(三)渔业经济文化

黑龙江、松花江、乌苏里江"三江平原"地区土地肥沃,渔业资源丰富,素有"棒打獐子瓢舀鱼,野鸡飞到饭锅里"的美誉,具有得天独厚的狩猎和渔业资源。渔业经济的发展,影响着东北地区以渔业为主要生活来源的各民族的文化形貌与生活方式,形成了多种多样的捕捞方法,促进了水产加工、渔具修造等行业的发展,相应地产生了同渔事密切相关的宗教礼仪与禁忌习俗,产生了对海神、海怪、海龙王的崇拜。

历史上东北民族普遍信仰萨满教,相信万物有灵,核心观念是"神无所不生,神无所不有,神无所不在,从而予以虔诚崇仰和膜拜"①。东北地区肥沃的黑土,滋养出的大米、高粱、大豆等富饶的物产,孕育了粗犷强悍的东北民风,陶冶了东北人质朴豪放的性格。"闯关东"及频繁的民族交融与冲突,造就了东北人良好的身心素质、顽强的生存能力与勇于开拓的精神。

二、辽阔草原上的内蒙古文化

内蒙古文化区位于东北文化区和西北文化区之间,茫茫的戈壁草原孕育了发达的游牧文化。

内蒙古地区历史上先后有匈奴、乌桓、东胡、鲜卑等族群在此生息繁衍。该区域海拔约1000米,地势平坦,东部有大兴安岭,西部为属于阴山山脉的贺兰山、乌拉山、大青山,有科尔沁、呼伦贝尔、锡林郭勒、乌兰察布、巴彦淖尔、鄂尔多斯等大草原。呼和浩特是屹立在蒙古高原的一座古城,蒙古语为"青色之城"。主要名胜古迹有白塔、昭君墓、大召寺(无量寺)、小召寺(延寿寺)、五塔寺、成吉思汗陵等,蒙古包、那达慕、《江格尔》、蒙古长调民歌等是具有代表性的文化符号。

北方草原游牧民族世代栖息于此,创造了波澜壮阔的历史文化。这里畜牧经济产品较为单一,对农耕经济有很强的依赖性。内蒙古东部水草丰美,西部为一望无垠的戈壁,植被稀疏。在内蒙古地区相对统一的文化生态条件制约下,朔漠民族缔造了典型的以放养马、羊、牛、骆驼为主的游牧经济,以蒙古包为住所的居住习俗,以肉类、奶类为主食的饮食习俗,以及善骑射、嗜酒茶的文化习俗,这些文化特质构成了内蒙古文化区的象征结构。

游牧经济是狩猎经济的高级表现形态,畜群的放养和繁殖为人们提供了更稳定、更丰富的食物及经济来源。游牧民族逐水草而居,随季节的变化、牧草的枯荣、水源的充沛与干涸情况不断迁徙,宽阔而平坦的草原为他们的频繁流动提供了便利。

北方辽阔的自然景观同粗犷豪放的文化,特别是文学风格的形成紧密相关。北朝民歌《敕勒歌》:

敕勒川,

阴山下。

天似穹庐,

笼盖四野。

天苍苍,

---

① 富育光.萨满教与神话[M].沈阳:辽宁大学出版社,1990:1.

野茫茫,

风吹草低见牛羊。

诗歌生动地描绘出辽阔苍茫的草原景象,反映了北方游牧民族的生活面貌和精神气概,被誉为"千古绝唱",至今仍焕发着无穷魅力,而这首民歌创作的灵感源泉是对草原风光与游牧生活的深切体验。

内蒙古文化区发达的游牧经济为北方民族提供了丰富的肉食资源和皮毛制品。蒙古族在长期实践中,培育了耐寒、易饲养、抗病力强的三河牛、三河马、蒙古羊、蒙古牛、蒙古马、草原红牛、科尔沁牛、内蒙古双峰驼、内蒙古细毛羊、内蒙古白绒山羊等优良种畜。

内蒙古文化区属内陆半干旱地区,降水稀少,风沙较多,迁徙频繁,由此决定了蒙古族的经济类型和文化习俗。蒙古包成为蒙古族特色的文化象征。它由伞状顶架、圆顶天窗和网状圆形围壁构成,外部用羊毛毡覆盖,地面铺上毡子和地毯,侧面开有长方形小门。蒙古包很适合当地的生态环境和游牧生活——尖顶帐篷式建筑不积雪,不蓄水,风沙阻力小,可随时拆迁装载到二轮大木车上运走。今天,内蒙古游牧民族仍保留蒙古包作夏季放牧时的居室。但随着社会的进步,生活水平的提高,他们也修建了大量的砖瓦房,用于冬季宿营。

游牧经济类型决定了内蒙古文化区的人们以牛羊肉和奶酪品为主食的饮食文化。饮食不仅造就了蒙古族强悍刚健的体魄,也是其粗犷豪放的民族性格的体现。蒙古人喜吃烤肉、烧肉和手抓肉,早餐多食奶茶、馍馍和酥油,晚餐以肉食为主,中餐不定时,饮料有马奶、牛奶、羊奶、奶茶、砖茶等。蒙古族的奶制品多种多样,有奶油、酸奶、奶渣、奶糕、奶酪、黄油、奶皮子、奶豆腐、马奶酒等。

自古以来,内蒙古文化崇尚强悍勇武的精神,长年的迁徙和征战生活,造就了蒙古人刚毅、顽强、粗犷、豪放的民族性格,其娱乐活动如叼羊、赛马、摔跤、射箭也具有强烈的对抗性,能充分展示人的体力和智能,整个文化风格洋溢着彪悍的气息。

内蒙古文化区的主体文化是游牧经济及其相伴生的习俗,但随着生态环境的改变,人们改变了单一的以植物为基础、以牲畜为中介、以满足肉食需要为目的的生产模式,并努力弥补游牧经济的短板。16世纪,成吉思汗的17世孙阿勒坦汗大力提倡耕牧结合,促使明朝开放边境"互市贸易",使土默特川平原成为"米粮川",实现了该地区农耕业与牲畜饲养业的结合,即通过种植春小麦、莜麦、玉米、高粱、大豆、甜菜、油菜、马铃薯等农作物,一方面获得农产品,充实丰富牧民的饮食结构,另一方面农作物的秸秆、块茎、麦皮、糖壳等副产品可用作喂养牲畜的饲料,促进了畜牧业的稳定发展。

内蒙古文化区生态环境统一,文化形貌整合程度较高,历史上的匈奴、东胡、柔然、突厥、契丹、室韦等民族在这片土地上相互征战,相互涵化,最后统合成蒙古族。12世纪至14世纪中叶,是内蒙古文化区最为隆盛的时代,蒙古族先后在成吉思汗、忽必烈的率领下,东讨西征,叱咤风云,完成了民族统一和建立元朝的宏伟大业,在中国文化史上谱写下光辉篇章。

三、苍茫原野上的西北文化

西北文化区幅员宽广,地域辽阔,高山、沙漠、盆地、绿洲、丹霞地貌是其主要的自然景观。该文化区包括新疆、甘肃、宁夏等省区,境内多民族杂居,多种文化汇聚,是中西文化交流的重要陆路通道。北部的阿尔泰山、中部的天山、南部的昆仑山自西向东延伸,把新疆分为南、北两大部分。南疆是塔里木盆地,盆地中央是塔克拉玛干沙漠,盆地周围遍布肥美的水草。北疆为准噶尔盆地,盆地北部是良好的冬季牧场,南部是冲积扇平原,适合农垦。天山山系的开阔处形成大小不等的盆地和山间河谷,其中哈密盆地、伊犁河谷、乌什谷地、拜城盆地、吐鲁番盆地、尤勒都斯盆地等都是农牧业资源十分丰富的地区。

西北文化区著名的自然景观和文化符号主要有:新疆的胡杨林、坎儿井、葡萄沟、火焰山、喀纳斯湖、博斯腾湖、天山天池、和田玉、开斋节、古尔邦节、木卡姆艺术;甘肃的月牙泉、嘉峪关、崆峒山、河西走廊、麦积山石窟、敦煌莫高窟、张掖丹霞地貌、花儿、曲子戏、兰州太平鼓;宁夏的贺兰山、六盘山、海宝塔、承天寺塔、须弥山石窟、玉皇阁等。

西北文化区的主要经济类型是游牧与农耕相结合。尽管西北文化区位居内陆腹地,属大陆性气候,降水稀少,但高山积雪却提供了丰富的水源,时至夏日,积雪融化,形成许多季节性河流,灌溉着天山南北的绿洲。新疆蕴藏着丰富的土地资源、森林资源、矿产资源和生物资源,天山和阿尔泰山分布着大片的原始森林,生长着西伯利亚落叶松和雪岭云杉等名优木材,新疆的石油、煤炭、天然气、地热、铁、锰、铅、锌、云母、石棉等地下宝藏具有广阔的开采前景。

在苍茫的西北大地上,汉族与各少数民族及各少数民族之间的互动交融,历史久远而影响深刻,波澜壮阔而动人心魄。中原王朝派使者出使西域的动人故事,流传至今;戍守西域的边将们描写边塞生活的诗篇,感人至深。各民族在西北文化生态条件的影响下,创造了别具一格的草原游牧文化、绿洲农耕文化和商业贸易文化,以及相伴生的生活习俗与宗教信仰。

(一)农耕经济文化

同黄河、长江、珠江诸流域的农耕经济相比较,西北地区农耕经济的形貌别具一格,以绿洲农耕、农牧结合、人工灌溉为主要特征。西北的农耕经济源远流长,古已有之。在塔里木盆地和天山东部出土了大型磨制农具和与细石器共出的彩陶器①,这是古代农业经济的文化遗存。

西北农耕区主要种植小麦、水稻、棉花、水果、蔬菜等。巴里坤石人子新石器时代遗址出土了人工种植的小麦遗迹,经对碳化麦粒进行化验表明,距今约4000年前,新疆已经开始种植小麦。维吾尔族在地势低洼、水源充足的地方种植水稻,修筑坎儿井,建造灌溉设施。新疆各绿洲普遍种植棉花,其中吐鲁番棉区产量高、质地优良,棉绒洁白细长。

绿洲农耕区的居民的衣食住行深受生态环境和经济类型的影响。传统民居多为方形土木结构,北疆雨雪较多,气候较冷,屋顶较尖,南疆雨雪稀少,气候温和,屋顶呈平状,可用以晾晒粮食、瓜果。维吾尔族衣服多用棉布制成,饮食以面粉、玉米、大米为主,夏季多拌食瓜果,有的地区喝奶茶,体现出农耕文化和畜牧文化相结合的特点。

(二)草原游牧文化

西北地区从事游牧生计的主要有回族、塔吉克族、哈萨克族、维吾尔族、柯尔克孜族、乌孜别克族等民族的大多数或一部分。西北经济类型的划分,主要源于生态环境的差异而不是民族的差异,同一民族生活在不同的生态条件之下,往往属于不同的经济文化类型。盆地草原游牧经济文化、苔原畜牧经济文化和戈壁草原游牧经济文化,彼此之间既相互联系,又呈现风格迥异的形貌特征。西北盆地草原位于有水草的地方,充足的水源为定居和发展农业提供了可能性,各草场之间相对独立,阻遏了文化的整合,促使民族文化、经济文化、信仰文化呈现多元的结构,具有半农半牧、农牧结合、放养和舍饲结合、畜牧和手工业相结合等多种形式。

西北独特的生态环境造就了西北民族独特的放牧方式,一年四季在高山山麓、河谷和平地牧场之间流转。夏季在海拔高的地方放牧,冬季把牲畜转到河谷、山间盆地和向阳的低山山坡等地放牧,通常会随着季节由夏至冬的变化依海拔高度自上而下放牧,保证各牧场植被生长的良性循环。

(三)商业贸易文化

西北文化中商品经济的因素古已有之,特别在回族、维吾尔族、乌孜别克族等民族中,形成了经商的传统。西北地区是丝绸之路的必经之地,这里又有发达的畜牧业、农业和手工业,为该地区商业贸易文化的发展奠定了良好的基础。

丝绸之路是连接中西经济贸易文化交往的重要通道。中国的丝绸、茶叶、铜器、铁制工具经由丝绸之路传到西域和地中海沿岸各国,西方国家的毛织品、香料、珠宝,西域的

---

① 文物编辑委员会. 文物考古工作三十年[M]. 北京:文物出版社,1979:170.

葡萄、石榴、苜蓿、胡麻也自西向东传入中原。丝绸之路分为南北两路,南路从敦煌经楼兰(今鄯善)—于阗(今和田)—疏勒(今莎车、喀什)—贵山城—贰师城—大月氏—安息、波斯—条支(今伊朗西南部),到达大秦(罗马帝国)。北路从敦煌经车师前王廷(今吐鲁番)—焉耆—龟兹(今库车)—疏勒(今莎车、喀什),然后与南路相汇。丝绸之路不仅是中西经济贸易的重要通道,而且也是中西文化互动的重要路径。

西北文化区各民族对中国文化的贡献,主要表现在创造了别具一格的绿洲农耕经济文化、盆地草原游牧文化和发达的商业贸易文化,其中尤为重要的是建立了中西文化沟通的桥梁,促进了中西文化的相互交流,对西方文化传入中国,以及中国商品及科学技术的西传起到了重要的作用。西北地区蕴藏着十分丰富的石油、天然气、煤炭、金、铁、锰等矿产资源和土地、森林资源,具有十分显著的资源优势,随着西部大开发战略、乡村振兴战略的全面实施,西北地区的资源优势逐步转化为经济优势,西北各民族的文化将焕发出更为迷人的风采。

四、关中大地上的秦陇文化

秦陇文化区处于黄河流域麦作文化区的西段,东有函谷关,西面、北面是戈壁、荒漠,南面有崇山峻岭相环绕,成为一个相对封闭而利于军事防务的文化区。秦陇文化区以陕西为主体,包括甘肃的一部分,兵马俑、西岳华山、终南山、黄帝陵、法门寺、大雁塔、小雁塔、陕北窑洞等,是该区域著名的旅游胜地,信天游、秦腔、安塞腰鼓等,是该区域具有代表性的非物质文化遗产。

自周至唐,秦陇文化不仅在黄河流域处于中心地位,而且在整个中国文化的发展过程中,起到了重要的驱导作用。秦陇文化融合了西部少数民族文化、中原文化和楚文化,形成了多元交融、恢宏壮丽、淳厚凝重的文化特征。

秦陇文化区东起崤山函谷关,西达陇中,南至秦岭,北及贺兰山,有泾水、渭水等众多支流灌溉其间,这里平原辽阔、气候温和、土地肥沃、物产富饶,是中国文化的重要发祥地之一。

秦陇文化区是周民族和周文化的发祥地,而秦人是秦陇文化最为重要的创造者。秦人的祖先从事游牧生产活动,曾因参加殷商遗民的反叛活动而被西周统治者强行迁往西方的黄土高原,后来在同西戎的战争中立下战功,稳定了西北局势,得到周宣王的赏识。西周瓦解,秦人护送平王东迁,周王朝将今陕西岐山一带赐给秦人。《史记·秦本纪》:"戎无道,侵夺我岐、丰之地,秦能攻逐戎,即有其地。"秦人据此惨淡经营、励精图治,建立了强大的秦国,把秦陇文化推上新的历史台阶。

秦文化是多元文化汇聚的产物——秦人原事游牧,吸取了周人先进的种植农作物的技术,将游牧经济转为农耕经济,吸收周人的炼铁技术,改进了生产工具,提高了生产水平,增加了粮食产量,使关中成为富庶之地。在人才方面,秦国聚集了来自各国的许多杰出人才。自秦穆公以来,百里奚、蹇叔、商鞅、张仪、范雎、李斯等人先后来到秦国,被委以重任,为秦国成就统一大业,做出了积极的贡献。在物质文化和精神文化方面,来自周边国家的文化输入极大地充实了秦文化。

由于秦陇地区自秦至唐一直是中国政治舞台的中心,又是中国文明的发源地之一,因而文物昌盛,名胜古迹遍布秦陇大地,成为秦陇文化的重要特色之一。这些文物古迹展示了秦陇文化灿烂辉煌的历史,成为秦陇文化的象征之一:西安半坡村遗址体现了中国母系社会的村落布局和文化形貌;被誉为"世界第八奇迹"的秦始皇兵马俑重现了秦始皇威震宇内、统一六国的强大军容;而更为富丽堂皇,由70万"刑徒"用36年时间建造的秦始皇陵是世界上规模最大、结构最奇特、内涵最丰富的帝王陵墓之一。

秦始皇兵马俑位于今陕西省西安市临潼区秦始皇陵以东1.5千米处的兵马俑坑内。兵马俑是古代墓葬雕塑的一个类别。古代实行人殉,奴隶是奴隶主生前的附属品,奴隶主死后,奴隶要作为殉葬品为奴隶主陪葬。兵马俑即制成兵马(战车、战马、士兵)形状的殉葬品。1987年,秦始皇陵及兵马俑坑被联合国教科文组织批准列入世界遗产名录。2007年,秦始皇兵马俑博物馆经国家旅游局正式批准为国家5A级旅游景区。古老的兵马俑焕发出新的生命,走向了新的辉煌,先后已有200多位国家领导人参观访问,成为代表中国古代辉煌文明的一张名片。

秦陇大地上的秦都咸阳遗址、西汉长城遗址、唐长安遗址以及周陵、茂陵、乾陵等遗址,在中国考古文化领域都占据重要的地位,也构成了秦陇文化的重要景观。

西安城作为十三朝古都,保留了丰富的历史古迹,西安碑林内藏各种石刻两千余种,数量居全国之首,是我国古代书法绘画以及装饰花纹等珍贵实物资料的艺术宝库。其中最为珍贵的是唐刻《开成石经》,为我国现存唯一一部完整的石经。此外,还有《大秦景教流行中国碑》,记载了基督教派之一景教的教旨、仪式及其在中国的流行情况,是研究东西文化交流和宗教传播史的珍贵资料。其他如李隆基亲手书写的《石台孝经》、李斯的《峄山碑》以及欧阳询、虞世南、颜真卿、柳公权、智永、怀素、张旭、李阳冰等人的书法作品,都具有高度的艺术价值。秦陇大地上的民间文化也颇具特色,比如陕北民歌,入选第二批国家级非物质文化遗产,也是中国文化的艺术瑰宝。

秦陇文化是游牧文化、农耕文化,本土文化、外来文化,华夏文化、夷狄文化多元汇融的结果,同黄河下游地区的文化形貌虽然具有相通之处,但秦人把主要精力放在农垦、战争、拓展疆域等同国计民生关系密切的事情上,不屑于仁义礼乐的教化和超越时空的玄想,既不慕往世,也不求来世,而只重现世,只重实惠,不拘于先王典章制度的制约,因而法家在秦文化的沃土上得以发扬光大,儒家却备受冷落。孔子西行不入秦,也许是因为孔子意识到秦人的文化崇尚同自己的理论主张水火不相容的缘故。从某种意义上说,秦陇文化讲究实效、敢于突破成规的习尚,使之充满了生机活力,形成不拘一格、富有冲击力、敢于进取的民族性格,这是秦国变法较他国更为彻底、更为成功的文化根源,也是秦国实现富国强兵、统一天下的伟大理想的文化思想基石。秦之后,刘邦以关中、汉中为根据地战胜项羽,李世民父子依靠关陇将士平定群雄,建立了强大的唐王朝,谱写出中国文化发展史上最为光辉的篇章,使关中在自秦至唐一千多年的漫长历史长河中,一直居于中国文化的核心地位。究其原因,同秦陇文化注重实效、不尚玄虚、兼容并蓄的文化品格有很深的渊源。

五、华夏核心区的中原文化

"中原"的概念有广义和狭义之分。广义的中原泛指黄河中下游地区,同北方游牧文化区和长江稻作文化区相对举,包括了齐鲁、三晋、关中等地区。狭义的中原主要是指现今河南、河北、山西以及京津地区,同秦陇文化区和齐鲁文化区相对应。在此采用狭义的中原概念。该区域是中华文明的核心区,虽然说满天星斗的远古文化昭示出中国文化的多元格局,但中国文化的多元起源与文化形态的多样性掩盖不了中原文化尤为耀眼的智慧之光。

中国历史上先后有 20 多个朝代定都中原地区,中原地区以特殊的地理环境、历史地位成为中华文明的摇篮。

中华民族的石器文化呈现独立发源、多元并进的格局之后,在向文明社会演进的过程中,中原文化逐步占据了主导的地位。黄河中下游的新石器文化具有高度的连续性,相比较而言,青铜器文化、铁器文化亦较其他地区先进,居于领先地位。中原地区考古发现的农具、酒器、青铜器亦比其他地区更胜一筹。特别是中原地区较早地出现了文字、阶级分化、宫殿、城市等重要的文明标志。[①]

中原文化率先跨入文明的门槛,建立了国家政权,在中国文化演进历程中,扮演了主导角色,究其原因,主要有以下几个方面:

(一)环境优势

中原地区位于黄河流域的中下游,这里气候温暖,土地肥沃,平原辽阔,黄河流贯其间,滋润着万物的生长,盛产粟、黍,物产富饶,积蓄了丰厚的文化蕴能。这里亦不乏来自其他民族的文化挑战和来自自然界的考验,但中原民族成功地应对了其他民族文化的挑战,经受了洪涝干旱等自然灾害的侵袭,同时激发了更大的文化创造潜力。虽然自然环境不是文明起源和发展的唯一决定因素,但人类早期文明的产生,大多同河流的灌溉有关,一定的自然条件是人类赖以创造文化的基础。中原地区具备了作为文明发祥地的基

---

① 　陈秋祥,姚申,董淮平.中国文化源[M].上海:百家出版社,1991:53.

本要素。

(二)区位优势

中原文化区由黄河中游和黄河下游两部分组成,彼此间构成了一种互动关系,两者间的竞争、冲突、融合、涵化,促进了文化的发展。中原以北,居住着北方游牧民族,中原以南,生活着以稻作农业为主的农耕民族。长城以北和秦岭淮河以南的各民族,在文明萌芽阶段,已经同中原民族有过交往,北方游牧民族南下骚扰,南方民族向北进贡是主要的关系模式。北方游牧民族素以强悍、刚毅著称,物产的相对贫乏和气候的寒冷促使他们不断南侵,以获得更多的财富,无意识地造成中原民族在文化创造的过程中不敢懈怠,常常保持警醒和旺盛的创造活力。南方民族虽然有其独特魅力,但文明发展的程度稍落后于中原民族,自传说中的虞舜时代开始,就向中原王朝进贡。中原民族位居中国文化结构的中心地区,进可攻,退可守,拥有广阔的回旋余地,周边民族文化蕴能的耗散路向都向着中原,而中原文化强大的涵化功能和各民族的共同贡献,奠定了中原文化的主导地位。

(三) 文化优势

由于中原地区较早出现了成熟的文字,明确的社会分工,规整的都城和发达的农业、手工业,经过二里头文明、二里岗文明,发展到小屯文明,确立了巨大的文化优势。尽管商民族取代了夏民族,周民族取代了商民族,但文化却延续下来。新一代王朝在吸收上一代王朝文化的基础上,把中原文化推向新的历史高度。以后的中国文化历史也印证了这一规律,即中原王朝可以被消灭,而中原文化却不断地发扬光大,赓续至今。这正是中原文化的优势所在。

中原大地平坦辽阔,土地肥沃,黄河流贯其间,提供了充足的水源。中原位居中国版图的核心,历来为兵家必争之地,素有"得中原者得天下"之说,加上这里地势平坦,无险可依,易攻难守,常常出现你进我退、你来我往的拉锯战争。中原地区饱受战争的蹂躏,历经四方文化的冲击,极大地促进了中原文化的更新,推动了中原文化的传播。中原文化源远流长,中原地区人才辈出,是宋元至明清时代中国的政治、军事中心。

中原地区文化发达,被视为中国文化的中心,风云变幻的社会斗争实践陶冶了中原民族的性情,造就了政治、经济、科学、文学等方面的众多人才。从某种意义上说,人才是文化发展的最重要的成果,也是反过来推动文化进步的关键因素。中原地区确实钟灵毓秀、地灵人杰,中原文化孕育了一代又一代在中国历史上产生重大影响的著名人物。林语堂认为,除了周、唐两朝外,其余各大王朝的帝王,"盖莫不起自比较阻塞的山陵地带,靠近陇海铁路,此地带包括东部河南、南部河北、西部山东和北部安徽。这个开业帝王的产生地带,倘以陇海铁路为中心点,它的幅径距离不难测知"①。

　　此说有点绝对化,忽视了元、清两代分别起自内蒙古草原和东北地区的史实,但亦部分地揭示了中国历史发展的地域文化制约因素。

　　元、明、清以来,北京作为中国的政治、经济、文化中心,成为汇聚东北文化、北方游牧文化和中原文化以及其他文化的中心都市。天津、太原、郑州、开封、洛阳等城市同样历史渊源久远,名胜古迹闻名遐迩,文化积淀深厚。万里长城是中国具有代表性的文化符号,尤以八达岭长城景观最为引人注目,还有北京故宫、颐和园、承德避暑山庄、平遥古城、嵩山少林寺、殷墟遗址等,都是令人神往的旅游胜地,而京剧、相声、河南梆子等艺术形态,以及其他不胜枚举的文化杰作,奠定了中原文化在中国文化格局中的核心地位。

　　中原地区是文学家荟萃之地。东汉杰出的科学家、文学家张衡是南阳西鄂(今河南南阳)人;正始文学的代表作家之一阮籍是陈留尉氏(今河南开封)人;唐代上官仪、杜审言、宋之问、元结、元稹、韩愈、杜甫、刘禹锡、李贺、李商隐等,都是出生于现今河南境内。中国文学史上如此众多的诗人较为集中地诞生在一个区域之内的现象并不多见。尽管上述诗人的创作没有形成统一的风格,彼此之间没有必然的联系,但是或多或少、或隐或显地受到中原文化的共同影响。

　　作为华夏核心区,代表中国文明成就的指南针、造纸术、火药、活字印刷术、种桑养蚕之法、冶金铸造技术、中医理论与实践等,大多在中原地区孕育、成熟,并向其他地区传播。中原医学文化以整体的治疗思想,以望、闻、问、切观察病理的方法,奇特的治疗技术,和谐的用药手段而著称于世,是传统文化中的精华。黄帝被后人公认为中医药的创始人,战国时期编著的《黄帝内经》至今仍是中医学工作者必读的指导性医学著作。东汉南阳人张仲景的《伤寒杂病论》,提出了六经辨证的理论体系,是我国首部理、法、方、药兼备的中医经典,被誉为"医方之祖"。北宋都城开封设有"尚医局""御药院"等官方医药机构。制作精细的"针灸铜人"成为世界针灸医学发祥地的象征。中医药文化起源于中原,中医药巨著诞生于中原。

　　京剧的前身是徽剧,乾隆五十五年(1790年),享有盛名的安徽"三庆班"进驻北京,成为最早进京的徽戏班。随后来京的又有"四喜""和春""春台"诸班,合称"四大徽班"。道光年间,汉调进京,被二簧调吸收,形成徽汉二腔合流,京剧成为中华民族的艺术瑰宝,因其无限的艺术魅力而被称为"国粹"。京剧用歌舞演绎故事,是文学、音乐、舞蹈、武术、美术、杂技等各艺术行类的综合体现。它具有综合性、虚拟性、程式性三大艺术特征,行当全面,表演成熟,气势宏美,是近代中国汉族戏曲的代表,也是世界级的大剧种。京剧传统剧目有1000多个,经典剧目有《群英会》《打渔杀家》《打金枝》《搜孤救

---

① 林语堂. 吾国与吾民[M]. 北京:中国戏剧出版社,1990:19.

孤》《霸王别姬》等,有以四大名旦(梅兰芳、尚小云、程砚秋、荀慧生)和四大须生(马连良、谭富英、杨宝森、奚啸伯)为代表的一大批著名的戏曲表演艺术家。

六、环泰山地区的齐鲁文化

齐鲁文化区位于黄河下游地区,西连中原文化区,东临大海,北抵燕赵,南界吴越。境内平原辽阔,高山挺拔,气候温暖,土地肥沃,文化源远流长。齐鲁文化区虽不像秦陇文化区、中原文化区那样长期成为中国政治舞台的核心,但是,诞生在齐鲁文化区的孔孟儒学却万世流芳,对中国文化产生了极为深远的影响。而该区域以山东省为主体,东岳泰山,曲阜孔府、孔庙、孔林,蓬莱阁,成山头,刘公岛等是当地具有代表性的文化景观。此外,远近闻名的文化符号还有趵突泉、千佛山、大明湖、鲁菜、山东快板、柳子戏、水泊梁山等。

泰山主峰玉皇顶位于山东省中部的泰安市之北,海拔 1532.7 米,气势雄伟,风景壮丽,满目苍松、巨石、云烟,千姿百态,雄浑中兼有明丽,静穆中透着神奇。作为"五岳之首"的泰山,庄严神圣,自古被视为社稷稳定、政权巩固、国家昌盛、民族团结的象征。两千多年来,泰山是历代帝王朝觐的对象,许多皇帝登基之后,亲赴泰山祭告天地,祈祷国泰民安,泰山也因此成为唯一受过皇帝封禅的名山。泰山是中国文人和学者的精神源泉,是灿烂东方文化的缩影,是"天人合一"思想的寄托之地。子曰:"登泰山而小天下。"杜甫诗云:"会当凌绝顶,一览众山小。"经世界遗产委员会批准,1987 年,泰山被列为"世界自然遗产"和"世界文化遗产"。

泰山周边地区有大汶口、龙山文化遗存。战国时期修筑了沿泰山山脉直达黄海的长约 500 千米的长城,今遗址犹存。泰山与孔子活动有关的景点有孔子登临处坊、望吴圣迹坊、孔子小天下处、孔子庙、瞻鲁台、猛虎沟等。相传先秦时期有 72 代君主到泰山封禅;自秦汉至明清,历代皇帝到泰山封禅 27 次。历代文人墨客在泰山留下了数以千计的诗文刻石。孔子的《邱陵歌》、司马迁的《封禅书》、曹植的《飞龙篇》、李白的《泰山吟》、杜甫的《望岳》等诗文,成为中国的传世名篇;天贶殿的宋代壁画、灵岩寺的宋代彩塑罗汉像是稀世珍品;泰山的石刻、碑碣,集中国书法艺术之大成,真草隶篆各体俱全,颜柳欧赵各派毕至,是中国历代书法及石刻艺术的博览馆。泰山宗教发祥也很久远,佛教于 4 世纪中期传入泰山。公元 351 年,高僧朗公首先到泰山岱阴创建了朗公寺和灵岩寺。魏晋南北朝时期,泰山较大的寺院有谷山玉皇寺、神宝寺、普照寺等。著名的泰山经石峪有北齐人所刻的佛教经典《金刚经》。唐宋时,灵岩寺极为鼎盛。至于泰山道教,早在战国时就有方士隐居岱阴岩洞,秦汉后祠庙林立,保留至今的有王母池(群玉庵)、老君堂、斗母宫(龙泉观)、碧霞祠、后石坞庙、元始天尊庙等。

齐鲁文化源于境内的龙山文化和东夷文化。东夷文化广布于我国东部沿海,被认为是环太平洋文化的重要组成部分。"东夷文化源远流长,内涵深广,它是东海——西太平洋文化最古老、最强大的一支,发祥于渤海湾两岸,广布于松花江、辽河流域到长江下游、杭州湾一线,其展延区或辐射带,北可达库页岛、阿留申群岛地区,西可至燕赵和黄河中游,东远及日本海沿岸,南直通台湾海峡和某些南太平洋岛屿,亦即所谓百越文化区的大部及其扩延。殷商文化则是它最繁荣、最先进、最直接的一支"①。李白凤先生认为,传说中唐尧、虞舜建都的地点都在山东省的北部和西北部。② 山东在先秦时期的原始民族主要是莱族和鱼族。莱族原为游牧部族,后来从事农业,以养蚕闻名于世。山东简称"鲁",源自鲁国,而鲁国之名同古老而强大的鱼族紧密相关。李白凤先生说:

> "立鱼式"不见于仰韶系统陶器,却多半见于山东半岛出土的铜器铭文中,这些金文和甲骨文,从文字演变上都是由图像文字趋向于发展为符号文字,尤其西周金文中,"鱼"形已和"鲁"字的上半部趋于书法上的一致。因之可以断定这个氏族在商代的东方还很兴盛,在潼关以西却早已衰落。③

齐鲁文化同齐鲁大地的考古文化存在渊源关系。齐国位于泰山之北,周王朝封开国功臣吕尚(姜太公)为齐侯,建都于营丘(山东临淄北)。西周时期,齐国已普遍使用铁器,经济繁荣,人民富足,临淄是繁华的大都会,《史记》记载:"临淄甚富而实,其民无不吹竽、鼓瑟、击筑、弹琴、斗鸡、走犬、六博、蹴鞠者;临淄之途,车毂击,人肩摩,连衽成帷,举袂成幕,挥汗成雨,家殷人足,志高气扬。"④吕尚采取"因其俗、简其礼""修道术、尊贤智、赏有功"的治国方略,因地制宜,推行开明的政治、经济、文化政策,鼓励工商,繁荣经济,使齐文化呈现生机勃勃的可喜局面,为齐国称霸一方奠定了雄厚的经济基础。与鲁文化崇尚正统大异其趣的是齐文化尚武崇勇,造就了一大批勇武兼备的军事人才。相传《六韬》为吕尚所著,《孙子兵法》出于齐。西汉末年赤眉起义领导人樊崇为琅琊(治今山东诸城)人。东汉末年黄巾起义受挫之后,山东淄博一带仍有一支30多万人的队伍活动。隋末大起义首领王薄、唐末农民起义领袖王仙芝、南宋爱国将领辛弃疾等都是今山东境内人,他们的反叛精神同齐文化勇于突破陈规、崇尚勇武的品格具有一定的联系。

周王朝封周公旦长子伯禽为鲁侯,建都曲阜,鲁文化正式诞生。伯禽治鲁严格依据周公旦制定的礼乐制度,作为华夏正统文化重要代表的周礼,在鲁国得到完好保存。鲁国经济以农业为主,并推行重本抑末、安土重迁、自给自足的政策,形成隆礼重义的习俗,

① 萧兵. 楚辞文化[M]. 北京:中国社会科学出版社,1990:63.
② 李白凤. 东夷杂考[M]. 济南:齐鲁书社,1981:14.
③ 李白凤. 东夷杂考[M]. 济南:齐鲁书社,1981:35.
④ 司马迁. 史记. 延边:延边人民出版社,1995:193-197.

为原始儒学的诞生提供了肥沃的土壤。

周礼在鲁国得到完好的保存,以恢复周礼为重要理论主张的传统儒学,不产生在西周文化的中心区,即秦陇文化区和中原文化区,而产生在较为偏远的鲁文化氛围之中,成为鲁文化的重要象征,十分耐人寻味。用文化传播理论来分析,就是某种文化物质的传播,正像水上的树叶在漂浮,一个石头投入水中,树叶随水波纹的扩散而移动,最后停留在远离中心的地方。西周衰微,镐京破败不堪,东周建立,政治文化中心东移,但天下纷争四起,周王朝名存实亡,各国礼崩乐坏,只有在鲁国,由于农业经济的制约和统治阶层的倡导,儒学得以发扬光大。自汉代实施"儒学独尊"政策之后,孔孟儒学思想已经远远超出鲁文化的范围,其影响已遍及整个中国文化圈,在现代文明高度发展的时代,孔孟儒学的某些合理内核,日益引起人们的高度重视,这也是鲁文化对人类文化的重要贡献之一。

思考题

1. 北方草原文化的风格特征是什么?试举例说明。
2. 怎样理解和评价黄河流域文化的主导地位和作用?
3. 中国北方游牧经济类型怎样影响文化特征的形成?

第七章
南方区域文化

南方地区的文化根基是源远流长的稻作文明。长江流域、珠江流域以及周边地区是南方区域文化的衍生地。南方地区江河纵横,湖泊众多,水源充足,丰饶的自然生态环境孕育了南方人的聪明灵巧、足智多谋、细腻委婉的性格特点。本章的学习重点:了解各文化区的历史渊源、生计模式、文化传统、文化符号、文化习俗和文化景观;体悟巴蜀文化的精致、荆楚文化的雄强、岭南粤西、粤东文化的情韵和闽台文化的心怀。

南方地区的稻作文明与黄河流域麦作文明同属农耕文明,相对于以游牧经济为基础的文明形态而言,两者之间的文化风格异中有同。尽管在政治地位方面,长江和珠江流域文化区难以同黄河流域文化区相提并论,但是,在物产的富饶、经济的发达、观念的更新等方面,南方各区域文化是有优势的。南方地区既是战乱时期的退避回旋之所,也是物资供应的重要来源之地。如果说,北方民族的精神生活充实而深邃,那么,南方民族的物质生活则更为丰富多彩。

一、天府之国的巴蜀文化

巴蜀文化滋生的自然生态环境是位于四川盆地的平原、丘陵和山地,还有得天独厚的水资源与复杂多样的气候条件。巴蜀地区素有"天府之国"的美誉,相对封闭的地理条件和优越的自然环境造就了地方色彩浓郁的巴蜀文化。

巴蜀文化区内的代表性文化景观有峨眉山、乐山大佛、都江堰、青城山、九寨沟、剑门蜀道、大足石刻、丰都鬼城、白帝城、长寿湖、大宁河小三峡等,而川菜、重庆火锅、蜀绣、五粮液、川剧、卧龙大熊猫、三星堆文化等,是巴蜀大地上著名的文化符号。

1982 年,都江堰作为四川青城山—都江堰风景名胜区的重要组成部分,被国务院批准列入第一批国家级风景名胜区名单。2000 年联合国世界遗产委员会第 24 届大会将都江堰水利工程确定为世界文化遗产。2007 年 5 月 8 日,成都市青城山—都江堰风景名胜区经国家旅游局正式批准为国家 5A 级旅游景区。都江堰附近景色秀丽,文物古迹众多,伏龙观、二王庙、安澜索桥、玉垒关、离堆公园、玉垒山公园、玉女峰、灵岩寺、普照寺、翠月湖等景观都令人流连忘返。

　　巴蜀文化区作为中国文化摇篮之一,自秦汉以来,人才辈出。在政治领域,出生于四川的中国改革开放总设计师邓小平,以杰出的政治智慧开启中国历史的新篇章。在文学领域,汉代有司马相如和扬雄,初唐时期有著名诗人陈子昂,北宋年间有苏洵、苏轼、苏辙父子。唐代诗人李白、杜甫都曾亲临蜀中,创作了不少流传千古的优秀诗篇,为蜀地增添了风采,他们的遗迹,成为巴蜀文化的重要景观。在中国现代文学史上,郭沫若、巴金等作家以各自的文学成就在中国文学史上留下了华丽篇章。

　　巴文化以重庆为中心,巴人在夷城(今湖北长阳土家族自治县境内)建立了巴国第一个首都,后活动于重庆全境、湖北西部、四川东部、陕西南部及贵州北部地区。巴族居于川东鄂西一带,其地望“北接汉中,南极黔涪”①。巴族以蛇为图腾,创制了象形文字,经济形态以农耕为主,擅长酿酒,善于歌舞。

　　据史书记载,商周时期,蜀民族已经活动于四川中部,曾参加周武王“伐纣”盟会。西周中后期,蜀中部族首领名蚕丛,号称“蜀王”,蚕丛死后传柏灌,柏灌传鱼凫,鱼凫传蒲泽,蒲泽传开明,开明氏把蜀都由郫县(今郫都区)迁至今成都。公元前 316 年,蜀并于秦,秦设蜀郡。扬雄《蜀王本纪》载,当时蜀人未有礼乐,亦不晓文字。

　　秦代,山东卓、程两家冶铁商迁入蜀郡,带来了先进的冶铁技术。汉代蜀中的采铜铸范工业十分发达,铜器种类繁多,成都逐步成为我国西南最大的都市。蜀人广采茶叶,同西北氐、羌各族开展贸易活动,使成都成为最早的茶叶市场之一。成都的织锦业亦闻名遐迩,汉代在成都设锦官,成都因此又有“锦官城”“锦城”的美称。

　　汉景帝时,蜀郡太守文翁积极办学,设石室讲堂,鼓励蜀人入学,量才任以官职,免除入学者的徭役。东汉时益州太守王阜开办学校,移风易俗,极大地促进了蜀文化的发展。

　　221 年,刘备在蜀中称帝,形成魏、蜀、吴三国鼎立的局面。诸葛亮鞠躬尽瘁,治理国政,西和诸戎,南抚夷越,镇压反蜀势力,促进经济发展,蜀国农业和手工业都取得了新的进展。

　　魏晋至唐宋,蜀中时治时乱,同中原与长江中下游地区的交往日趋频繁,巴蜀文化大体上与中原、荆楚、吴越文化同步前进。随着周边民族不断迁徙到巴蜀地区,巴蜀人民融合了本土文化与外来文化,不断扩大种植面积,改进耕作技术,改良手工工艺,促进巴蜀经济文化不断迈上新台阶,使巴蜀文化在整个中国文化系统结构中占据重要地位。

---

① 常璩. 华阳国志[M]. 济南:齐鲁书社,2010:2.

巴蜀文化的结构包括巴族文化、蜀族文化,外来文化,农耕文化、工商文化,少数民族文化、汉族文化,精英文化、民间文化,等等。蜀人原事渔猎,后营农耕,同氐、羌各族有血缘联系。俗语云:"巴有将,蜀有相。"意谓巴族民风强悍,多出将才;蜀族民风温良精敏,多出相才。蜀人相信灵魂不灭,归于岷山,神仙故事盛行,普遍崇拜鬼神,相信仙术,为张天师创立五斗米道提供了适宜的文化氛围。秦灭巴国、蜀国之后,大量的巴人、蜀人同化入汉族之中,部分遗存充实了今之土家族、彝族、白族等少数民族。

巴蜀地区是西南丝绸之路的出发点和主经之地,自古与西南各族和南亚各国保持着密切交往,巴蜀文化影响了西南各族乃至南亚诸国,使巴蜀文化冲破了自身的地域特色,进而具有大西南意义和国际文化交流意义。

远在4000年前,四川盆地就存在着几条从南方通向沿海,通向今缅甸、印度地区的通道。一些重要的考古发现,如三星堆出土的海贝、象牙,大溪文化的海螺和象牙,茂汶和重庆涂山出土的琉璃珠,都不是本地所产,而是来自印度洋北部地区的南海,这些都充分证明巴蜀先民与南方世界有所交通和交流。

南方丝绸之路主要有两条线路:一条为西道,即"旄牛道"。从成都出发,经临邛(邛州)、青衣(雅安)、严道(荥经)、旄牛(汉源)、阑县(越西)、邛都(西昌)、叶榆(大理)到永昌(保山),再到密支那或八莫,进入东南亚地区。这条路最远可达"滇越"乘象国,可能到了印度和孟加拉地区。

另一条是东道,称为"五尺道"。从成都出发,到僰道(宜宾)、南广(高县)、朱提(昭通)、味县(曲靖)、谷昌(昆明),以后一路入越南,一路经大理与旄牛道重合。据目前所能见到的文献来看,最早走这条线路的古蜀先民是蜀王子安阳王。

巴蜀民俗独具特色,举其要者而言之,有悬棺葬、禀君信仰、白石崇拜等。巴蜀饮食文化渊源深远,制作精致,品种繁多,色、香、味、形俱全。巴蜀地区丰富的物产资源,是巴蜀饮食文化得以迅速发展的得天独厚的优越条件,蜀中山深林密,生态构成繁复多样,珍禽异兽种类繁多,瓜果蔬菜有近千种,为巴蜀文化的繁荣提供了良好的基础,为蜀人施展烹饪才能,创造了广阔的天地。

巴蜀饮食文化与文人墨客亦结下了不解之缘。"不韦迁蜀,世传《吕览》",《吕氏春秋·本味赋》最早反映了蜀中的烹饪技术。扬雄的《蜀都赋》和左思的《蜀都赋》都生动描绘了巴蜀烹饪技术的高超与举行宴会时的盛况。苏东坡不仅精于辞章,而且擅长烹饪。"东坡肉"等四川名菜,虽有传说附会的成分,但亦不无东坡首创之功。苏东坡的《东坡酒经》《桂酒歌》等,记载了有关酒食的制作工艺。

而今巴蜀饮食已经远远走出国门,走向世界。欧、美、亚、非、大洋洲都有川菜馆,纽约有中国菜馆千余家,其中川菜馆几占半数。川菜的功能已经不仅限于果腹,而是成为巴蜀人民聪明才智的体现,成为一种艺术,体现着人们的审美理想、生活方式、行为模式。

民间流传"食在中国,味在四川"或"食在广东、味在四川"的俗语,反映了巴蜀饮食文化在人们心目中的崇高地位。

二、洞庭湖周边的荆楚文化

荆楚文化区东邻吴越,西接巴蜀,北承中原,南抵五岭山脉。荆楚文化区位居长江中游,同周边四方文化自古以来就有交往,彼此之间相互采借,正是四方文化同荆楚本土文化的汇聚,缔造了宏富博大而雄极一时的荆楚文化。相较而言,巴蜀文化区虽得天独厚,独具一格,富饶繁华,但终因偏处一隅,崇山峻岭阻隔,历史上更多的是作为逃避战乱的避难所,是享受精美食品的人间天堂,而不能威震四方,称霸中原。吴越文化虽然渊源久远,以文物繁盛闻名于世,但终因阳刚劲健、厚重恢宏之风稍逊,难以与中原文化相抗衡。荆楚文化区沃野千里,江湖密布,气候湿润,水源充沛,具有建立宏伟大业的良好基础。楚民族虚怀若谷,善于涵化异质文化,又拥有博大的胸怀、进取的雄心、与大国争雄的勇气。"楚虽三户,亡秦必楚""惟楚有材,于斯为盛"等豪言壮语,体现了楚人的宏伟抱负与气魄。

荆楚文化区以湖南和湖北两省为主体,武汉和长沙是鄂湘两省的政治中心、经济中心和文化中心。位于湖北西北部的武当山是道教文化圣地,位于武昌的黄鹤楼闻名遐迩,还有长江三峡、东湖、黄梅戏、黄四姐、文赤壁、武赤壁、古琴台等,都是湖北境内著名的文化符号。

相传湖北西北部地区的神农架是炎帝神农氏的主要活动区域,有许多民间传说和文化遗址。在这里,炎帝神农氏遍尝百草,为民治病,发明农业,教民耕种,其深厚的历史文化底蕴,标志着中华文明从渔猎时代向农耕时代过渡。这里蕴藏着丰富的自然资源和人文资源,2016 年 7 月被列为世界自然遗产。湖北是楚文化的发祥地,楚国是春秋战国时期的大国和强国之一,楚国的青铜铸造、丝织刺绣、漆器制造等工艺,精妙绝伦,巧夺天工。汪洋恣肆的楚辞、悦耳动听的编钟,还有继承了巴人文化脉络的土家族民俗文化,令人赞叹不已。湖北清江流域的土家族是巴人的后裔,时至今日,土家人依然传承着具有鲜明地方特色的婚丧习俗和歌舞曲艺。

位于湖北境内的长江三峡是中国最壮观的峡谷,也是举世闻名的水电能源基地。随着三峡枢纽工程的顺利竣工,"高峡出平湖"的梦想成为现实,三峡地区雄奇的自然风光、斑斓的人文景观、浪漫的神话传说和奇特的风土民俗,成为世人向往的旅游胜地。

武汉地处汉江和长江交汇之地,素有"九省通衢"之称,早在商周时期就是南方连接中原的战略据点。明清以后,逐步发展成为华中地区最大的工商业城市,近现代以来更成为中国的制造业中心和重要工业基地之一。武汉是辛亥革命起义之地,在近代史上数次成为全国政治、军事、文化中心。

　　长沙马王堆汉墓出土的大量文物表明,洞庭湖以南的潇湘大地历史渊源久远,文化底蕴深厚。位于湖南境内的炎帝陵、舜帝庙、屈原墓、马王堆汉墓、龙舟竞渡习俗、南岳衡山、湘西凤凰古城、岳阳楼、张家界、桃花源、天子山、岳麓书院、毛泽东故居、江永女书,等等,构成了湖南文化的象征符号。

　　武陵源区的天子山,东临索溪峪,南接张家界,北依桑植县。这里风光旖旎,景色秀美,素有"不游天子山,枉到武陵源"之美誉。

　　湘绣起源于湖南省长沙民间刺绣,属中国四大民间刺绣之一,为以长沙市为中心的手工艺产品刺绣的总称。湘绣将我国传统的绘画、书法以及其他艺术融为一体,形成以中国画为基础的独一无二的中国刺绣流派,曾有"绣花花生香,绣鸟能听声,绣虎能奔跑,绣人能传神"的美誉。

　　楚文化研究专家张正明先生认为,楚文化的主源绝非三苗文化,而是祝融部落集团崇火尊凤的原始农业文化。楚文化有六个要素:其一,是青铜冶铸工艺;其二,是丝织工艺和刺绣工艺;其三,是髹漆工艺;其四,是老子和庄子的哲学;其五,是屈原的诗歌和庄子的散文;其六,是美术和乐舞。假使可以把六个要素比作六根支柱,那么,楚文化的美轮美奂的高堂邃宇,正是凭借着它的六根支柱营造成功的。[①]

　　楚民族的来源主要是生活在江汉地区的苗蛮集团和祝融集团。根据目前的材料,确定荆楚民族文化的多元汇聚的特点,却是无疑的。楚民族在睢山和荆山之间,开疆拓土,吸收中原先进文化和三苗、濮、巴及越族文化,并进行创造性整合和再创造,揭开了楚民族及其文化由弱转强、称霸一方的序幕。

　　文崇一先生说楚文化"是一个狂飙式的文化,有最温柔的诗篇,也有最强大的武力","它拥有最多的人民、土地与财富"。[②] 姜亮夫先生认为,楚地跨今十一省,是战国最大的国家。他说:楚境"北接汝颍,南接衡湘,西连巴东,并吴。方城带其内,长江梗其中,汉水、淮水、沅、湘之属,迄其上下。汉东江南之境,小国鳞次,介于其间,楚皆灭之。其最大疆域,北界秦、韩、郑、宋、薛、郯、莒等,东界越,南界越及百越群蛮,西界秦、蛮、巴等"[③]。

　　20 世纪 30 年代以来,随着楚国文化遗址的不断发掘,人们对楚文化的发展序列、形貌特征、象征结构有了较为清醒的认识。楚墓出土的大量精美绝伦的青铜器、陶瓷器、帛画、编钟、五弦琴、十弦琴等文化精品,令人叹为观止,体现了楚人超凡的创造才能和出类拔萃的艺术水准。

　　在文化史上,某一民族由弱势转居强势的例子,是屡见不鲜的。楚民族被华夏视为

①　张正明.楚文化史[M].上海:上海人民出版社,1987:3.
②　文崇一.楚文化研究·序言[J].台湾省民族学研究所之十二,1967:1.
③　姜亮夫.楚辞学论文集[M].上海:上海古籍出版社,1984:208.

蛮夷,楚国统治者亦多次自称为蛮,自比于蛮夷之中。楚文化的生存受到来自北方、东方的威胁,在夹缝中求发展的处境造就了楚人自强、进取、奋发的精神。周王朝东迁,中原出现小统一、大分裂的局面。楚国迎来了扩大版图、增强实力、称霸一方的机遇。楚人吸收中原民族的先进制陶工艺,借鉴原住民火耕水耨的种稻技术,兴修水利工程设施,兼容扬越和华夏的青铜冶铸方法,创设简朴而完整的官制和兵制,实现本民族文化同四方文化的全方位化合与重铸,终于整合成瑰丽多姿、气魄恢宏、博大劲健的荆楚文化。

楚文化习俗以崇巫为重要特征,此外,还有尚东尊凤尚赤之俗。楚人崇巫之俗,为学术界所公认,其巫官制度之完善、巫师地位之崇高、国民信仰之深笃、巫风影响之久远,都为华夏、吴越等民族所不及。有关楚族尚巫的记载不绝于书。《汉书·地理志》:"楚有江汉川泽山林之饶。……信巫鬼,重淫祀。"《隋书·地理志》:"大抵荆州率敬鬼,尤重祠祀之事,昔屈原为制《九歌》,盖为此也。"迄至清代,巫风尤盛。顾炎武《天下郡国利病书》:"湘楚之俗尚鬼,自古为然。……岁晚用巫者鸣锣鼓吹角,男作女妆,始则两人执手而舞,终则数人牵手而舞。"尚巫习俗是楚文化的潜源之一,深深地渗透到楚人的政治、经济、文化乃至思维方式之中,打下了深深烙印。

楚人以东向为尊,墓向与尸骨头向皆从东,与周人葬俗头北脚南习俗大为不同。《史记·项羽本纪》:"项王、项伯东向坐,亚父南向坐,沛公北向坐,张良西向侍。"看似平淡无奇,却体现了司马迁的独具匠心的艺术表现手法,写出了项羽坐于最尊之位而流露的骄横之情与沛公屈居下位的委屈之态。楚人以东为尊,大概源于日神、火神的崇拜习俗。

楚人先民以凤为图腾,凤为百鸟之王,凤图腾的原始形态应是鸟图腾崇拜。东夷民族亦崇拜鸟,楚人来源之一的祝融部落崇拜火神与凤的化身——祝融。凤在楚人当中被当作至真、至美、至善的象征。楚文化区中大量的出土文物上都有雍容华贵、伟岸英武的凤鸟形象,反映了楚人对凤的无比尊重。

在楚国这片文化沃土中,衍生出堪与儒家并驾齐驱的道家思想,还有瑰丽壮阔、雄奇跳脱、恣肆汪洋的庄子散文和屈原诗歌。

楚民族的性格与文化精神,主要表现为吃苦耐劳、崇尚勇武、忠君念祖、智慧刚强。楚人创榛辟莽,开拓基业,在四邻的威逼中求得发展,形成了吃苦耐劳的作风,又因纷争绵延,以习武求得自保。楚之先祖艰苦创业,实现了富国强兵的宏愿,振奋了民族精神,增强了民族自尊心、自豪感和凝聚力,其表现形态为忠君、爱国观念特别浓烈。例如,屈原的诗歌及其以身殉国的壮举,充溢着忠君、爱国的崇高精神。

楚人的个性并未随着楚国的灭亡和楚文化的衰微而消失,今之湘鄂人的个性同楚人有承接关系。

楚民族在荆楚大地上凭着聪明智慧与雄才伟略,缔造了南国极为宏富而迷人的区域文化。中国文化结构定型于秦朝，完成于汉朝，汉族族名源于"汉朝人"——"汉人"，而建立汉朝的主体民族是楚族。刘邦、项羽皆为楚人，他们从楚俗，穿楚服，唱楚歌。刘邦的"大风起兮云飞扬，威加海内兮归故乡"，深得楚风神韵；项羽的"力拔山兮气盖世，时不利兮骓不逝"，读之依然令人荡气回肠。

　　楚文化的发展，呈现间歇式演进的特点，不鸣则已，一鸣惊人。秦国人征服了楚国人，然而，楚人却从秦人手里夺了天下，建立了汉朝。尽管汉朝将各区域文化熔于一炉而重新冶炼，锻造一种超越了各区域文化之上的涵盖全中国的新型文化，楚文化汇入中国文化的滚滚洪流而发生了历史性的转化，楚民族亦融合在汉民族——中华民族之中而不复存在，但是，这正是楚民族对中国文化的卓越贡献，也是楚文化的合乎时代潮流与文化演进律则的选择。正如张正明先生所说："在中央集权的统一国家中，以楚文化为表率的南方文化，终于同北方文化融合，成为水平比它们更高、范围比它们更广的汉文化了。对楚文化来说，这是一个合乎理想的归宿。从此，中国真正进入了黄炎同尊、龙凤呈祥的时代。"① 正是各区域文化如百川汇海充实了中国文化结构，才造就了如大海般广阔、深邃的中国文化。

三、长江下游地区的吴越文化

　　我国东部地区的江西、安徽、江苏、浙江和上海位于连成一体的地理空间之中。安徽和县、江苏南京、浙江建德、江苏泗洪等地发现了远古人类遗址，距今 7000—5000 年以前，栖居华东地区的先民们留下了大量的新石器时代文化遗址，著名的有河姆渡文化、马家浜文化、北阴阳营文化、薛家岗文化、良渚文化等，这些考古文化说明华东地区是中国远古文化的发源地之一。先秦时期的东夷人、于越人、勾吴人，还有后起的东瓯、山越等族群是华东地区的开创者和传承者。

　　吴越文化区位于长江下游，同位于长江中上游的荆楚文化、巴蜀文化交相辉映，构成了绚丽多彩的长江流域稻作文化区。吴越文化区内野生稻分布广泛，气候温暖，江河密布，水源充足，土地肥沃，是十分重要的水稻种植的起源地之一。吴越文化的基本特质主要是考古文化方面的几何印纹陶、有段石锛、青铜戈剑，生活习俗方面的断发文身、习于舟楫、筑巢而居、崇信鸡卜，以及独特的语言、经济、兵战等方面文化。

　　关于吴越民族的族源及两者间的关系，学术界争议颇大。有的认为吴、越民族不同，文化亦不同；有的主张吴越原系一个民族；有的坚持吴越为同一语系的一族两国的观点。

　　作为中国文化的发源地之一，长江下游地区蕴藏着十分丰富的文化遗存。现已基本确定该地区的文化发展序列，即河姆渡文化—马家浜文化—良渚文化三个发展阶段。河

①　张正明．楚文化史［M］．上海：上海人民出版社，1987：320．

姆渡文化位于浙江余姚,发现有木结构房屋遗迹、稻作遗存、石器、陶器、骨器、象牙等,年代横跨公元前 5000—前 3300 年。马家浜文化遗址出土了红陶、鼎、斧、罐、壶、盆、豆等器物。良渚文化以太湖地区为中心,南以钱塘江为界,西北至常州一带,年代为公元前3300—前 2200 年,主要器物包括鼎、豆、丝麻织品和精美的玉器等。

春秋战国时期,吴越文化区的青铜铸造业驰名于世,堪称绝技,尤以戈剑铸造为最精。有人认为,越之得名,源于"钺",中原人因其善制青铜而称其族为"越"。楚人之强大亦得力于越族兵器的精良。湖北江陵出土的越王勾践剑,历经 2000 余年风雨的侵蚀,依然可辨精致的纹样、华丽的装饰,依然寒光闪闪、锐利无比,可谓吴越青铜戈剑铸造举世无双的明证。

吴越地区水域辽阔,地势低洼,湖泊成群,河道纵横,自古以来以水乡泽国著称,在这种背景之下形成了特殊的生活习俗。比如,断发文身之俗源于龙蛇崇拜和水下作业之需,具体做法为剪短发,在人体上刺画色彩斑斓的纹饰。

吴、越之地,东濒大海,湖泊星罗棋布,水道纵横交错。越人很早就能造楼船,善于操船航海,足迹遍及舟山群岛,且乘风破浪,跨东海而达台湾。

有段石锛的发源地在东南沿海,是百越民族特有的考古文化,但是,有段石锛却遍布环太平洋地区。在太平洋波利尼西亚群岛、菲律宾、苏拉威西、北婆罗洲等地都发现了有段石锛。据考证,越人早在 5000 年前,已经发现了太平洋黑潮海流,并利用其流向规律,漂洋过海。杨熺先生认为:"中国东南沿海的越人,极大可能是从浙江或福建先跨海到达台湾,然后航海到达菲律宾。另有一支从广东、香港、海南岛到达菲律宾以后,就近再航抵婆罗洲北部和苏拉威西岛,从此再没有向西发展,而是随着赤道逆流,逐岛向东漂航而去。中间经历了百年、千年的岁月,多次漂航,逐次向东延绅,最后终于到达了波利尼西亚群岛,甚至到达了拉丁美洲。"[1]

浙江河姆渡文化出土了木结构房屋遗址,类似今南方少数民族的干栏建筑,即房屋分两层,上层住人,下层关牲口、放杂物,依山而建,既可防野兽,又能避潮湿之气,适应了南方多雨的生态环境。巢居既是百越民族的文化象征之一,也是越人对建筑文化的重要贡献。

吴越文化并没有随着吴国和越国的灭亡而销声匿迹。直至今日,吴越地区依然传承着具有鲜明地方特色的民间文化。吴越地区多水、多山,特别是浙江境内,素有"七山二水一分田"之称,群山连绵,山地幽深,阻遏了文化的整合,利于古俗的保存。秦统一中国后,北方民族为避战乱,源源不断地移居吴越各地,尤以东汉末年、西晋后期和南宋时期为北人南迁之高峰。其结果是改变了吴越地区的人口结构,促进了文化融合,加快了经

---

[1]　杨熺. 中华民族的海洋文化[J]. 海交史研究,1986(2):1-12.

济发展,推动了文化进化。明清以降,文化中心逐渐南移,江浙一带人才尤盛。梁启超《近代学风之地理的分布》一文,将清代641位学者作为研究对象,考察其在各省份的分布情况,其中江苏籍121人,占18.88%,居于首位,浙江籍90人,占14.04%,居第二位。

春秋战国时期,吴越原是楚国的附庸,后来,吴国在晋国的帮助下日趋强大,吴楚之间不断发生战争,吴越之间亦不断相互征伐。"卧薪尝胆"的历史典故,发生的背景就是公元前494—前475年间越王勾践与吴王夫差之间的斗争。

从现今行政区划来看,属于长江下游吴越文化区的江西、安徽、江苏、浙江和上海等省市,都以各自深厚的人文底蕴而在中国文化格局中独树一帜,各领风骚。

江西位于楚越之间,有自成一体的赣文化,虽不是吴国和越国的核心区,但江西与浙江山水相连,文化互动频繁。江西九江的庐山、赣江畔的滕王阁,还有龙虎山、三清山等,都是江西境内的著名旅游胜地,而景德镇瓷器在中国陶瓷史上具有举足轻重的历史地位。

江西名儒辈出,不可胜数,临川才子为世人瞩目。据有关资料统计,自宋而清,仅临川(抚州)进士及第者就有2000余人。北宋晏殊、王安石、曾巩,南宋陆九渊,明代汤显祖等,都是临川古代才子群体中的佼佼者。江西还是欧阳修、文天祥的故乡,灿若繁星的江西文人绘就了中国文化史上的绚丽画卷。

安徽原为百越属地,山越是这里的原住民,秦王朝统一中国之后,北方汉人陆续迁至安徽定居。清朝初年,取安庆府、徽州府的首字设"安徽省"。安徽先秦时属吴,越灭吴后全境属越,楚灭越后属楚,秦朝属会稽郡。徽州人聚族而居,明清时期,徽商的足迹遍布大江南北,"贾之名擅海内"。早在唐代,已有不少徽州人从事茶叶贸易,此后拓展到粮食、盐业、典当业、布绸业、竹木业和文房四宝等领域,徽州人擅长经商,也颇重文教,敬重先贤,隆礼崇文。

安徽黄山人文底蕴深厚,现存摩崖石刻280多处,其中碑刻40多处。明末清初一些画家隐居黄山,描画黄山,独树一帜开创一派画风,被称为"黄山画派"。徽戏是京剧之源。徽派建筑是我国南方民居文化的代表,闻名遐迩。

江苏省会南京及重要城市无锡、苏州等地是吴文化汇聚之地。明朝成立之初,定都于南京。明朝开国皇帝朱元璋的陵寝,即明孝陵。南京的名胜还有天王府、中山陵、雨花台、玄武湖、莫愁湖、灵谷寺等。南京曾是太平天国建都之地,也曾是中华民国的首都,还是发生南京大屠杀的地方,见证了中国几百年来的兴衰荣辱。

苏州园林是中国江苏苏州山水园林建筑的统称,又称"苏州古典园林",以私家园林为主,起始于春秋时期,成熟于宋代,兴旺鼎盛于明清。苏州园林驰名中外,素有"江南园林甲天下,苏州园林甲江南"之称。苏州园林以精巧素雅、如诗如画饮誉中外,其中最典型者有拙政园、留园等。苏州园林是中国优秀的文化遗产,也已被联合国教科文组织列为世界文化遗产。

浙江省会杭州市是中国古都之一,五代十国时期,吴越国建都杭州,杭州逐步成为中国经济繁荣之地和人文荟萃之地。宋朝迁都杭州,中国文化中心随之南移,杭州发展历史进入鼎盛时期。杭州西湖以其秀丽的湖光山色闻名中外,被列为"国家级风景名胜区"和"世界遗产"。822年,白居易任杭州刺史,在杭州留下数不胜数的政绩,其中尤为突出的政绩是修了一条湖堤,即"白堤"。1071年,苏轼来到杭州,组织20万民工治理西湖,整理出来的淤泥被筑成了"苏堤"。"苏堤春晓"成为一道靓丽的风景。

当今吴越文化区文化发达,专家、学者、教授人数占人口比例之大,亦居于全国各文化区之首。江南秀丽的山山水水,孕育出一代又一代闻名遐迩、蜚声中外的人才,构成了中国文化"北雄南秀"的格局。

四、南岭—北部湾之间的粤西文化

广西古称粤西,粤西文化区地处珠江流域中上游,东界粤东,西连云贵,北接南岭山脉,南临北部湾,北回归线横贯中南部,属亚热带季风湿润气候,夏长而炎热,冬短而温暖。

粤西是多民族聚居之地。先秦时期,百越族系中的西瓯和骆越两大部族生活在这里,此后,乌浒、俚、僚、俍、僮等族群相继崛起,与中原汉民族由对立冲突逐渐过渡到和谐共处。

秦通灵渠,沟通了珠江和长江两大水系,促进了中原文化的南播。珠江直通海外,有利于粤西文化同西方文化的交流与融合。因而,粤西文化虽然在某些方面呈现出封闭性的特点,但是,从文化发展历史的整个过程来看,粤西文化系统却是开放的。

广西位于中国南大门,是西南地区最便捷的出海通道,作为路上交通枢纽贯通中国内陆与东南亚,并且对内连接港台、珠江下游地区与西南省市。广西是多种文化汇聚之地:中原文化沿湘桂走廊南播,在桂北、桂中居于主导地位;粤东文化自东向西拓展,占据桂东南和桂南地区;广西原住民则以桂西及其周边地区作为主要的生存空间。

广西共有壮族、瑶族、苗族、侗族、仫佬族、毛南族、回族、京族、彝族、水族、仡佬族11个世居少数民族,他们和汉族的桂柳人、湖广人、广府人、客家人、福建人、平话人等共同在八桂大地上谋生创业,相互间彼此交融,和睦相处,取长补短,实现了共赢的汇融。

粤西地区的汉族族群主要包括:

(1)平话人

俗称"蔗园人""六甲人""百姓人""菜园人"等,所讲语言分属桂北平话和桂南平话,主要分布在南宁市郊和桂林市郊周边地区。大约在秦代至宋代之间,平话人分批迁入广西,古汉族的文化习俗在他们身上时有显现。

（2）桂柳人

由以讲桂林话、柳州话、湖广话为主的汉族人构成，主要分布在桂东北、桂中和桂西北的城镇中。其主体来自明朝派到广西的军士，壮族称之为"布军"，意即"军人"，其语言称为"军话"。操"军话"的人，掌握广西的军政大权，集中居住在明朝驻广西两个卫所的中心——桂林市和柳州市。由于受周边语言影响程度的不同，桂林话和柳州话的腔调略有不同。桂柳人多为城镇居民，以从政、工商、文教、卫生为主要职业，勇于进取又能随遇而安。

（3）广府人

广西的广府人从广东迁移过来，主要沿着西江上溯，分布在玉林、梧州、南宁、百色等市县，善于经商，富有开拓创新精神，思想开放而又务实重利，善于兼容吸收新事物而又保留许多古越遗风。

（4）客家人

来自广东、福建、江西等省，分布在桂东南、桂中、桂南等地，吃苦耐劳，为谋生形成较强的适应性，多与壮族杂居，族群关系复杂，既有通婚融合，也曾有错综复杂的土客之争。

（5）福建人

主要从闽南迁来广西，没有连为一体的分布区域，以族群岛的形式散居在桂中、桂东南各地，保留闽南话，与周边民族多重融合，善于精耕细作，尤其擅长种植果蔬。

粤西人民对中国文化的贡献，首推开发粤西之功。岭南在唐以前是森林密布、荆棘没径、瘴气充塞、猛兽横行的荒蛮之地。粤西各族先民以血与火的代价，在这片土地上垦殖拓荒，艰难地生存，同时，在水果培育、森林开发、动物驯养、水产养殖、棉麻纺织、水利航运、水稻栽培、铜鼓铸造、岩画制作等各个方面，都进行了成功的尝试，总结了丰富的经验。

在中国文化史上，粤西地区亦不乏名家，如汉代经学世家陈钦、陈元、陈坚祖孙，唐代的赵观文，南汉的梁嵩，北宋的王世则、冯京、李琪，明朝的蒋冕，清朝的陈宏谋及陈继昌等。①

粤西文化区位于珠江—西江上游地区，属典型的喀斯特地形，高山林立，奇峰异洞遍布各地。作为珠江支流的漓江、柳江、红水河、左江、右江等，各自孕育了不同风格的地方文化。

漓江发源于广西壮族自治区桂林市兴安县和资源县交界的华南第一高峰——海拔2141.5 米的猫儿山，全长 227 千米，干流长 164 千米，流域面积达 6050 平方千米。漓江流域的政治、经济、文化中心桂林市，历来是中南、西南、华南三大区域接壤的战略要地，也是中原文明与岭南文明的交汇点之一。自秦王朝开通灵渠以来，中原文明就不断地进

---

① 潘荗宣、梁宇广．中华文明史上的广西人[M]．桂林：广西师范大学出版社，2008：102．

入岭南地区,漓江流域得以开风气之先,成为古代岭南社会文化发达地区之一。

宋人王正功云"桂林山水甲天下",漓江流域以山清水秀、洞奇石美而闻名。漓江风光之美,在朝霞显现和暮霭降临之时,天似画纸,彩霞作色,烟雾缭绕,日浮云间,画面随日出日落而呈现绚丽多姿的不同景致,气势如虹,磅礴壮观。

阳朔西街是中国著名的"洋人街",是"东方情韵"的集中体现。西街上低层的小木楼式的建筑、人字形的屋顶、青石板路、白墙、黑瓦、小骑楼,构成了"现代人的心灵港湾"所必需的象征符号,吸引中外游客纷至沓来。

靖江王城是全国仅存的、中国历代保存最完整的藩王府遗迹,城墙保护完好,城中建筑格局中轴对称,具有中国传统建筑的风貌。桂林市区内就有摩崖石刻近2000件,年代始于东晋,兴于唐,盛于宋,繁荣于明清时期,素有"唐碑西安,宋刻桂林"的美誉。

桂北漓江流域是多民族聚居的地方,壮族、侗族、苗族、瑶族、回族等民族的歌唱习俗,以米粉、油茶为代表的饮食习俗,以干栏、鼓楼、风雨桥为代表的建筑习俗,以阳朔画扇、桂北傩面具制作、苗瑶服饰为主的工艺习俗,颇有地方特色。闻名遐迩的山水实景演出"印象·刘三姐"的成功演出,使得广西民族风情得以发扬光大。

桂中柳江流域包括东部的洛清江、中部的融江和西部的龙江。洛清江及其上游的相思埭与漓江沟通。该区域高山绵延,低山与丘陵相交错,山间平地土壤肥沃,林木繁茂。在这片土地上,举世闻名的柳江人、白莲洞人和都乐人等远古人类曾经在这里栖息繁衍,留下了具有重要考古人类学研究价值的文化遗址。

唐宋时期,中原文化和岭南文化的交流互动更加频繁,柳宗元和黄庭坚等中原文人被贬谪到桂中—柳江流域,带来了中原汉文化,当地人随之习诗学文,汉文水平得以提升,留下了壮汉文化互动交融的光辉一页。

相传刘三姐是宜州下枧村人,受迫害流落到柳州,而后在鱼峰山成仙升天。刘三姐是壮家女性智慧的化身。她用山歌赞美劳动,赞美自然,赞美爱情,唱出了人民的生活、思想和愿望,在她身上凝聚了壮家人勤劳、勇敢、善良、智慧的特质。

已经列入国家级非物质文化遗产名录的融水苗族系列坡会群,作为独特的文化空间,其主要功能是怀念先祖,祈福禳灾,鼓舞斗志,交流感情,聚会娱乐,同时让山民们在互相赶坡中展现才华,谈情说爱,交友叙旧,传递信息,开展商品交易。苗族坡会群凝聚了苗族同胞的情感,增强了民族文化认同感、凝聚力和向心力。

作为国家级非物质文化遗产,侗族木结构技艺的杰作——鼓楼、风雨桥是侗族文化的象征。其中,颇具代表性的是位于三江侗族自治县境内的全国重点文物——马胖鼓楼和程阳风雨桥。

红水河流域地处云贵高原向广西盆地过渡的缓冲斜坡地带,地形由西向东逐渐降低,地貌类型复杂多样,以山地为主,平原和谷地较少,山地、丘陵、石山约占总面积的

90%。红水河流域峰峦起伏,沟壑林立,溪流纵横,南亚热带与中亚热带结合的温润的生态环境,滋养了该流域各族人民。

红水河是壮族的母亲河,红水河流域是广西少数民族文化的摇篮。该区域富有象征意义的文化有:

(1)以东兰县为核心的铜鼓文化;

(2)以巴马瑶族自治县为核心的长寿文化;

(3)以东兰、天峨等县为核心的蚂拐节习俗。

红水河的重要支流盘阳河流经的巴马县,是世界闻名的长寿之乡。盘阳河流域具有与红水河其他区域同中有异的文化品格,风光秀丽的盘阳河两岸,让人更多地体悟到清净、静谧、恬淡、祥和之美,给红水河文化之刚强雄壮平添几分温柔端庄、妩媚秀丽,增强红水河文化的立体性、复合性、浑融性、多元性特征。

右江发源于云南省广南县,流入广西西林县,从源头到田林瓦村,称为驮娘江;从瓦村到百色罗村,称剥隘河;同发源于凌云县水源洞的澄碧河汇流后,称为右江;向东流至南宁市西郊宋村,同左江汇合成为邕江和郁江的正源。右江河谷拥有丰厚的民族文化资源,主要包括:

(1)远古先民们遗留的新石器文化遗址和大石铲文化;

(2)壮族人文始祖布洛陀、姆六甲的相关神话史诗,以及以"壮族文化圣地"敢壮山为核心的祭祀传统;

(3)以李春芬、黄勇刹为代表的杰出歌王以及歌咏习俗;

(4)以平果为核心的"嘹歌"演唱传统。

桂南左江流域与环北部湾文化区,南邻北部湾,兼备陆地与海洋多种生态环境,是汉族与少数民族及其文化长期互动交融的地方。世代栖息于此的壮族、汉族、瑶族、京族等民族在这里创造了富有鲜明特色的区域文化传统。

2016年被列为世界文化遗产的左江花山岩画创作于战国到东汉时期,制作者是壮族先民骆越人。规模最大的花山岩画长约100米,最高处有40多米。其作画地点之陡峭,作画条件之艰险,艺术水平之高超,画面之雄伟壮观,内在意蕴之丰富,都是国内外极为罕见的。

德天瀑布位于广西壮族自治区崇左市大新县中越交界处,其上游为流经越南境内的归春河,此段河道在接近德天瀑布时,被河中岛屿将水分割成多股水流,从不同的部位流到瀑布陡崖边,致使瀑布呈多束状。

桂南—环北部湾文化区以南宁、北海、钦州、防城港四个城市为依托,以南宁为中心,分别向东南和西南延伸,形成面向越南和北部湾的扇形区域,北海银滩、涠洲岛、德天瀑布作为著名的旅游景点,吸引中外游客纷至沓来。

桂南—环北部湾文化区是海洋与陆地多种生态环境与多民族文化长期互动交融的地方，其富有特色的文化特质主要包括：

（1）贝丘文化

远古人类采集贝壳类作为食物，将空壳遗弃，堆积而成，反映原始人的饮食文化生活的来源与特点。桂南—环北部湾河岸、海滨有许多贝丘遗址。

（2）铜鼓文化

灵山型铜鼓是壮族铜鼓文化发展到成熟阶段的重要标志，其体积凝重、花纹精美，流行于3世纪的东汉晚期至9世纪的唐代。

（3）南珠文化

环北部湾近陆海域所产珍珠，习称"南珠"，自古名扬海内外，历来有"西珠不如东珠，东珠不如南珠"之说。珍珠作为财富、身份和地位的象征，被誉为"珠宝皇后"，历来被列为贡品，为王公贵族和富商巨贾所珍藏。

（4）大石铲文化

大石铲文化集中分布在桂南隆安、扶绥、邕宁一带。据研究，大石铲源于有肩石斧，但体形更硕大，制作更精细，是壮族"那"文化象征之一。

桂南左江流域和环北部湾地区是远古人类文化、骆越—壮族文化、中原南传的儒家文化、粤东工商文化的层叠共生之地，而现存于北部湾地区的西洋建筑，则说明这里曾是西方文化从中国南方边疆登陆的桥头堡。

五、粤东文化、海南文化与港澳文化

广东省、海南省、香港特别行政区、澳门特别行政区处在彼此相互连接的地理空间之中，有着相近的历史传统、民族结构和文化习俗，形成自成一体的文化区域。该文化区东部、南部濒临大海，西部、北部为山地、丘陵，境内江河纵横，土地肥沃，水量充沛，气候温暖，日照强烈，植物繁茂，物产富饶，是中国南端的文化区。

该文化区的主体是粤东文化，代表性的文化符号有：西樵山、光孝寺、南华寺、罗浮山、越秀公园、五羊雕像、从化温泉、中山故居、虎门纪念馆、德庆悦城龙母祖庙、南海神庙、陈家祠等。此外，海南、香港、澳门也形成了各具特色的文化传统。

海南岛古称琼崖，是我国第二大岛。1988年从广东省分离建省后，被辟为我国最大的经济特区。海南岛位于热带，长夏无冬，高温多雨，终年无霜，阳光充足，水量丰沛，植物终年常绿，森林资源、矿产资源、热带植物资源十分丰富。整座岛以五指山群峰为核心，中部高高隆起，逐级向四周降低，由山地、丘陵、台地梯阶、海滨平原构成环形层状地貌，众多河流如南渡江、昌化江、万泉河、陵水河、藤桥河，皆发源于五指山，呈放射状流入南海。

岛上居民以汉族最多，黎族次之，还有苗族、回族、壮族、瑶族、京族等民族，各民族独特的文化丰富了海南文化的内涵。三亚、博鳌、崖县大小洞天、万宁热带植物园、南湾半岛的猕猴岛、榆林西南的天涯海角等,都是海南岛的文化名片。

鸦片战争后,英国对香港实行殖民统治,中西合璧是香港文化的显著特征。香港盛行春节习俗、风水信仰、赛马赌博,武术与武侠小说风靡海内外。1997 年 7 月 1 日,中国政府对香港恢复行使主权,结束了英国在香港长达一个世纪的殖民统治,完成了实现祖国完全统一的重要一步,为促进香港地区的繁荣稳定与发展,中国政府在香港成立特别行政区政府,执行"一国两制""港人治港"、高度自治的基本方针,香港的发展从此进入一个崭新的时代。

澳门原被葡萄牙实行殖民统治,市内常见源自葡萄牙的地名和许多南欧风格的建筑,在教育、语言、饮食、节假日、宗教信仰、娱乐活动等方面,都呈现中国传统和葡萄牙文化交相辉映的局面。妈祖庙、葡京赌场、大三巴牌坊等,是澳门具有代表性的文化符号。1999 年 12 月 20 日,中国政府恢复对澳门行使主权,中华人民共和国澳门特别行政区成立,执行"一国两制"方针。从此,澳门回归祖国的怀抱,中国人民在完成祖国统一大业的道路上又迈出了重要一步。

珠江下游和海南文化区为百越故地,百越先民是当地文化最早的创造者。秦辟岭南三郡,开疆拓土,促进了中原文化同粤东百越先民文化的汇合,粤东民族构成由一元变成多元。

语言是民族文化最为活跃的象征符号,据研究,粤东方言十分复杂,除了粤语、客家话、闽南语和韶州土话外,还有许多相对独立的语种和庞杂纷繁的语支。粤东方言的结构同民族文化的结构相对应,粤方言文化区,客家方言文化区,潮汕方言文化区,壮族、瑶族、黎族等民族语言文化区构成了粤东、海南文化区的基本结构。

司徒尚纪先生认为:粤语方言是由岭南古越语同南下汉人所操的古汉语渗入闽语、吴语的成分相融合而成。随着时间的推移,南下汉人的语言同北方汉语距离越来越远,变异日益增多,最终脱离母语,自成体系。粤语在魏晋南北朝时期形成,在唐代进入稳定阶段,五代十国时期增加了地方特色,在宋代成熟定型。粤语方言区的形成,像在白纸上滴下墨汁一样向附近浸润,实现了汉语与越语的融合。①

客家人有坚强的内聚力,常常举族而迁,聚族而居,为避免与当地人发生矛盾,就定居在远离原住民的地方,是一种板块式的移民方式,形成了方言海中的方言岛。

海南岛北部为临高语方言区。临高人与广西壮族同源,渡海后居住在临高、儋州、澄迈、琼山等地而形成一个方言板块。海南黎族原居环岛沿海,宋元以后避居五指山,形成壮侗语族黎语支方言板块。苗族聚居的琼中、保亭等县,形成了海南苗语方言岛。

广东的瑶族、壮族主要分布在粤北山区的连南、连山、乳源等县。这里的许多瑶人、

---

① 司徒尚纪．广东方言地理分布及其文化景观[J]．东南文化,1992(Z1):174-186.

壮人还会讲客家话、白话,形成了双语现象。广东畲族有 3000 多人,操畲语及随居地方言。有 4000 多回族人讲属于南岛语系的特殊语言,称回辉语。广东少数民族没有本民族的文字,但通过语言和风俗习惯顽强地传承着本民族的文化。广东苗族在"三月三"举行歌舞盛会,瑶族仍有"耍歌堂"节日,壮族流行猜谜对歌,三亚回族过古尔邦节,畲族劳动时以山歌互答,这些构成了粤东、海南文化区的民族文化景观。

唐宋时,粤东仍被中原人当作蛮荒之地,是遭贬谪官员的流放之所。明至清中叶,粤东人亦鲜有惊天动地的创举。在近代中西方文化发生激烈碰撞之后,粤东人得风气之先,以前所未有的崭新姿态领导、发动了太平天国、戊戌变法、辛亥革命等震惊中外的重大事件。

梁启超认为,中国文化重心由北向南推移,过去是以黄河流域为重心,次而移至长江流域,历史上差不多只见北人治南,少见南人治北。"历览前史,大抵北人南伐者则得志,南人北伐者则不得志","其徒南人文弱之为哉,毋亦地势地运使然矣"。① 但他预言,未来的南方将大有作为:

> 粤西江流域也,黄河扬子江开化既久,华实灿烂,而吾粤乃今始萌芽,故数千年来未有大关系于中原。虽然,粤人者,中国民族中最有特性者也;其言语异,其习尚异,其握大江之下流而吸其菁华也,与北部之燕京、中部之金陵同一形胜,而支流之纷错过之。其两面环海,海岸线与幅员比较,其长卒为各省之冠。其与海外各国交通,为欧罗巴、阿美利加、澳斯大利亚三洲之孔道。五岭亘其北,以界于中原,故广东包广西而以自捍,亦政治一独立区域也。②

广东具有其他省区不可比拟的区位优势,西方先进文化输入中国,辄以广东为起点,广东人率先接触西方文化,故眼界开阔、商品观念强,具有强烈的创新意识与竞争精神。林语堂对广东人的性格有精辟论述:

> 复南下而至广东,则人民又别具一种风格,那里种族意识之浓郁,显而易见,其人民饮食不愧为一男子,工作亦不愧为一男子;富事业精神,少挂虑,豪爽好斗,不顾情面,挥金如土,冒险而进取。又有一种奇俗,盖广东人犹承受着古代食蛇土民之遗传性,故嗜食蛇,由此可见广东人含有古代华南居民"百越"民族之强度混合血胤。③

粤东文化的崛起,其根本原因在于多元文化汇聚、多民族能量交融而积蓄丰厚的文

---

① 梁启超. 中国地理大势论[M]//饮冰室文集合集之十,北京:中华书局,1989:85.
② 梁启超. 中国地理大势论[M]//饮冰室文集合集之十,北京:中华书局,1989:84.
③ 林语堂. 吾国与吾民[M]. 北京:中国戏剧出版社,1990:18.

化蕴能。即粤东文化同中原文化、西方文化和海外华人文化的汇聚、交融、整合,缔造了实力雄厚、充满生机的现代粤东文化。

秦统一岭南,揭开了粤东文化与中原文化交流的新篇章。秦亡后,赵佗割据自立为"南越武王",推行和绥百越的政策,遵从越人习俗,让越人参政,鼓励与越人通婚,因地制宜以越人"自治",加速了越文化与中原文化的融合,促进了岭南的经济发展和社会进步。

汉武帝派兵平定南越,在岭南设九郡,进一步促进了岭南的开发。此后,经魏晋南北朝、宋、元、明、清,中原民族南迁规模大增,骆越文化与中原文化整合成一种新的地域文化。然而,移民也使得人稠地狭的矛盾日益突出。明清时,大批粤东人为了生存开始奔赴海外寻求发展。1840 年,西方列强以坚船利炮打开了中国的大门,粤东首当其冲。粤东人民在屈辱中奋起,树立了维新与革命的大旗,在海外华侨的支持下,掀起革命的浪潮。同时,粤东的经济基础、思想观念、心理结构率先得到更新,推动粤东文化跃居全国前列,引领了时代发展的潮流。

近代以降,岭南人在中华历史舞台上大有后来居上之势。从洪秀全、康有为、梁启超到孙中山,岭南人导演了一幕幕气贯长虹的历史剧。从太平天国到戊戌变法、辛亥革命,岭南人独领风骚,率领国民推翻了统治中国 2000 多年的封建帝制。20 世纪 80 年代,珠江下游地区率先实施改革开放,享受特区优惠,经济建设获得突飞猛进的发展,特别是香港、澳门回归中国后,粤港澳合作不断深化、实化。2017 年《深化粤港澳合作推进大湾区建设框架协议》的签署和 2019 年《粤港澳大湾区发展规划纲要》的正式发布,标志着大湾区建设迈上了新台阶。粤港澳大湾区(即广东省九市和香港、澳门两个特别行政区)从推进基础设施互联互通到提升市场一体化水平,从探索科技创新合作到谋划构建协同发展的产业体系,迈开了打造国际一流湾区的步伐。这是新时代中国特色社会主义推动形成全面开放新格局的新举措,也是推动"一国两制"事业发展的新实践。

六、横跨海峡两岸的闽台文化

闽台文化区包括福建全境、台湾及其周围附属岛屿。据地质学与古生物学的研究,台湾和大陆曾经连为一体,至更新世最后一次冰河期,冰川融化,海水上升,才与大陆隔离,但海上交通十分便利,福州与基隆港相距仅 150 海里,比福州与闽北山区的距离还近。台湾历史上是福建的一个府,彼此间经济互补,文化交流密切,文化形貌相似,形成了一个重要而统一的文化区。

闽台文化区处于相对独立的地理空间中,海拔近 2000 米的武夷山脉与仙霞岭为天然屏障,将福建与其他地区割断,不利于文化的交流,却有利于保存闽文化的地方特色。

福建的地貌由山地、丘陵、滨海平原组成。西部山地沟深林密,土特产丰富,是畲族人民的主要栖息地。滨海平原人口稠密,文化发达,福州、泉州、漳州、厦门等城市集中分布在这一地区,是福建政治、经济、文化的核心区域。世界遗产武夷山、客家土楼、著名旅游胜地鼓浪屿、泉州开元寺、安溪铁观音、妈祖天后、惠安女等都是福建具有代表性的文化符号。

自古以来,闽台地区就是多元文化荟萃之地,闽越文化、畲族文化、中原文化、华侨文化等构成了闽台文化的总体风貌。

福建为闽越故地,属百越诸族群活动的区域,这里曾先后隶属闽越国和南海郡。

西汉时,东瓯国与闽越国发生兼并战争,东瓯国败,"东瓯请举国徙中国,乃悉举众来,处江淮之间"①。因闽越后期势力过大且太活跃,便被汉武帝出兵讨伐。后来,汉武帝将约4万闽越人迁至江淮,导致闽人分化,有5万—6万闽越人留居东瓯山区,亦逐渐同化于汉族,唯有语言保存下来,成为独特的方言区。

作为百越文化的一部分,福建出土了大量越族考古文化器物——几何印纹陶,还保留了凿齿、生食、不落夫家等习俗。闽越人不仅开发了闽西山地,还利用习于水性、善于使舟的特长发展出海洋文化,福建长乐县(今长乐市)出土的郑和下西洋的遗物和遗迹即为明证。

宋元时期,福建畲人实力强盛,据有漳州、长汀大部分地区。畲族经济以农耕、狩猎、土特产开发为主,畲人早期刀耕火种的生活方式形成了频繁辗转迁徙的习俗。

闽中分三大方言区:闽东方言区、闽南方言区和客家方言区。闽方言与中原现代汉语差别较大,保留了唐宋时期的汉族北方话,只有15个声母,却有八种声调,保留了入声调,这说明闽方言同中原古汉语的密切联系,证明了闽文化是中原文化的延伸,是中原文化与本地文化融合的产物。

闽南文化是中国文化的一个支系,其分布范围以"厦、漳、泉金三角"为中心,并随闽南人的迁徙而传播到周边以及海外华侨聚居区。秦始皇统一中国后,在福建设置闽中郡,开启了中原文化与闽南文化的交流与融合。魏晋时期,大批中原汉民迁入闽南地区,推动了闽南文化的形成。隋唐时期,闽南地区汉民人口剧增,经济迅速发展,政教管理体制日臻完善,闽南文化得到发展。宋元时期,泉州成为"海上丝绸之路"的启航点和东方大港,阿拉伯人、波斯人到泉州经商,带来了伊斯兰文化,闽南文化得到丰富。明清时期,欧洲商人和传教士入闽,传入了西方文化,闽南文化进一步呈现多元化的发展态势。

闽南人根据自己的生活环境和审美情趣,创建了具有闽南特色的建筑。根据功能的不同,闽南建筑可分为塔、亭、台、榭、民居、祠堂、寺庙、宫观、牌坊、桥梁、海防建筑等。丰富多彩的闽南建筑,堪称既富有独创性又集中外建筑之大成。其中最富特色的,首推民居中的"宫殿式"——俗称"古大厝"建筑,坐落于泉州南安官桥镇漳里村的归侨蔡资深民居是其代表。

因人口稠密,土地贫瘠,闽人不得不奔波海外,谋求生计,苦心经营,尽心竭力,锲而

① 司马迁.史记[M].长沙:岳麓书社,1988:825-827.

不舍,以求成就事业,形成了踏实、勤勉、敢闯敢干的民族性格。

台湾岛位于我国东南海面上,与大陆一衣带水,境内多为崇山峻岭,中央山脉、台东山脉、玉山山脉、阿里山脉、雪山山脉绵亘其间。河流自中央山脉呈放射状注入大海,水势湍急,水能资源十分丰富。北回归线横贯台湾,加上海风和暖流的影响,台湾地区气候温暖湿润,冬暖夏长,降雨充沛,植物终年生长,草木葱茏,热带、亚热带植物资源十分丰富。

台湾岛与大陆相距不超过 200 千米,台湾海峡水深一般不超过 80 米。著名旅游胜地有日月潭、龙山寺、佛光山、北投温泉、乌来瀑布、阳明山温泉、阿里山风景区等。

台湾不仅在地理位置上曾经与大陆联为一体,而且在文化上存在密不可分的关系。台湾的原始社会文化遗址遍布全岛,出土的器物属于百越族群先民的考古文化系统。台东县长滨文化遗址出土的石器,同湖北大冶龙头和广西百色上宋村发掘的砾石砍石器十分相似。作为越族考古文化特质的有肩石斧、有段石锛和几何印纹陶在台湾都有发现。高山族文化等和古越族文化有渊源关系,他们开拓了台湾文化发展的先河。三国时期,东吴派卫温、诸葛直赴夷州(今台湾),带几千夷州人回吴。隋帝多次遣兵访台,610 年,隋军击破流求首领的抵抗,掳回数千人。唐宋时,沿海移民赴台增多。至元代,元世祖在澎湖设巡检司,第一次在台、澎地区行使统治权,加速了台湾的发展。清代闽台经济存在互补和依赖的关系,贸易极盛。

闽台人民继承了中原文化的精华,吸收了闽越文化、畲族文化、高山族文化和海外文化,创造了颇具特色的闽台文化,对中原文化亦有新的阐发。自古以来,闽中多出文人学者,如欧阳詹、徐寅、杨亿、蔡襄、柳永、朱熹、刘克庄、陈旅、林弼、杨载、梁章钜、张际亮、林纾、许地山、林语堂等。

闽台文化区流行佛教、道教与民间宗教。福建与东南亚、印度往来密切,闽人接受了从北路传到中国的大乘佛教。闽籍高僧百丈怀海在中国佛教史上占有一席之地,禅宗在福建传播广泛、影响深远。闽人亦信奉道教,韩江流域的人民把韩湘子作为至高神灵之一。福州的泰山行祠占地很广,香火极盛。闽台人信仰的民间宗教神灵主要有妈祖等,体现了鲜明的乡土文化特色。

海外华侨不仅对闽台文化的繁荣起到了重要的促进作用,对祖国的经济建设、社会进步、文化教育也做出了卓越的贡献。

🍂 思考题

1. 试分析稻作经济相对稳定的生产方式对南方民族文化精神的影响。

2. 中国文化"北雄南秀"具体表现在哪些方面?

3. 全球一体化时代南方文化面临哪些机遇和挑战?怎样推动南方文化迈上新的台阶?

第八章
滇黔青藏高原文化

🌀 **学习提示**

云贵高原和青藏高原是连成一体的地理区间,有利于原生态民族文化的自主演化,作为远古人类频繁活动的地区,这里的民族文化洋溢着古朴悠远的韵致,在现代文明使人变得浮躁,失去生命神秘之根的背景下,滇黔文化的古朴魅力与藏民族文化的神性智慧,凸显出弥足珍贵的价值。本章的学习重点:了解并体悟云贵高原和青藏高原的生态环境、历史渊源、文化传统、名胜古迹、文化景观和多民族文化的交融,从独具一格的人生智慧中获得启迪,尊重并涵融多元文化的价值,构筑人与自然、人与人、人与生灵和谐共生的人生模式。

滇黔青藏高原文化区位于祖国大西南,是地貌特征最为复杂,原生态文化保存得十分完整的极富魅力的文化区。云贵高原上崇山峻岭横亘,烟雾缭绕,丛林密布,河谷幽深,动植物资源、水资源、矿产资源丰富。"世界屋脊"青藏高原的平均海拔在 4000 米以上,高耸的山脉、辽阔的草原、众多的湖泊、白皑皑的雪山和肥沃的河间谷地,构成了青藏高原复杂多样的地貌。

一、云贵高原上的滇黔文化

作为中国区域文化的有机组成部分,滇文化和黔文化关系密切而又相对独立。滇文化渊源深远,滇中和贵州是古人类频繁活动的地区。战国至秦代,贵州南部建立了夜郎国。元明清时期,贵州东北部是土家族、苗族、仡佬族等民族的居住地,西北部是彝族、仡佬族等民族的分布区域,布依族、苗族等民族栖息在贵州南部地区。

滇黔地区气候温暖湿润,雨水充沛,山地适于狩猎,河谷、山谷适于农耕,丰富的野生动物资源为各民族狩猎经济的发展提供了良好基础。这里的人们既事狩猎又事农耕,两者互补,解决了生计问题。农耕—狩猎经济模式给滇黔诸民族的生活方式、价值观念、宗教信仰、禁忌习俗、审美观念和民族心理打下了深深的烙印。

先秦时期,巴、蜀、氐、昆明诸族栖息繁衍于西南这片丛林幽深的神奇土地上,揭开了西南文化演进历史的序幕。

秦汉王朝国力强盛,威力远被,滇黔文化同中原文化的交融日渐密切。东汉后期,滇黔地区出现了明显的阶级分化,阶级对立加剧,云南形成了雍氏、孟氏、爨氏、朱氏、吕氏、李氏、董氏、焦氏、毛氏、霍氏等贵族,史称"南中大姓"。三国时,南中贵族分化成"拥蜀"和"拥吴"两派。蜀相诸葛亮采取南抚夷越的方针,分化了"拥吴派",平定了南中。两晋时期,各大姓之间相互讨伐,战乱频仍,最后只剩霍、爨、孟三家。339年,霍、孟二氏发生火并,同归于尽。爨氏从此势力大增,最为强盛时,统治区域包括滇中全境和黔西、川南地区,形成了盛极一时的"爨文化"。

爨文化上承西南诸夷文化,下启南诏大理文化,是历史文化与区域文化、少数民族文化与汉族文化的统一体。它拥有独特的文化内涵和文化象征,代表了东汉末年至唐天宝中叶滇中文化的最高水平。其文化特质主要表现为:

(1)曲靖炭化稻和呈贡水田模型,证明爨区农业历史悠久、水平较高,稻作文化是其文化构成的重要因素之一;

(2)梁堆墓葬出土的以"朱提堂狼洗"为标志的冶金、铸造工艺文化;

(3)以"五尺道""南夷道"为代表的交通文化。这两条道路的凿通,有效地架起了西南夷各部落与内地沟通的桥梁;

(4)以郡县制、姻亲制并重,同姓相扶,异性结盟作为主要方式的制度文化;

(5)以崖墓葬、悬棺葬为代表的丧葬习俗;

(6)以《爨宝子碑》和《爨龙颜碑》为代表的爨人良好的文学素养与独到的书法创作。

南诏大理国文化是滇文化史上的又一个高峰。649年,南诏细奴逻在巍山建立大蒙政权。唐开元年间,南诏皮逻阁在唐朝支持下,消灭五诏,建立了统一的政权。南诏大理国前后统治516年,1253年被忽必烈所灭。南诏文化融儒道释及本土文化于一体,是滇文化演进到唐宋时期,滇中诸民族的聪明才智与本质力量外化的产物。

云南是一个神话中的秘境,一个弥漫着神秘宗教气息的地方。相对封闭的地理环境,使云南古民族的原生态文化得到完整保存并流传至今。滇中民族普遍信奉宗教,宗教神职人员拥有崇高而神圣的社会地位。云南省共有26个世居民族,是中国民族成分最多的省份。滇池、石林、苍山、洱海、鸡足山、三塔寺、西双版纳、丽江古城、玉龙雪山、香格里拉、元阳哈尼族梯田景区、三江并流风景名胜区等,都是中外游客向往的旅游胜地。此外,普洱茶、孔雀舞、泼水节、大理国、东巴文、阿诗玛、纳西古乐、过桥米线、云南白药、电影《五朵金花》等都是云南著名的文化符号。

先秦时期,在云贵高原东部,牂牁、濮、僚等族群先后建立了牂牁国和夜郎国。秦统一中国后,贵州省境属黔中郡和象郡。汉代属荆、益二州,唐设黔中道,明置贵州布政使司,清设贵州省。贵州黄果树瀑布是我国最大的瀑布,被称为"天下奇观"。梵净山是国家级自然保护区,境内有一批珍稀保护动物。黔东南侗族聚居区的鼓楼、风雨桥、侗族村寨,形成了鲜明的地域文化景观。侗族大歌、傩戏、茅台酒、芦笙节、凯里雷山千户苗寨、六枝特区梭戛苗寨等,都是贵州闻名中外的文化符号。

位于贵州省黔南布依族苗族自治州的荔波,山川秀丽,四季如春,是一块神秘的土地,被誉为地球腰带上的"绿宝石"。荔波自然风光秀丽,民族风情古朴而神秘,给人悦目赏心、超凡脱俗的审美体验。

滇黔文化是多民族、多区域、多形态文化汇聚的产物。古代的众多族群,经过长期的交汇、融合,汇聚成现代各民族的文化。

云贵高原还是各区域文化交汇的枢纽,滇黔文化以本土文化为基础,融入了巴蜀文化、中原文化、荆楚文化、百越文化和来自南亚的印度佛教文化,这些外来文化形态从不同侧面、不同角度汇入滇黔文化结构之中,整合成异彩纷呈、神奇迷离的文化整体。

二、雪域高原上的西藏文化

西藏文化区北与青海文化区接壤,东南与巴蜀文化区、滇黔文化区毗邻,南部与尼泊尔、不丹、印度等国交界,是我国海拔最高、文化形貌相对统一的独特文化区。

我国地质和古生物学考察研究结果表明,青藏高原是上新世时因南亚大陆板块的挤压才逐渐上升的,是地球上最年轻的高原。此前,喜马拉雅山的高度仅为海拔 2000—2500 米,少数山峰高度达到海拔 3000 米,那时候印度洋暖湿季风长驱直入,雨量丰富,林木葱茏,飞禽走兽遍及整个高原,是三趾马动物群频繁活动的地区。高原南部属山地亚热带气候,年平均气温同四川盆地相似,气候环境与南亚相似,是古人类栖息繁衍的理想之所。[①] 青藏高原隆起后,藏民族在植被减少、空气稀薄的恶劣生态环境中,创造了别具一格的雪原文化,是韧性极强的民族之一。

西藏经济文化的形成和发展,深受自然生态环境的制约。藏南谷地和藏东横断山区的地貌特征是高山、深谷与盆地相间,山体落差大,气候温暖,水源充足,低谷地区土地肥沃,适于农耕,山地森林繁茂,水草肥美,适于放牧,属半农半牧经济文化区。藏北高原古称"羌塘",平均海拔为 5000 米左右,约占西藏自治区总面积的三分之一,高原平旷辽阔,湖泊星罗棋布,气候寒冷干旱,土质多含碱性,不宜农作物生长。而茂盛的牧草为畜牧业的发展提供了良好的条件,是经济类型较为统一的畜牧文化区。

藏南、藏东南的畜牧业呈梯状分布,在海拔 3000 米以下的河谷地段,藏族、珞巴族、

---

① 陈万勇,等．西藏古隆盆地上新世沉积相,粘土矿物特征及古气候[J]．古脊椎动物与古人类,1977(4):261-270.

门巴族等民族从事农业耕作和畜牧养殖。在海拔 4100 米以上、4500 米以下的山地，他们种植青稞，兼养牦牛、藏绵羊、藏山羊、马等牲畜。在海拔 4500 米以上高原牧场，主要牧养耐寒、适应能力强的藏绵羊，兼养藏山羊、牦牛、马等。藏民们按季节的流转选择不同的放牧地点，如藏南谚语所云："春季牧场在山腰，夏季牧场在平坡，秋季牧场在山顶，冬季牧场在阳坡。"

西藏文化区以游牧为经济基础的特点，决定了当地居民的生活习俗。在居住方面，以定居、半定居为主，老弱妇孺过定居生活，青壮年负责游牧，夏秋远出放牧，冬季返回定居。在饮食方面，以糌粑、酥油茶、青稞酒、牛羊肉为主食。在服饰方面，多为大襟袍式，左襟大，右襟小，在领、袖、襟和底边内镶有各色绸边。在交通方面，传统的交通工具是牦牛、驴、马等牲畜，便于在水流湍急的河流上行驶的牛皮船是藏族发明的独特的水上交通工具。

西藏文化自成体系，其内涵丰富浩瀚，庞杂繁复。基于西藏特殊的生态环境背景，形成了藏民族的经济文化及与之相应的生活习俗；本土宗教与佛教相浑融形成了西藏的宗教文化；建立在藏民族卓越聪明才智基础之上的民间绘画、歌舞、音乐、曲艺、英雄史诗、民间故事等民间文化，则为中国文化增添了奇光异彩。

哈达、藏戏、唐卡、酥油茶、青稞酒、布达拉宫、扎什伦布寺、珠穆朗玛峰、热巴舞、大昭寺、《格萨尔王传》、雅鲁藏布江大峡谷等，是西藏富有代表性的文化符号。

三、江河之源的青海文化

青海文化区地处青藏高原东北部，北界新疆、甘肃，东临陕西，南连西藏，是多民族聚居、多元文化荟萃的区域。该区域居住着藏族、汉族、土族、回族、撒拉族、蒙古族、哈萨克族等民族，各民族在中原王朝与西部民族地方政权间的和亲与征讨、怀柔与威服、互市与封锁的过程中，扮演了重要的角色。青海文化区地域辽阔，地貌构成多样，地下资源丰富，长江、黄河、澜沧江从这里发源，有"江河源头"之称。境内有层峦叠嶂、气势磅礴的崇山峻岭，有丛林密布、牧草如茵的低山坡地，也有地势平坦、土壤肥沃的成片耕地。这种生态环境决定了青海文化区游牧文化与农耕文化并存的格局。

青海北部为阿尔金山和祁连山，西北部为柴达木盆地，南部为昆仑山脉。青海湖、塔尔寺、日月山、果洛山、唐蕃古道、文成公主庙、西宁清真大寺是著名的文化景观和旅游胜地。此外，藏刀、花儿会、藏羚羊、冬虫夏草、玉树民歌、玉树伊舞、玉树卓舞、玉树赛马会等也是富有青藏高原特色的文化符号。

作为汉藏文化交流的前沿地带，青海地区留下了众多的汉藏沟通的文化遗迹。同西藏文化区相比，青海文化具有更为浓郁的汉文化色彩。青海的藏文化当中，融入了更多的汉文化成分。

中原文化向青海地区的传播有着悠久的历史。传说中的帝舜时期，三苗族曾被迫从江汉迁徙到河陇地区，深入青海、甘肃等地，同原住民融合，以农耕、狩猎为生。

秦汉时期，频繁活动于青海地区的是羌人诸部落，秦国屡屡用兵渭河上游和湟水流域，导致羌人的分化。公元前111年，西汉王朝在青海设置护羌校尉，在湟中和乐都县境设临羌和破羌两县，正式在青海地区行使统辖权力，大批的汉人迁往河西地区，同时带来了先进的生产技术，加速了中原文化与本土文化的融合。东汉王朝在青海设允吾、浩门、临羌、破羌、安夷五县，扩宽了中原文化同原住民文化交流的渠道。大批中原士卒到河湟地区戍边屯田，修筑水利工程，开垦新的农田，改进生产工具和交通设施，引进农作物品种，在郡县和屯兵治所开辟集镇。同时，采取分而治之的措施，不断把羌人迁往内地，羌汉民族交错杂处，增进了相互的沟通与了解，出现了生产方式、生活习俗、语言文化的全面整合。

魏晋南北朝时期，青海文化区出现了吐谷浑地方政权。吐谷浑既是族名也是国名：作为一个民族，吐谷浑源自鲜卑，先祖居于辽东，越内蒙古阴山地区，经陇山入甘青地区，与氐、羌等族杂居；作为一个国家，吐谷浑的统治中心在今青海湖西15里（7.5千米）的伏俟城，最盛时管辖范围北起祁连山与河西走廊，南抵青海南部，东至甘肃南部、四川西部，西达新疆若羌、且末。在长达300年的历史中，吐谷浑作为雄踞青海而强盛一时的国家，对地方开发、沟通东西方贸易、促进东西方文化交流做出了重要的贡献。吐谷浑人常年经营畜牧，精通射猎，擅长养马，"随逐水草，庐帐为屋，以肉酪为粮"①，培育的良种马"青海骢"日行千里、声名盖世。

隋唐时期，吐谷浑屡次受到中原王朝军队的冲击，元气日损，国势渐衰，民族内部出现了分化，大部分融合于汉族，一部分发展成现今的土族。

7—8世纪，吐蕃政权兴起，松赞干布统一西藏各部并制定刑律、军制、官制，创制文字。为加强同唐朝的联系，引进中原先进文化，吐蕃与唐朝和亲。文成公主出嫁吐蕃，随行的工匠、艺人给西藏、青海地区带去了谷物、药物、书籍、绸缎、日用器具和酿酒、纺织、造纸、建造、制墨技术，极大地推动了西藏、青海两地文化的发展。至今青海玉树还有一座文成公主庙，相传文成公主进藏时曾在这里停留，教当地人民耕种纺织。

宋元至明清时期，青海地区与周边各民族之间的交往日益增多，经济依赖性日益增强，盛行了数百年的游牧民族同中原民族的"茶马互市"，架起了各民族间相互沟通的桥梁，促进了民族间的融合。

青海的民族构成是多元的，青海文化区的物质与精神文化也是多元的。帐篷、寺院、土木结构平顶房，构成了青海地区建筑文化的景观。一般来说，游牧民族多居帐篷，农耕

① 房玄龄.晋书[M].刘湘生,等,校点.长沙:岳麓书社,1997:1697-1700.

民族多居土木结构房屋,屋内墙上用阿拉伯文书写的书法作品体现了伊斯兰文化影响的印痕。

青海文化区的宗教构成包括藏族、土族信奉的藏传佛教,撒拉族、回族信奉的伊斯兰教等。

青海文化区内的地下矿产资源蕴量十分丰富,铜、黄金、云母、天然气等矿产的储量可观。传统农牧文化和现代文明以及多民族文化的重新汇聚,将促进青海的资源优势变为经济优势,共创青海文化的光辉前程。

思考题

1. 试述滇黔文化区的自然生态环境特征及其与文化传承的关系。

2. 青藏文化区的宗教习俗对文学艺术的深远影响体现在哪些方面?

3. 为什么说全球一体化时代西南文化区的独特文化日益显示出重要的存在价值?

第三编
中华民族文化系统

第九章
汉族文化的形成与演进

学习提示

　　汉族是中国的主体民族,汉族文化是中国文化构成的主要部分。同时,中国55个少数民族也为中国文化的发展做出了积极贡献。本章的学习重点:认清汉朝、汉人与汉族之间的关系和演进历程。华夏族是汉族的主源,但是历史上有大量的少数民族汇入汉族之中,尤其在魏晋南北朝、宋辽金元时期,中国多民族的交融达到高峰。汉族文化广泛传播到周边地区,与各民族文化形成"你中有我,我中有你"的水乳交融的关系。

　　据 2020 年第七次全国人口普查结果显示,汉族总人口约为 12.86 亿人,约占中国人口的91.1%,是世界上人口最多的民族。黄河、长江两大流域是汉民族形成的摇篮,华夏族是汉族的主源。由于汉族分布范围的扩大及周边民族的不断汇入,汉族最终成为中华民族的主体。汉族文化是中国各民族文化系统的核心,而汉族文化的形成与其自身的深厚积淀紧密相关。中国各少数民族也为汉族文化的发展壮大做出了各自的贡献,形成了"你中有我,我中有你"的水乳交融的文化关系。长期以来,许多人忽视了汉族与中华民族、汉族文化与中国文化之间的区别。将中国文化等同于汉族文化,既忽略了 55 个少数民族的文化,也没有从汉族形成历史的角度,明确汉族文化在中国文化结构中的主导地位。

一、汉人 · 汉朝 · 汉族

　　楚汉相争,汉中王刘邦获胜,刘邦建立的汉朝,经西汉和东汉两个时期,前后延续了400 多年。丝绸之路和西南商道的开通使华夏族与周边民族的交往空前频繁,汉朝的使者、军队与商贾的足迹东至朝鲜半岛,西至中亚乃至地中海东岸,北达西伯利亚,南到印度、缅甸。据《史记》记载,当时周边民族称汉朝使者为"汉使",称汉朝军队为"汉兵",称汉朝商人为"汉贾",把一切汉朝来的人称为"汉人"。由于汉朝与罗马帝国是当时世界上文明程度最高的国家,周边民族对汉朝十分仰慕,"汉"这一称呼遂成为蕴含强大、英勇、光荣之意的美称。直至今日,人们还把强壮的成年男性称为"汉子",把英雄称为"好汉"。正因如此,"汉人"这一外族对华夏族的他称很快被华夏族认可,逐步变成华夏族的自称。尽管自汉朝以后经历了多次朝代更迭甚至外族入主中原的变化,华夏族后裔依然认同"汉人"称谓。比如,在唐代,人们仍将唐朝与吐蕃的"和亲"称为"蕃汉和亲",元代蒙古人称宋人为"汉人",满族人提出"满汉一家",太平天国声称"恢复大汉衣冠"。这些都说明"汉人"这一称谓始终指称华夏族系及其后裔并得到了各民族的共同认可。

从秦岭到渤海湾,从北方的阴山到淮河,在这纵横数千里的黄河中下游冲积平原地区,就是汉民族先民频繁活动的中心区域。考古学研究表明,在距今六七千年的新石器时代早期,黄河中游地区已有大量居民,他们的文化被称为仰韶文化。到5000年前的龙山文化时期,这里已经成为一个有着共同文化特征的整体。

研究成果表明,黄帝与炎帝部落分别是黄河中游和下游原始文化的创造者,汉民族崇龙、崇虎、崇凤的习俗,阴阳五行思想,由豆、壶、鼎组成的礼器和以璜、珏、璧为代表的玉佩饰等,都可在原始文化中找到雏形。这些都说明汉族先民是黄河中下游地区最早的开发者,他们创造的文化一直延续至今,显示出无比强大的生命力,是中华传统文化的根底所在。

二、汉族与周边民族的汇融

我国自古以来就是多民族的国家,很多民族的先民早在远古时代就与华夏先民共同生活在中华大地上,创造出各具特色的文化。华夏先民很早就与周边各民族密切交往,并对他们的地理分布与文化特征作了描述:"中国戎夷,五方之民,皆有性也,不可推移。东方曰夷,被发文身,有不火食者矣。南方曰蛮,雕题交趾,有不火食者矣。西方曰戎,被发衣皮,有不粒食者矣。北方曰狄,衣羽毛穴居,有不粒食者矣。"[1]

学界认为,汉族的主源是华夏族系,支源包括东夷、南蛮、百越、西戎和北方的游牧民族。

夷字从人从弓,据说弓矢是东夷族人发明的。传说中擅射的后羿就是东夷的一位首领。舜也是东夷之人,而商族原来也是东夷的一支,原居于山东半岛。东夷部族以狩猎和渔猎闻名,很早就与炎黄部落发生联系,曾与其为争夺霸权而发生激烈战争,失败后被炎黄部落吞并,成为华夏族的一部分。夏朝建立后,东夷族系臣服于夏朝,后取夏而代之,建立了商朝,成为华夏族最古老的来源之一。至春秋战国时期,渤海湾以南的东夷族已全部融入了华夏族。

东北地区的东夷族系与中原王朝的交往也很早。相传在禹的时代,东北夷就有使者

① 王梦鸥,注释. 礼记今注今译[M]. 北京:新世界出版社,2011:118.

前来向同为东夷族的禹表示友好。周灭商后,东北夷中最强大的"肃慎族"还派使者前来纳贡表示臣服,维系了同中原华夏先民的友好关系。

据说南方之人最早掌握养蚕纺丝技术,因精于纺织而被称为"蛮"。"蛮"字与"夷"字一样,最初亦无贬义,繁体"蠻"字从丝从虫,意指擅纺织的民族。这一说法是否确切,有待进一步考证,但南方苗族、瑶族、壮族、侗族、黎族等民族确实因传统纺织业具有较高水平而闻名,而在历史上他们都与南蛮族群有一定的联系。所谓南蛮族群包括居住在长江中游以洞庭湖和鄱阳湖为中心的构成复杂的诸多族群,也泛称南方的少数民族。至周代,长江中游地区的三苗部落与南下的华夏族先民相结合,形成一个新的群体——楚人,这是华夏族的重要一支演变为南方汉族的主要来源之一。但也有一部分仍保留了本民族的特点,他们离开了祖居地,迁入西南的崇山峻岭中,成为汉魏时期的五溪蛮、五陵蛮,唐宋以后,发展成苗族、瑶族、畲族等民族。

百越族群先民擅于制造有肩石斧、有段石锛,并称其为钺,越族因此而得名。《汉书·地理志》注云:"自交趾至会稽七八千里,百越杂处,各有种姓,不得尽云少康之后也。"这说明"百越"实际是对从江苏、浙江、福建经东南沿海至两广、越南北部这一广大地域内众多原始民族的统称,内部成分复杂。较早与中原王朝发生联系的是长江下游苏南、浙北的百越部落。早在7000年前,当地越族先民已经培育出人工水稻。至距今5300年前的良渚文化时期,开始进入阶级社会。春秋时,出现了吴、越两个国家,生产力高度发展,青铜冶炼业尤为发达,传说中的干将、莫邪剑即为越人所铸,而后世出土的越王勾践剑更是稀世珍宝。正是在勾践时代,越国极盛,成为春秋五霸之一。随着华夏文化影响的日渐加深,历代越王积极参与中原政治活动。战国时,越国终被楚国兼并,当地越人也随之被华夏族吸收。之后,南方地区的越族与中原的联系日趋密切。秦代,岭南西瓯、骆越等族群的聚居地并入中央王朝的版图;汉代,东南东瓯、闽越,西南夜郎、越裳等方国也归属中央,大量越人融入华夏族系中。而那些未融入华夏族系的越人则演变成今天的壮族、侗族、傣族、黎族等南方少数民族。

西方的戎族也是众多部落的总称。西戎为游牧部落的组合体,分布极广,不仅散布于西北各地,还有一部分早在商周时就已活动于中原地区,如泾水、渭水流域的犬戎,伊水、洛水流域的伊洛之戎,陕西骊山的骊戎等。他们势力强大,曾攻破周朝的都城,迫使周王室东迁;还深入中原腹地,在河南南部就有名为戎蛮的西戎部落活动,对中原王朝造成威胁。但频繁的接触也使华夏族与西戎日趋亲和,至战国时,中原诸戎已先后被秦、晋、楚等国吸收融合,成为华夏族的一部分。

羌族自古以来就与华夏先民有密切交往,据说大禹时一些羌部落因治水有功而被东迁到关中和陇西地区。在商代,这些羌人一直向商王室进贡。同时,其中的姜部落与周部落通婚,形成了周族,后取商而代之,羌人中这一较先进的部分直接成为华夏族的主干之一。东周时,秦穆公向西扩展,吞并30余个羌人部族,黄河上游的羌族融入秦族后,遂成为汉族的一部分。

狄为蒙古高原上以犬图腾为文化象征的许多游牧民族的总称。周代,猃狁经常南下侵扰,"靡室靡家,猃狁之故"(《诗经·采薇》)。周王室在与猃狁的多次战争中俘获大量战俘,并把他们融入华夏族中。到公元前3世纪,草原上的众多部族以猃狁为中心,结合成一个新的民族——匈奴。秦汉两朝一直与匈奴展开大规模战争。汉代在与匈奴作战的同时,还采取了怀柔政策,积极与匈奴和亲,进行频繁的经济文化交往,使匈奴贵族逐渐接受汉文化。1世纪前后,匈奴分裂为南北两部,南匈奴内附于汉朝,至魏晋南北朝时期,已被汉族同化。

我国各民族发展演变的过程极其复杂,各民族之间的兴衰消长此起彼伏,但汉族不断吸收周边民族的新鲜血液而成长壮大,发展为中国的主体民族,并把各兄弟民族紧密团结在自己的周围,以高势能文化和"海纳百川、有容乃大"的精神维系着中华民族大家庭的统一。

三、汉族文化的传播与扩展

位于黄河与长江之间的中原地区,气候温和,土地肥沃。但黄河自古以来的频繁改道、泛滥,极大地威胁着华夏先民的生存,从女娲到大禹,远古神话和英雄人物几乎都有治水的事迹。大规模的治水工程与水利设施建设,需要集中大量人力物力,需要各部族的团结协作,需要专业技术与管理机构,这些都促使了早期国家出现。夏代遗址中大量水井和堤防的发掘以及传说中治水英雄禹的儿子启被拥戴为夏朝的创立者,都说明中国第一王朝的创立与水利建设有关。而治水的成功又发展了集约农业,大量剩余产品的生产和分配,强化了国家的统治能力,并使得一部分人口能够脱离农业生产,出现了管理者、常备军、专业技术人员。华夏先民战胜了自然环境的挑战,使自己与环境间达成了动态的平衡,这使得华夏先民最早跨进文明的门槛,凭借强大的政治、经济、文化实力取得了中华民族文化的主导地位。

汉文化作为强势文化,从形成起就不断向四周辐射,对周边各民族产生了极大的影响。在古代,人是文化的主要载体,因此,汉文化的传播主要是通过汉人向周边地区的迁徙来实现的。过去,我们只注意到汉民族安土重迁的一面,而忽视了汉民族自古以来就不停地向关东、西域、江南和华南地区乃至海外迁移的历史事实。

秦始皇统一岭南后,就"徙中县之民南方三郡使与百越杂处"。东汉末年,岭南地区已由过去的"山川长远,习俗不齐,言语相异,重译乃通"变为"邦俗从化""岭南华风""四百余年,颇有似类"(与中原相类似)。从汉代到南宋,由于中原战乱频繁,大量汉族迁居华南地区,形成汉族的一个独特民系——客家人。客家人给中国南方带去先进的汉文化与生产技术,在"日久他乡即吾乡"的信念支配下,开发华南广大地区。在他们的努力下,元代以后,东南地区已成为人口最密集、经济文化最发达的地区之一。

"江西填湖广,湖广填川贵",反映了明清时期南方大移民这一历史事件。明太祖朱元璋制定移民西南的政策,大批汉族移民从发达的东南地区迁徙到云贵等西南地区,屯垦戍守。时至今日,在云贵等地的汉族移民后裔中仍流传着他们的祖先筚路蓝缕开发西南的动人故事。这一移民浪潮从明初开始持续了数百年,直到清初,祖国西南的面貌因此发生了重大改变。

明清时期,华北汉族也向东北、西北地区迁徙,即民间所谓的"闯关东""走西口"。在东北、西北汉族居民中流传着的祖先来自山西洪洞县大槐树底下的故事,暗示了他们的历史来源。

从明朝中叶起,福建、广东的汉族居民开始向东南亚地区迁徙。他们漂洋过海,来到陌生而有待开发的异国土地上,与当地人共同创业,使汉文化在亚洲的广大地区传播。即使他们已在所居地生活了好几代甚至十几代之久,仍遵循汉族传统风俗和伦理道德,始终把自己看作中华民族的一员,表现出汉文化顽强的生命力。

汉文化的传播,主要是以润物细无声的方式向周边民族渗透,扩展着自身的影响。汉文化以儒家思想为主导,强调仁爱、诚谦、忠恕,在民族问题上主张"四海之内皆兄弟",提倡以德服人、以文化人,反对以力服人。因此,历代统治者基本采取"怀柔远人",以教化为主的民族政策。开明的政策加上汉族在经济、文化、技术上的巨大优势,使汉文化更易被周边各族接纳吸收。无论是西南少数民族崇拜诸葛亮,还是华南各族自觉吸收汉区传入的道教为本民族的信仰内容,无论是东北满族把关羽作为本民族的保护神,还是拉萨大昭寺内供奉着唐代文成公主塑像,都说明周边少数民族对汉文化的自觉吸收,表现出汉文化的强大凝聚力和感召力。

四、汉族文化与少数民族文化的交流

汉文化的高度发达离不开少数民族的智慧与创造,与汉族形成的过程一样,汉文化也是吸收了周边各族的文化养分才开出了灿烂夺目的文明之花。

中华服饰文化是汉族和少数民族共同创造的结果。汉族从北方少数民族中吸收了许多服饰式样。传说"黄帝作衣裳",上衣(宽袖长衣)下裳(裙)是上古时汉族男女的共同服饰。战国时期,赵武灵王为抵御北方游牧民族的侵扰,舍弃行动不便的长袖深衣,改穿北方民族便于骑射的短衣、窄裤、长靴,这不仅助他赢得了战争的胜利,也改变了汉族的服饰制度。此外,汉族以农桑为本业,丝绸和葛麻是过去服装的重要原料。那么,棉布衣服所需的原料——棉花从哪里来?传统观点认为,棉最早在埃及人工培养,大致在汉以后,通过西域各族从北非、中亚传到中原。但考古学家在古越人文化遗址中发现了

2000多年前人工栽种棉花的痕迹,表明最早的人工棉很可能是由南方民族培育并传播到中原的。元代黄道婆在海南黎族地区学得"错纱、配色、综线、挈花"的纺织技术,推动了江南纺织业的发展,这也是众所周知的史实。

中华饮食天下闻名,得益于兄弟民族甚多。高粱、芝麻、葡萄、西瓜、菠菜、黄瓜、萝卜等是汉代从西域民族中引进的,大江南北盛行的"涮火锅"来自元代蒙古人。南方民族对中华饮食文化贡献甚巨,古越族先民的稻作文明相当发达,粤系菜肴中的生鱼片、白切鸡之俗都来自百越古俗。南方嗜酸辣、食生、喜食鲜味等饮食习惯,也被汉族人所吸收,成为四大菜系中川、粤两系的特色。

华夏先民由最早的穴地而居发展到半地穴式建筑,后以北方斗拱挑檐大屋顶、秦砖汉瓦木结构的四合院式建筑为代表。但这种建筑形式并不适合南方的潮湿气候和复杂地形,南迁汉族便采纳苗蛮与百越先民创造的竹木结构、上下两层的"干栏"式建筑。直至今日仍遍布岭南旧城区或乡镇的"骑楼式"建筑,即脱胎于此。

魏晋南北朝时期,北方民族入主中原,胡床、胡椅等物传入,改变了汉族席地而坐、枕榻而眠的生活方式和居住习惯。

"南人便舟楫,北人利车马。"古越人善于用舟,最早的独木舟发现于距今数千年的古越先民遗址中。春秋时越国已造出远洋船只。用车是华夏族的传统技能,骑马则是战国时最早由赵国向北方民族习来的,此后很快被华夏各国采用,改变了华夏族传统的交通和作战方式。

少数民族文化对汉文化的影响之深广,远超我们想象,很少有人在赞美屈原时,会想到《九歌》《天问》分别由楚越民族的民间祭神歌和神话改编而成;也很少有人想到端午节赛龙舟之俗本源于越人祭水神之俗;更少有人想到就连荡秋千最初也本为北方山戎的游戏习俗,是因为齐桓公伐北戎,才开始流传到中原。其实,这正是因为汉族文化与少数民族文化早已是你中有我,我中有你,水乳交融,难分彼此了。

中原地区率先跨入文明的门槛,居于中国文化的高势能地位,绵绵不绝,赓续至今,这是人类文化演进历史上的奇迹。然而,正如黄河有九曲、长江经三峡艰险而终归于海,汉族文化的演进历程如同汉民族的命运一样,充满了曲折艰辛。

春秋战国时期,百家争鸣、七国争雄,汉族先民迈入黄金时代。至秦朝一统天下,汉朝威震宇内,汉族正式形成,汉民族命运昌隆而文化繁盛。

汉末刘氏式微,曹操篡权,群雄四起,征战不绝,汉民族能量备受消耗,命运暗淡,汉文化备受冲击,北方民族则悄然崛起,纷纷入主中原,汉民族被迫大批南迁,汉族文化运程进入低潮期。

耐人寻味的是,魏晋南北朝时期,正统的汉族文化虽饱经摧折,却预示着新型的民族文化共同体的诞生。原先的汉族文化非但没有消解,反而同化了北方的羯、氐、羌、鲜卑、匈奴诸族;而被迫迁至长江、珠江流域的汉民族,则给江南地区带去了中原的先进文化,促进了江南的开发和南方民族的开化。反过来,南方的蛮、俚、僚等民族文化也充实了汉族文化。

隋唐时,更新后的新型汉族文化大放异彩。丰富浩繁、博大深邃的大唐文化,实际上是魏晋以来民族同化、文化汇融的产物。这一过程使部分民族受冲击甚至消亡,而优胜劣汰的法则加速了华夏民族的新陈代谢,民族融合改善了汉民族的体质,缔造出灿烂辉煌的盛唐文化。

唐末藩镇割据,唐玄宗疏于朝政,安史之乱爆发,汉民族命运由隆盛而转向衰微,相反,北方女真、契丹、蒙古等少数民族相继崛起,汉民族饱受侵扰,难以安生。靖康之耻后,宋朝南迁,国势不振,文化影响力也随之由盛变衰。

至朱元璋创建明朝,汉族得以复振,汉文化再度昌隆。然明王朝强化帝王专制,多有禁忌,抑制了汉文化结构的转型。

清兵入关后,汉民族的文化创造潜能受到抑制。虽然部分汉族知识分子受到重用,汉族文化维系着清王朝的统治,但是,鸦片战争以后,包括汉民族在内的中华民族及其文化饱受外来文化的冲击,中华民族能量流向保族保种的最基本的生存需要。直至抗日战争胜利,汉民族和其他民族才终于扬眉吐气,洗雪了百年耻辱。

21世纪,以汉文化为主体的中国文化迎来新的机遇。在全球一体化进程加快的今天,中国文化中的仁爱、德政精神以及强大的包容性与适应性,将有利于推动汉族文化的发展壮大,促进汉文化焕发绚丽的光彩。

思考题

1. 试述汉族与汉族文化的起源与演进的轨迹。
2. 为什么说汉族文化不等同于中国文化,两者的关系是什么?
3. 中国的少数民族为充实汉文化做出了哪些重要贡献?

第十章
北方少数民族文化源流

❀ 学习提示

中国北方少数民族历史渊源久远,文化构成呈现多样化的特点,文化历史革故鼎新的过程甚为复杂。蒙古族和满族先后建立了全国范围内的统一国家,构成中国文化演进史上不可或缺的重要环节。本章的学习重点:理解北方民族的基本构成、文化源流、文化杰作、文化特征;了解游牧生活以及游牧文化习俗对北方民族文化产生的深远影响;通过历时性的视角,梳理中国游牧文化与农耕文化的互动过程,认清北方民族在中国文化发展过程中所扮演的角色以及做出的杰出贡献。

中国北方少数民族文化主要以游牧文化习俗为基础,游牧生活对北方民族文化产生了深远的影响,也在中国游牧文化与农耕文化的互动过程中发挥了重要的作用。蒙古族和满族先后建立了统一政权元、清,构成了中国文化演进史上不可或缺的重要环节。此外,北方其他少数民族也为中国文化的发展做出了各自的贡献。

从语系来看,北方各民族的语言主要分属阿尔泰语系和印欧语系。其中阿尔泰语系包括突厥语族、蒙古语族和满-通古斯语族,印欧语系则包括斯拉夫语族中的俄罗斯语和伊朗语族中的塔吉克语,如下表所示:

表 10-1　北方少数民族语言系属表

语系	语族	语支、语言
阿尔泰语系	蒙古语族	蒙古语、保安语、东乡语、达斡尔语、土语、裕固语
	满-通古斯语族	满语支:赫哲语、满语、锡伯语 通古斯语支:鄂伦春语、鄂温克语
	突厥语族	维吾尔语、乌孜别克语、哈萨克语、柯尔克孜语、撒拉语、塔塔尔语

续表

语系	语族	语支、语言
印欧语系	斯拉夫语族	俄罗斯语
	伊朗语族	塔吉克语

此外,回族的语言构成异常复杂,为了叙述方便,根据地缘关系将回族文化置于北方少数民族系统中加以考察。

一、维吾尔族、哈萨克族的文化源流

维吾尔族主要分布在天山南北的沃野和绿洲地带。维吾尔族由栖居我国西北地区的古代民族融合而成。"维吾尔",意谓联合、互助、同盟,历史上有"袁纥""韦纥""回纥""回鹘""畏兀儿"等不同称谓。

维吾尔地区处于中西交通的要冲,中原文化、蒙古文化、西方文化、阿拉伯文化在长期的交融中,以不同的方式充实了维吾尔民族文化,促使维吾尔族的文化结构不断更新。

唐代安史之乱期间,回纥兵配合郭子仪作战,所向无敌,相继收复了长安、洛阳等失地。到8世纪末,回纥可汗表奏唐王朝,要求改"回纥"为"回鹘",取其"回旋轻捷如鹘"之义。后来,回鹘汗国内讧不息,纷争不断,又逢连年天灾。840年,大将句禄莫贺勾结黠戛斯,攻破回鹘都城,汗国灭亡,回鹘各部分崩离析,向西或向南逃奔,回鹘文化结构趋于解体。

瓦解后的回鹘诸部中,南迁的一支散布在云州(今山西大同)、朔州及内蒙古乌拉特前旗乌河东岸一带,在征战与迁徙中,融入了汉族。西迁的一支进入今新疆、甘肃等地,分成天山回鹘与甘州回鹘,由庞特勤建立天山回鹘政权。9世纪60年代,回鹘人进攻吐蕃大胜,形成了以高昌(今吐鲁番)为核心的回鹘王国,统治区域包括吐鲁番、塔里木和准噶尔三个盆地。回鹘文化在一定程度上得以再度统合,出现兴旺景象。其首府高昌城规模宏大,分内城、外城和宫城三重,外城有颇具规模的佛教寺院和工商业街市,是唐朝同西域文化交流的枢纽。

10世纪前后,突厥人建立的喀喇汗王国称雄西域,势力范围不断扩大,攻克了高昌回鹘王国,回鹘人皈依伊斯兰教,维吾尔族文化进入历史性转折时期。喀喇汗王国政权和社会的相对稳定,促进了经济的发展和文化的进步,带来了文学艺术的复兴。《福乐智慧》《真理的入门》《突厥语大词典》等著作的诞生,象征着维吾尔文化演进到历史新阶段。

13世纪,维吾尔地区归属察合台汗国,进入社会改组、文化融合、民族涵化的新时期,塔里木盆地的蒙古人逐渐突厥化和伊斯兰化,由于连年征战,天山南北的经济遭受严重破坏。忽必烈即位后,社会趋于稳定,屯垦和贸易得到进一步发展。

1514 年,叶尔羌汗国建立,对维吾尔文化的发展产生了重大影响,许多历史名作,如《中亚蒙兀儿史》(又称《拉失德史》)、《编年史》、《寻求真理者之友》等都成书于这一时期,是维吾尔文化的宝贵遗产。

清朝统一中国,维吾尔文化结构进入新的发展阶段,各民族文化在新疆汇聚,达到新的整合高度。清政府在天山南北大力兴办垦区,发展农牧业生产,促进了社会的进步和文学艺术的繁荣。清末以降,维吾尔文化与中国其他民族文化的演进息息相通。辛亥革命时期,新疆革命党人发动伊犁起义,成立了伊犁临时政府,为推翻封建帝制做出了应有的贡献。

维吾尔族著名的文化遗产、文化景观和文化符号主要有:以高昌古城、交河故城、楼兰古城为代表的古城遗址,以克孜尔千佛洞、库木吐拉千佛洞为代表的佛教洞窟遗址,以艾提尕尔清真寺为代表的伊斯兰教文化遗址等。而坎儿井、葡萄沟、哈密瓜、库尔勒香梨则是维吾尔民族在实践中创造的有形文化成果。

维吾尔族的非物质文化遗产杰作主要有:机智人物阿凡提故事、十二木卡姆、《福乐智慧》、《突厥语大词典》以及其他音乐、舞蹈、说唱艺术、小花帽制作工艺,等等。

哈萨克族分布的地区,山麓上有茂密的原始森林,山脚平川有一望无际的天然牧场,还有伊犁河、额尔齐斯河、额敏河和乌伦古河四大水系,孕育出绚丽多姿的哈萨克文化,特别是伊犁地区气候温和,雨量充沛,资源丰富,素有"塞外江南"的美称。

哈萨克族的族源,来自公元前 3 世纪活动于天山、河西走廊、锡尔河以北等地的塞种人、乌孙、匈奴、康居、克烈等古老族群。15 世纪,上述族群统合成具有共同地域、共同语言、共同经济生活和共同思想意识的民族共同体。

10 世纪上半叶,喀喇汗王国在西域崛起,赓续 300 多年,突厥文化进入隆盛期。农业经济逐渐取代游牧经济的主导地位,出现了更多的定居村落,城市建筑和商业有了新的发展,伊斯兰文化广泛传播,同宋、辽、西夏建立了频繁的贸易关系。后来,王国分东西两部,征战不绝,终为契丹人所灭,哈萨克各部族沦为契丹人所建的辽国的臣民,契丹文化、女真文化和新兴的蒙古文化、伊斯兰文化、佛教文化、景教文化在激烈的冲突与对峙中消长,此起彼伏,哈萨克文化深受其熏染和激荡。

元代,哈萨克人转而受金帐汗国、察合台汗国和窝阔台汗国的统治。哈萨克文化有新的成就,英雄史诗《四十个勇士之歌》《苏朱甫史诗》《克普恰克语词典》等作品在 13—14 世纪诞生,为哈萨克文化的正式形成奠定了基础。

15 世纪初,金帐汗国瓦解后,被几个独立的汗国取代。其中,白帐汗国境内的主要民族是操突厥语的诸部落和部族,哈萨克先民的各部是其主体民族。1456 年,克烈汗和贾尼别克汗率领哈萨克各部西迁,在楚河、塔拉斯河流域建立了哈萨克汗国,标志着哈萨克文化作为一个独立的整合结构正式确立,哈萨克文化迈入崭新的演化阶段。

历史上哈萨克族主要从事畜牧业,现在大部分哈萨克族人定居在城市。

哈萨克族的日常食品主要是面食、牛肉、羊肉、马肉、奶油、酥油、奶疙瘩、奶豆腐、酥奶酪等。饮料主要有牛奶、羊奶、马奶子。茶在哈萨克族的饮食中有特殊的地位,如果在茶中加奶,则称奶茶。

哈萨克的物质文化遗产代表有毡房。毡房是哈萨克族的民间建筑,一种适宜于春、夏、秋季转场搬迁的简易住房。哈萨克民间还有丰富多彩的手工艺品,比如,日常家居中的装饰、乐器冬布拉、刺绣、镶嵌等。

哈萨克非物质文化遗产主要有英雄叙事诗《阔布兰德》《阿勒帕梅斯》《高大魁梧的英雄额斯木》等。孔额尔是哈萨克历史悠久、套数完整、节奏丰富的乐曲形式,据称有62部套曲,目前已搜集到10多部套曲。哈萨克族的民间舞蹈再现了草原生活的场景,传统的赛马、射箭、摔跤、叼羊、姑娘追等竞技活动深受人们的喜爱。此外,还有《哈斯木汗法典》《头克汗法典》《哈萨克医药志》《哈萨克系谱》等。

二、回族、柯尔克孜族的文化源流

回族是我国分布最广的少数民族,主要是外来的波斯人、阿拉伯人迁徙到中国后,同汉族、维吾尔族、蒙古族等民族融合而成的新的民族共同体。

穆斯林商人自7世纪(唐高宗时代)就已经到中国经商,经营香料、犀角、象牙、珠宝业。南宋时期,广州、泉州、扬州、杭州、长安、开封等地不断有来自中亚、西亚的"蕃商"定居,他们购置家业,建立礼拜寺,由侨民变成了本土国民。

以经商的途径迁徙到中国的穆斯林,不是回族形成的主源。13世纪初,成吉思汗西征,随着蒙古军队东迁的波斯人、阿拉伯人,才是回族的主要来源。他们当中,有军士、农民、工匠、商人、宗教职业者和学者,大多不带家眷,而与汉、畏兀儿(维吾尔)、蒙古人通婚,以信奉伊斯兰教为纽带,融合成新的民族。元朝时回族人遍布天下,被当作"色目人"的一种,地位仅次于蒙古人。

回族文化的核心源自伊斯兰文化,宗教习俗、价值观念、生活方式、节日礼俗和各种禁忌皆同伊斯兰教相协调统一,但又深受居住地的当地文化,尤其是汉族文化的深刻影响。所以说,回族文化的主脉和内核是伊斯兰文化,同时又部分地吸收了汉族及其他民族文化的成分,成为一种有别于伊斯兰国家与民族的文化、而属于中国文化系统的中外结合型的民族文化。

回族文化结构演进至元代,得到全面整合,民族潜能得到多方位的激发,民族命运日显荣昌。回族人对元朝立国卓有功勋,其上层人士受到蒙古统治者的重用,不少人跻身元朝政权核心阶层,担任丞相等要职,社会地位都较高,伊斯兰教随之迅速向各地传播,回族人的生存空间也大为扩展。元代回族的教育空前繁荣,兴学兴教,蔚然成风,从而造就了回族的一代代英才。及至元末,汉文化在元朝统治阶层愈受重视,元朝对藏传佛教日益尊重,伊斯兰教相对遭到冷落。明王朝建立之初,对伊斯兰教多方保护,实施怀柔政策,明太祖发表"百字赞",明成祖颁布保护伊斯兰教的敕谕,确定了伊斯兰教的政治地位。然而,明朝统治者对回族人又严加防范,禁穿胡服,禁用胡语胡姓,禁止色目人互相婚配,强迫他们汉化。

回族是善于经商的民族,历来重视各民族间的经济贸易与文化交流。回族人精于天文、历算、医学、建筑、商贸、兵器制造、地理学和农业技术等领域的研究、经营与创造,涌现了天文学家札马鲁丁、马依泽,医学家萨里弥实、忽思慧、马思远,建筑学家亦黑迭儿丁,兵器制造家丁拱辰等为数众多且在中国文明发展史上有一定地位的杰出人物,他们在各自的领域推动了回族文化向更高层次转化。

柯尔克孜族的主要聚居地是新疆克孜勒苏柯尔克孜自治州,族源和文化渊源来自古代驰骋在蒙古高原、天山北路直至中亚细亚这片大草原上的游牧民族及其文化,经过漫长历史岁月中的分化、融合,形成了新的民族共同体,对其具体过程,学术界尚有不同说法,但有充分的论据说明柯尔克孜文化属于突厥民族文化系统。

关于柯尔克孜族的起源,有不同的说法,主要有源于"柯尔乌古孜"说、"柯尔奥古孜"说、"柯尔盖孜"说、"四十个姑娘"说、"山脚下的姑娘"说等。柯尔克孜族的文化渊源,同当地的原始宗教文化、伊斯兰文化、西北游牧文化密切相关。

中国史书上在不同的时期对柯尔克孜人有不同的称呼。《史记》称之为"鬲昆",汉魏时称"坚昆",南北朝至隋,称为"结骨""纥骨""契骨",唐时用"纥里迄斯""坚昆"之名,元称之为"吉利吉斯",清称之为"布鲁特""布依鲁特",其义有人释为"高山牧人"。

柯尔克孜族的发祥地在叶尼塞河上游,柯尔克孜人酷爱自由,不畏强暴,勇于抵御外侮,对祖国忠贞不屈,为维护中国领土的完整做出了重大的贡献。

柯尔克孜族早期信奉原始宗教,崇拜天地、山川、星辰、水土,认为水象征着幸福、欢乐、吉祥、美丽、和平;山是民族的"保护神",依山而居则拥有安全感和自信心;火是生命的希望;每个星星代表着尘世中的一个生命。

柯尔克孜人在文学艺术方面表现出很高的天赋,文学、音乐、舞蹈、工艺美术十分发达。其中,《玛纳斯》是中国三大英雄史诗之一,其结构恢宏,气势磅礴,是中国文学宝库中的瑰宝。

另外,柯尔克孜族是个能歌善舞的民族,曾有"美妙之口"的称誉,其歌曲悠扬动听,感染力强。其舞蹈节奏明快,奔放传神,极具表现力。库姆孜琴是一种古老的乐器,在唐代曾是贡品,是柯尔克孜族重要的文化符号。柯尔克孜族的工艺美术主要有帏幔、草编织品、骆驼皮制品等,皆经久耐用,美观大方,凝聚着柯尔克孜人的卓越才智。

三、蒙古族文化的演进轨迹

从大兴安岭到新疆东部,从万里长城到漠北,是广袤无垠的蒙古高原。蓝蓝的天上,白云悠悠,雄鹰展翅飞翔;绿茵茵的草原上,牛羊成群,圆顶的蒙古包点缀其间,构成了令人心旷神怡的北方草原景致。据考证,古时候的蒙古草原土地肥沃,水草丰美,气候温暖湿润,资源十分丰富,比现在更适合人类生息繁衍,由此滋养了中国乃至世界上异常发达而强盛的游牧文化。

蒙古高原独特的地理位置和生态环境对蒙古文化的演化发展、同周边民族的关系及经济类型、民族心态,都产生了深远的影响:

第一,蒙古高原相对统一的自然生态环境,只能产生相对单一的经济类型,促进游牧经济隆盛的同时,也限制了其他经济类型的发展,无法在本区域内形成互补型的经济模式。某些生活必需品,如茶叶、布匹,依靠农耕经济文化区的供应,构成了中华民族之间源远流长的游牧民族和农耕民族之间相互依存的互动关系。

第二,蒙古高原纬度偏高,受寒冷气候的影响很大,古代气候的周期性变化,导致在某些特定的时期,气温急剧下降,频遭寒流,加上没有崇山峻岭的阻挡,致使狂风怒号,冰天雪地,人畜蒙灾,不得不大规模地南迁,寻求新的生存空间。

第三,茫茫的草原,平坦开阔,一望无际,加上长年的游牧生活,塑造了蒙古民族坦荡的胸襟、豪放的品格、开阔的视野、勇于拓殖的精神与充满生命活力的豪情壮志,也形成了劲健、豪迈、粗犷的文化品格与飘游不定、频繁迁徙、流动性大的生活方式。

蒙古族文化的演进轨迹大体上经历了以下几个阶段:

(一)孕育与形成期

先秦到唐宋,蒙古高原一直有古人类和古代民族活动,据考古发掘材料显示,蒙古高原的文化源头,可追溯到石器时代,文化序列基本可寻,文化特征具有地方特色。旧石器时代有著名的"河套人""河套文化"和"大窑文化"。新石器时代在北方草原东部地区已有重大发掘,目前已确认的有红山文化、小河沿文化及富河文化。夏商周时期,蒙古地区发现了青铜器具,说明已进入青铜文化时代。据史籍记载,先后生息在这一地区的肃慎、猃狁、土方、戎狄、匈奴、东胡、乌桓、鲜卑等部族,开拓了蒙古高原远古文化发展的先河。魏晋南北朝时期,北方民族大规模南迁,与汉族杂居,相互汇融,民族构成格局发生了深刻的变化。至隋唐,突厥民族强盛一时。辽宋金时代,蒙古文化结构进一步完善,蒙古诸部曾作为辽、金王朝的臣属,向其进贡,提供兵源,并接受其封号。当辽、金、宋之间彼此征战,相互消耗之时,蒙古人却悄然崛起,在铁木真的统率下,统合成全新的强大民族。

（二）拓展与强化期

从铁木真称汗至元朝建立之前，蒙古人东征西讨，统一了蒙古草原，向西拓殖，不断壮大自己的力量。1206 年，成吉思汗称帝；1211 年，蒙古军大举进攻金国；1218 年，灭西辽；1219 年，西征花剌子模。历时 7 年，蒙古铁蹄踏遍了中亚、西南亚的东部及欧洲部分地区，兵锋所至，生灵涂炭，客观上却促进了东西文化的传播与交流。

（三）强盛期

经忽必烈的苦心经营，蒙古文化进入前所未有的隆盛时期。元朝建立之后，一方面强化军事统治，另一方面也致力于政治制度的建构、经济的恢复与民族关系的调节，在某种程度上促进了经济和文化的发展，其疆域的辽阔，军威的远被，为汉、隋、唐、宋诸朝所不及。

（四）分化期

1368 年，以农民为主力的起义大军推翻了元朝的统治，明王朝取而代之。明朝军队屡次北伐，使用离间之计，分化蒙古诸部，抑强扶弱，使之各自称雄，相互征战，使蒙古人在内讧中自相削弱，从而坐收渔翁之利。清朝设理藩院，治理蒙古事务，实施盟旗制度，加强对蒙古地区的管辖。蒙古贵族有重振蒙古之志，却因明清王朝分化策略的成功，无法再度实现蒙古文化的新统合。

蒙古人对其他民族的文化多有兼容，为其所用，给蒙古文化注入了新质，使蒙古文化结构臻于完善，汇聚了更强劲的潜能。蒙古军队不杀工匠，将之编入军队，西征时曾将大批善商者迁至中原和河西，沟通了东西方文化，有一部分非蒙古族的人才，进入元朝中央机构任职，成为股肱大臣。有人认为：元朝蒙古的统治，实际上是在与汉族封建统治阶级结成联盟的基础上，实现对整个中国的统治的，"因此元朝政权实际上是以蒙古贵族为主，蒙汉统治阶级联合的专政"①。

文字是文化交流与文化统合的有效工具。蒙古人初无文字，约之以言，刻木为契。1204 年，成吉思汗俘获畏兀儿人塔塔统阿，对其倍加任用，让他教王公太子用畏兀儿字拼写蒙古语，这是蒙古文化史上的一大飞跃。忽必烈即位后，延请八思巴创制蒙古新字，体现了对藏族文化的积极采借。对于西亚、南亚的伊斯兰教、佛教，中原的道教，以及汉族文化其他各形态，蒙古人多能有效地吸收。

蒙古族的文化遗产不胜枚举，闻名中外的物质文化遗产主要有蒙古包、马头琴、勒勒

---

①　杨建新，马曼丽. 西北民族关系史［M］. 北京：民族出版社，1990：364.

车、马鞍、蒙古族传统服饰等,非物质文化遗产主要有英雄史诗《江格尔》《蒙古秘史》《智慧的钥匙》等。

在医学文化领域,蒙古族也能吸收古印度医学、藏医学、汉族医学的理论和经验,形成博大精深的蒙医学派,《四部甘露》《蒙药正典》《方海》是蒙医的经典著作。

蒙古民族拥有开放的心态和兼容的精神,将各民族、各种文明蕴藏的潜能引入本民族文化结构之中,实现本民族文化与外来文化的汇融,激发出强大的效能。

四、满族文化的演化历程

满族文化的渊源可追溯到先秦时期生活在东北地区的肃慎人创造的考古文化,即黑龙江宁安莺歌岭文化。[①] 该文化遗址分上下两层,出土桦皮制品、石器、陶器、骨器等,器物纹饰有"人"字纹、平行线纹、印纹、席纹、回纹,还出土了陶猪、陶狗、陶熊等小型艺术品。陶猪形象,头占全身的三分之一,处于野猪到家猪的过渡体态。据考古学家推测,当时的肃慎人从事原始农业、畜牧业、渔猎,兼事简单的手工纺织。大量生产工具的出土,说明肃慎人已有较为进步的农业。

"肃慎"二字之义,赵展先生释为"东方人",为古代通古斯语中"zhulichin"(朱里钦)的汉字记音。肃慎人"夏则巢居,冬则穴处",以半地穴式的简易住房抵御严寒的袭击,以辛勤的劳作,开掘了东北文化发展的源头。

战国以后,部分肃慎人改称"挹娄",社会形态尚未出现质的飞跃,仍以氏族公社为主要的社会组织。南北朝时期,肃慎、挹娄的后裔勿吉(隋唐时称靺鞨)逐渐强盛起来,生产水平显著提高,地域组织取代血缘组织,分布范围扩大,东临海,西至嫩江,南达长白山一带,但尚未形成统一的政权。

唐宋时期,满族先民"女真"正式登上历史舞台。女真诸部分"生女真"和"熟女真"。前者较为落后,受辽朝的羁縻统治,然其分布方圆千里,户口十余万,人多势众。后者较为先进,受辽朝直接统治。10 世纪末,生女真的完颜部在部落战争中强大起来,兼并其他各部,迁徙到土地肥沃、资源丰富的阿什河流域。1115 年,阿骨打建立"金",创制女真文字,先后战胜辽国和北宋王朝,统治中国北部半壁河山 120 年。后来,迁徙中原的女真人融合到汉族之中,留居东北的女真人保持其固有的文化传统。

明代女真人从松花江、黑龙江流域南迁,形成建州女真、海西女真、东海女真三大组成部分,明王朝采用分化瓦解的策略,致使女真各部之间相互攻伐。然而,战争的锻炼,造就了女真人卓越的军事和政治才能。16 世纪末 17 世纪初,女真族的杰出领袖努尔哈赤脱颖而出,节节获胜,逐步统一女真各部,建立大金国,史称"后金"。同时,努尔哈赤

---

① 戚玉箴,孙进己.肃慎和挹娄的考古文化[J].学习与探索,1984(5):129-136.

对女真社会进行大刀阔斧而卓有成效的改革,为满族文化共同体的诞生,奠定了坚实的基础。满族文化的统合历程,大体上经历了以下几个阶段:

(一)内部统合期

先秦至1616年努尔哈赤称帝建国之前,女真先民及女真各部互不统属。宋辽时期的"熟女真"汇融到汉族之中,是女真文化的一次重大分化。"生女真"创立金政权,民族潜能一度达到全面激发的状态。移居中原的女真人再度大规模地融合到汉族及其他民族之中,成为元朝的臣民。而散居松花江和黑龙江流域的女真人,尽管仍以射猎为生,社会进化缓慢,但是,受文化演进后来居上法则的作用,当某些族群轰轰烈烈地活跃于历史舞台上之时,另一些相对落后的群体却默默地积聚着能量,酝酿着再创民族文化的新辉煌。这一过程的完成有赖于特定的历史条件和一系列卓有成效的社会革新。清太祖努尔哈赤顺应历史潮流,担当了实现这一转化的重任。他以八旗制度将女真人统合成一个整体,加速女真社会的一体化,这是女真文化结构整合的重要标志,也是女真民族潜能得以全面凝聚,并且灵活流转、有效激发的根本保证。

满文的创制,是满族文化结构得以统合的必要措施之一。1599年努尔哈赤指令大臣创制满文,结束了女真人使用蒙文的历史,从文化上维系女真民族心理的统一性。

(二)确立与隆盛期

抱负远大、智勇双全的皇太极继承了努尔哈赤的未竟事业,确立入主中原、统治全国的战略目标。他仿照明制,改革国家机构,加强皇权,调整民族政策,团结汉族知识分子以利治国安邦,女真社会、经济、文化各领域发生了质的变化,一个实力强劲、文化统一、潜能巨大的新的民族共同体和文化共同体诞生了。

李自成领导的农民起义军攻下北京城,吴三桂引清入关,满族文化迎来了千载难逢的机遇。清世祖迁都北京,建立了统治全国的新政权,经康熙、雍正、乾隆三朝的苦心经营,清王朝疆域辽阔、军威大振、国运昌隆、经济繁荣。这一时期不仅是满族文化发展的最高峰,也是整个中华民族演进史上的一个黄金时代。

(三)分化与转型期

清中叶以降,满族文化盛极而衰。正如世界上任何民族文化的发展演化,并不可能是直线上升、永无止境地从繁荣走向更高层次的繁荣,相反,整个民族文化结构的运作受诸多因素的制约,整个流转过程是波浪式的,或者是抛物线式的,达到一定的高度之后,必然走下坡路。迄今为止,世界上没有哪个大帝国不曾衰落。就满族而言,其民族的隆盛源于本民族文化能量的积聚和对汉族及其他民族潜能的涵摄,表现为对全国大江南北的有效控制,然而要达到这种控制目的和实施这种控制过程,就必然耗散大量的民族潜能。满族统治者深知统治全国离不开汉族上层知识分子,离不开汉族文化,因而必须将汉文化吸收到本民族的文化结构之中,这样必然导致满族文化结构的松动,进而渗入大量的汉族文化。满族人入关后,习汉文、操汉语、作汉诗,久而成俗,欲禁而不止,这是满族文化的失落,但也是满族统治者得以君临天下200多年必须付出的代价。

满族有自己的语言文字。16世纪末,努尔哈赤统一东北各部后,以蒙文字母拼写满语读音,形成一种新的文字,称为"老满文"。皇太极时期又在借用的蒙文字母上加圈点,用来区分语音,称为有圈点满文或"新满文"。

满族特有的服装旗袍,满语称"衣介",基本特征是圆领、捻襟、左衽,四面开楔,束腰。旗袍便于坐骑,适应游猎民族的生活习惯。

满族皇族的寝陵是中国乃至世界物质文化遗产的重要组成部分,满族的非物质文化遗产主要有:"长白山仙女神话"、《尼山萨满》、《空古鲁哈哈济》等。

五、北方其他少数民族的文化

居住在青海省循化撒拉族自治县、甘肃省积石山保安族东乡族撒拉族自治县及其他地方的撒拉族,由古代突厥人、阿拉伯部分民族同汉族、藏族、回族、蒙古族等逐步融合而成。突厥文化、阿拉伯文化、蒙古文化、汉文化的交织碰撞与撒拉人的融会贯通,缔造了渊源深远的撒拉族文化。据史书记载,13世纪初叶,蒙古人征服中亚后,撒鲁尔部阿干汗一支全族170户,集体东迁,定居青海循化县境,经过700多年的沧桑演化,整合成新的民族共同体,成为中华民族大家庭的一员。

撒拉语属于阿尔泰语系突厥语族西匈语支。撒拉族信仰伊斯兰教,撒拉族的文化遗产主要体现在清真寺建筑、民居建筑等方面。在撒拉族村落,最为引人注目的是位于村落中心的清真寺,这里不仅是宗教集会的场所,也是政治、经济、文化活动的空间。位于循化撒拉族自治县街子乡的清真寺是青海省第二大清真寺。撒拉族口传文学的代表作是《骆驼泉的传说》和婚礼祝词《吾热合苏孜》。

塔吉克族的语言属于印欧语系伊朗语族东伊朗语支。中国的塔吉克人是帕米尔高原的民族,其分布区位于中国同中亚、西亚、欧洲、印度等地开展经济文化交流的枢纽地带,是丝绸之路南道的出入口,其文化广泛地同维吾尔文化相交融。

"塔吉"意为"王冠",表示尊重和亲昵,与"克"合起来指称"戴王冠的人"。塔吉克人的先民自古繁衍生息在伊朗东部、帕米尔高原地区,中国史书称之为"允姓之戎",西方人称之为"塞克"或"萨加"人,属欧罗巴人种。塔吉克文化的渊源与演进和其独特的地理位置与中西文化的交流息息相关。塔吉克族音乐可分为高山音乐和平原音乐两大系统;前者古朴独特,音域较窄,节奏自由,最后一个音节拖得很长;后者与乌孜别克族音乐多有相似之处。塔吉克民间存在鹰崇拜的习俗,鹰舞是富有民族特色的舞蹈,步伐矫健,豪迈洒脱,犹如雄鹰盘旋起落。塔吉克民间习惯用吟唱的方式演述故事,流传着许多民间叙事长诗,《勇敢的秦公主》是其经典之作。

乌孜别克族主要分布在新疆维吾尔自治区的伊宁、喀什、乌鲁木齐、莎车、叶城等镇。"乌孜别克"之名称,始见于12—13世纪的记载,用以指称生息在钦察、克普恰克草原东部的游牧民族。到15世纪,当地所有操突厥语的部族,都泛称"乌孜别克"。其族源和文化渊源较为复杂,最早和最基本的部分,是中亚的原住民。另外,周边民族文化成分对其也产生了一定的影响。乌孜别克人能歌善舞,民间音乐、舞蹈、文学、艺术较为发达,尤其是礼俗歌、叙事长诗、民间故事富有颇高的艺术价值。

俄罗斯族是俄罗斯联邦的主体民族,300多年来,随着中俄双边经济、政治关系的变化,时而大批迁入中国,时而返回俄罗斯境内。但作为中国的一个少数民族,中国俄罗斯族文化的演进轨迹同俄罗斯的俄罗斯族迥然不同。中国的俄罗斯族文化既保留了俄罗斯传统文化的特点,也深受汉族、维吾尔族、哈萨克族等民族文化的影响,接受了当地的饮食习惯,学会了当地少数民族的语言,到汉族学校上学,学习汉族语言和文化。中国俄罗斯族的文化素质和生产经营技能都较高,善于经商,给中国新疆地区带来了不少先进的农牧工具和育种技术,促进了当地农牧园艺业的发展。中国俄罗斯族的文化延续了东正教的传统,保留圣诞节、复活节等富有东正教特色的习俗。

属于阿尔泰语系突厥语族西匈语支的塔塔尔族源自鞑靼共和国。自19世纪前半期,塔塔尔人分批迁入中国,主要居住在新疆的伊宁、塔城、乌鲁木齐、昌吉等市。塔塔尔人或居城镇,或在牧区,与维吾尔族、哈萨克族共处,文化间多有交流和融合,在民间文学、音乐、舞蹈、戏剧等方面多有创造,丰富了新疆民族民间文化艺术的宝库。

土族主要分布在青海、甘肃两省的河湟流域。其语言属阿尔泰语系蒙古语族。关于土族的来源,学术界有多种说法:(1)吐谷浑说;(2)阴山白鞑靼说;(3)蒙古人与霍尔人混合说;(4)沙陀突厥说;(5)阻卜说。目前,吐谷浑说得到大多数人的认可,认为东汉至隋唐时期活跃于黄河上游地区的吐谷浑人是当今土族的主源,"土"即"吐"字的转音。

甘青地区,黄河发源于此,湟水流贯其间,海拔较高,气候复杂,既有崇山峻岭,也有平旷的谷地,水草丰美,土地肥沃,宜牧宜耕。位于中原与西域、中原与吐蕃之间的独特地理位置,对土族文化能量的聚散和民族命运的演化产生了深远的影响。西域各民族文化和汉族文化在此汇聚,使吐谷浑文化拥有博采众长的机遇;吐蕃势力和中原王朝军队在此交锋,造成了吐谷浑文化结构的解体。

土族人在服饰、刺绣、建筑、雕刻等方面颇有建树。土族服饰各地不尽相同,总体上色彩绚丽,精致美观。刺绣工艺不限于服饰,也在被面、挂毯、佛像上运用,成为难得的艺术珍品。土族建筑包括住宅、寺院、园林等类型。土族寺院兼容汉藏民族的建筑风格,结构独特,气势宏伟。比如,佑宁寺依山而建,绵延数里,鳞次栉比,蔚为壮观。

裕固族聚居在甘肃省肃南裕固族自治县,散居在酒泉市以及新疆维吾尔自治区哈密市等地。裕固族自称"尧呼尔",与历史上的"黄头回鹘"和"撒里畏兀"存在密切的关系。现今的裕固族,以黄头回鹘为主体,融合部分蒙古族和藏族而形成。裕固族的文化遗产以服饰文化和口述作品为主体,其中服饰文化尤以"衣领高,帽有缨"为鲜明特色。

裕固族的非物质文化遗产代表作是创世神话《沙特》和民间传说《萨娜玛珂》《黄黛琛》,影响深远。

东乡族主要分布在甘肃、新疆等地,其中以甘肃临夏回族自治州东乡族自治县最为集中,主要从事农业、畜牧业,部分人从事工商业。东乡族分布区地势高峻,沟壑纵横,干旱少雨,土质疏松,水土流失严重,有花儿唱道"上路的客人口渴坏,干旱年端不出一碗水来",生动反映出当地缺水的生态环境。新中国成立后,大兴水利,建造电站,修筑梯田,植树造林,过去那种荒山秃岭、满目苍凉的景况逐步得到改善。

东乡之名,源于地域概念,昔时河州(今临夏)分东、西、南、北四乡,住东乡者,称"东乡回""东乡土人"。东乡族的文化源自伊斯兰文化,东乡族族源是色目人,中亚的撒尔塔人随着成吉思汗西征回返到今东乡地区,繁衍并融合了当地的汉族、蒙古族等民族成分,形成了新的民族共同体——东乡族。从体质上看,东乡族男子身材较高,鼻梁隆起,眼窝较深,胡须较长,呈椭圆脸型,女子肤色白皙,颇似中亚人,这也从另一个侧面说明了他们同中亚民族的渊源关系。

东乡族富有代表性的文化遗产首推宴席曲以及代表作《九劝曲》。此外,英雄史诗《米拉尕黑》在民间传唱数百年,经久不衰。

东乡族的文化同伊斯兰文明存在密切关系。东乡族信仰伊斯兰教,深受伊斯兰世界观、人生观、价值观的熏染,形成东乡族自强不息、刻苦忍耐、豁达开朗的民族性格。

保安族先民原居住在青海同仁县,大约在清代咸丰年间,迁徙到今甘肃大河家地区定居。关于保安族的民族来源与文化渊源,目前学术界仍存在不同说法,主要有以下几种观点:(1)以蒙古人为主,融合部分回族、汉族、土族等民族,经自然同化而成;(2)以蒙古人为主,融合回族、汉族、藏族等民族而成;(3)以东乡族为主,与回族、藏族、汉族等民族融合而成;(4)源于中亚信仰伊斯兰教的色目人,与藏族、汉族、土族等民族自然融合而成。由于资料等方面的原因,这一争论仍将持续,已形成共识的是,保安文化不是某一古代民族单一发展的结果,而是多元起源的,应根据保安族的语言、宗教习俗,尤其是体质特征、遗传关系、血缘继承等体质人类学的研究方法,对之做深入的实证研究,得出令人信服的结论。

保安族的手工业以出产保安腰刀而闻名于世。远在同治年间,保安人在迁徙途中,学到了制刀技术,后经精心琢磨,工艺水平不断提高,造出了复杂精巧的多种腰刀。保安腰刀工艺精湛,美观大方,精巧锋利,携带方便,经久耐用,富有民族特色,实用与审美相统一,成为保安文化的象征之一。保安族和西北其他民族一道,创造了别具风格的民间艺术,其中尤以"花儿"最为著名。保安族"花儿"以"保安令"为主调,反映了社会斗争、爱情婚姻、日常生活的各个侧面,宣泄了激昂的感情,表达了对美好生活的热切向往。

达斡尔族主要分布在内蒙古、黑龙江和新疆三省区,其族源有室韦说、白鞑靼说、蒙古说、契丹说等。从地域分布、语言词汇、社会经济、风俗习惯、氏族名称、历史传说等角度综合探析,源于契丹说的论据较为充分。"达斡尔"之名的含义,有的释为契丹大贺氏之音转、洮儿河之音转,有的释为故址、故国之意,刘金明先生认为是索伦语"耕种者"之意。[①]

达斡尔族同鄂温克族、鄂伦春族共同生活在黑龙江上游时,外界统称为"索伦部",以血缘关系为纽带,组成民族实体。

达斡尔族的民间艺术和体育丰富多彩,充分展示出达斡尔人民聪慧善学、热情奔放、诚朴豪迈的民族精神。民间文学体裁包括神话、故事、传说、歌谣、英雄史诗、赞词、舞词等,其神话古朴迷离,其歌谣高昂豪放,其英雄史诗曲折悲壮,折射出达斡尔民族深沉的内心世界。在民间工艺和艺术方面,达斡尔人的台架式仓房、大轮车、摇篮、刺绣、桦皮器皿、美术绘画、雕刻、书法、音乐、舞蹈等门类,都颇具民族文化神韵,达到了较高的水准。达斡尔人喜爱体育运动,曲棍球、射箭、赛马、摔跤等是他们为之倾心的项目,其中尤以曲棍球运动最为普及,达斡尔分布区也由此享有"曲棍球之乡"的盛誉。

在异彩纷呈的达斡尔族文化遗产中,摇篮制作工艺以及凝结的文化意涵,颇具象征意义,值得关注。

达斡尔族的非物质文化遗产以英雄史诗《阿勒坦嘎乐布尔特》和《绰凯莫日根》为代表。

赫哲族是个跨境民族,分布在俄罗斯联邦的远东地区和我国的松花江、黑龙江、乌苏里江三江中下游沿岸,世代以渔猎为主要的生存依凭,创造了与此相适应的民族文化模式。

赫哲族人口较少,主要居住在黑龙江省。赫哲先民,史称不一,有黑斤、赫真、黑哲、赫金等不同称呼,清代文献中正式用"赫哲"一词。1934年民族学家凌纯声所著的《松花江下游的赫哲族》一书出版后,"赫哲"一词在学术界广为流传。新中国成立后,"赫哲"被定为正式族称。凌纯声认为:赫哲族是多源多流的民族,融合通古斯族群、古亚洲人、蒙古人、汉人的成分,经长期演化,形成新的族体,在渊源上同古代的肃慎、挹娄、勿吉、女真诸族有密切的联系。

---

① 刘金明. 达斡尔族名含义刍议[J]. 内蒙古社会科学. 1992(1):53-55.

赫哲族以采集和渔猎为主要的生活来源,民族文化的存在形态与此息息相关,形成了一整套与此相适应的社会组织与人际关系。

赫哲族的鱼皮服装做工精细,富有特色,是赫哲族物质文化遗产的代表作。赫哲人还善于用鱼皮做套鞋、手套、小皮帽、口袋以及其他饰物,体现了赫哲人的聪明才智。

赫哲族非物质文化遗产的代表作是被称为"捕鱼人之歌"的说唱文学"伊玛堪"。《乌苏里船歌》是在赫哲族传统民歌曲调基础上改编的,已经成为家喻户晓的赫哲族文化符号。

赫哲族信仰萨满教,认为世间的万事万物,都有神灵的存在,尤为崇拜动物神。这种信仰形态在赫哲族的神话、传说、史诗、歌谣和日常的生活习俗中,都有直接的反映。

鄂温克族的祖先居住在贝加尔湖周围地区,后来向东迁徙,定居黑龙江中游、精奇里江、外兴安岭南北,如今主要分布在内蒙古呼伦贝尔和黑龙江讷河、嫩江、齐齐哈尔、甘南等县市。

"鄂温克"是民族自称,意思是"居住在大山林里的人们"。鄂温克族的族源,同隋唐时活动于黑龙江中上游的北室韦、钵室韦等部落密切相关。在元代,他们被蒙古人称为"林木中百姓",明朝称之为"乘鹿出入"森林的北山野人、女真野人,清代称之为索伦部、使马部和使鹿部。

鄂温克人的活动地区有着茂密的森林、广阔的草原以及水产丰富的河流,他们搭弓射箭,猎取野兽,以此作为主要的经济来源,此外还从事捕鱼、畜牧业和简单的商品交易。

鄂温克人传承着渊源久远的饲养驯鹿文化,驯鹿饲养与加工业给鄂温克人带来了巨大的经济效益。驯鹿又称"四不像",其性耐寒,善游泳。驯鹿浑身是宝,鹿皮是上等御寒衣料,茸角是名贵中药材,鹿骨可制成各种生活用具,其尾、鞭、血、筋、心、胎都有较高的药用价值。

鄂温克人不仅创造了别具神韵的狩猎和游牧文化,而且造就了绚丽多姿的文学艺术,其刺绣、雕刻、剪纸艺术,淳朴生动,自然逼真。驯鹿岩画虽历经风吹雨打,仍图像清晰,风格粗犷有力。文学创作方面,现代作家乌热尔图连续三次荣获全国优秀短篇小说奖,在国内外引起了较大的反响,成为鄂温克族历史上第一位有影响力的作家。

"鄂伦春"有"住在山岭上的人们""使用驯鹿的人们"两种释义,皆得到鄂伦春人的认可。在鄂伦春语中,"鄂伦"含有"山岭上"和"驯鹿"两种意思,"春"是"人"的音译。直至17世纪中叶,鄂伦春族仍处在父系氏族社会时期,由同一祖先的子孙组成父系大家庭——乌力楞,大家共同劳动,财产公有,平均分配,没有特权,经济上自给自足。

鄂伦春族祖祖辈辈生活在大小兴安岭林区,以狩猎为主业,以兽皮制衣,以兽肉为食,居住在"仙人柱"(又称"斜仁柱")中。"仙人柱"的建筑材料是木杆、狍皮或桦树皮,建筑形状呈圆锥形。

鄂伦春族崇拜熊图腾,相关神话解释了民族起源与熊的关系,因而对熊怀有敬畏之心。鄂伦春族的非物质文化遗产以说唱文学"摩苏昆"和"坚珠恩"为代表。

1953年,鄂伦春族结束了飘忽不定的以游猎为主的生计模式,转为定居生活,民族社会历史文化迈上新台阶。定居以来,各方面发生了巨大的变化,也面临一定的发展问题。民族文化模式的更新与适应是一个非常复杂的过程,鄂伦春族社会文化的演化轨迹,为人们认识文化与生态环境的相互适应关系,提供了典型的例证。

朝鲜族发源于朝鲜半岛,19世纪之前迁徙到中国的朝鲜人,大多融合到中国各民族之中,唯19世纪中叶移居中国者,仍保存着朝鲜本土文化的共性和连续性,在同东北各民族的交流过程中,实现了文化的重新组合,形成与朝鲜半岛文化同源异流的中国朝鲜族文化,隶属于中华民族文化大系统。

朝鲜族主要分布在吉林、辽宁、黑龙江三省。朝鲜族擅长在高纬度寒冷地区种植水稻,是东北稻作文化的主要开创者和传承者。朝鲜族具有耕读传家的优良传统,重视文化教育,教育普及率较高。民族教育的发达,促进了文学艺术的繁荣。作家文学方面,先后涌现了一批颇有文学成就的知名人物,他们创作了具有相当艺术水准的诗歌、小说、散文等文学作品,丰富了中国文学艺术宝库。民间文学方面,整理并出版了大量的神话、传说、故事、歌谣。其中,裴永镇搜集整理的《金德顺故事集》、北京大学朝鲜文化研究所编辑的《中国朝鲜族文学选集》上、下部,都在全国民间文学界引起较大的反响。

朝鲜族的音乐保持着鲜明的地方特色,注重再现自然的本色,并出现了许多著名的音乐家、指挥家。朝鲜族的舞蹈丰富多彩,种类繁多,有假面舞、农乐舞、长鼓舞、剑舞等,其风格轻快柔软,生动活泼。朝鲜族的口传与非物质文化遗产代表作首推流传久远的民谣《阿里郎》,其主题是抒发离别之情,共有186种变体,曲调婉转悠扬,动人心魄。

锡伯族的发祥地和早期生息繁衍的故乡是大兴安岭以及嫩江流域。"锡伯"一词,在汉文中有不同的音译和写法,如犀毗、师比、鲜卑、矢比、席百、席北等。多数学者认为,"锡伯"即古代北方民族"鲜卑"的音转,是鲜卑族的遗民。"鲜卑"之义,为"带钩"或"祥瑞"。

锡伯族的文化渊源主要来自:(1)商周时代的东胡文化;(2)汉代的乌桓人文化;(3)战国至南北朝的鲜卑人文化;(4)室韦人文化。

锡伯族历史悠久,分布广泛,集中在辽宁、新疆、黑龙江、吉林、内蒙古等省区,经历过十次较大规模的迁徙。吴克尧、王占昌两位先生认为,锡伯族的迁徙,分母体迁徙和子体迁徙两种类型。前者为举族迁徙,后者为局部迁徙。每次迁徙,人数都在千人以上,原因多为封建王朝的调遣,为统治阶级的利益考虑。频繁的流动耗散了锡伯族的民族能量。尽管有时迁徙到自然环境相对较好的地区,民众得以休养生息,但是,过多的迁徙决定了锡伯族民族文化艰难曲折的运程。

锡伯族在漫长的历史长河中,创造了颇有特色的文化遗产和文化符号。富有代表性的文化遗产有:沈阳太平寺(锡伯家庙)、《萨满神歌》、《西迁之歌》和原始女神"喜利妈妈"崇拜,等等。

思考题

1. 北方少数民族文化形成和发展的生态基础与生计模式基础是什么?
2. 北方少数民族文化的总体特征及其内部差异性是什么?
3. 试述北方少数民族文化对中国文化发展产生的深远影响。

第十一章
中南、东南少数民族文化渊源

中南和东南的平原地区以汉族文化为主体,而在丘陵和山区,居住着壮族、侗族、苗族、瑶族、畲族、土家族、京族、高山族等少数民族。这些少数民族以农耕和狩猎作为传统的生计模式,与汉族文化具有较强的亲近性,在频繁的互动过程中,发生了深刻的文化整合。本章的学习重点:了解中南东南各民族的历史渊源、社会演进和文化变迁的轨迹;了解各民族的文化模式、文化符号和非物质文化遗产代表作,理解壮族花山岩画,侗族大歌、鼓楼、风雨桥,苗族古歌,瑶族服饰,以及其他民族的文化杰作的文化意蕴和文化价值。

中南和东南的平原地区以汉族文化为主体,而在丘陵和山区,居住着壮族、侗族、苗族、瑶族、畲族、京族、土家族、高山族等少数民族。这些少数民族以农耕和狩猎作为传统的生计模式,与汉族文化虽有冲突,但相对而言,仍具有较强的亲近性,在频繁的互动过程中,发生了深刻的文化整合。

我国中南、东南地区的少数民族主要居住在湖北西部、湖南西部和南部、广东北部、广西以及海南、浙江、台湾的部分地区。从语言系属上看,主要属于汉藏语系和南岛语系,详见下表:

表 11-1　中南、东南少数民族语言系属表

语系	语族	语支、语言
汉藏语系	壮侗语族	壮傣语支——壮、傣语、布依语
		侗水语支——侗语、毛南语、仫佬语、水语
		黎语支——黎语
	苗瑶语族	苗语支——苗语
		瑶语支——瑶语
南岛语系	印尼语族	高山语

畲族已经通用汉语,土家族语言属于藏缅语族彝语支,但是,畲族和土家族的分布范围属于中南、东南少数民族文化区;仡佬族语言属壮侗语族仡佬语支;京族来自越南,定居防城港市的京族三岛,为广西之一部分。故将这些民族的文化纳入本章之中,予以简要阐述。

一、壮侗语族诸民族文化

壮侗语族诸民族是我国南方的民族,主要活动于长江以南和珠江流域,同古代的百越、百濮、俚、僚诸族群一脉相承,与华夏族系、苗瑶族系共同开发了东南、中南和西南部分地区,为中国文化的发展做出了卓越贡献。

(一)壮族

壮族是珠江流域的民族,源自百越族群,直系祖先应为西瓯、骆越,继之而起的是乌浒、俚、僚、俍、僮等族群。大体上是由先秦时期的瓯骆文化、秦汉至唐宋的乌浒俚僚文化、明清时期的俍僮文化和现代的僮族文化,构成了壮族历史文化的演化序列。

壮族是全国人口最多的少数民族。壮族文化区北承湘楚文化区,南通海洋,便于吐故纳新。壮族先民远在石器时代,就采借了其他族群的先进生产工具,用以激发本民族的文化潜能。环太平洋移民过程途经珠江流域,推动了越族文化的流转与播布,刺激了壮族文化的更新。

壮族语言分为南、北两大方言区,13 个土语区。其中北部方言分为 8 个土语区,即邕北土语、右江土语、桂边土语、柳江土语、桂北土语、红水河土语、邱北土语、连山土语;南部方言分为 5 个土语区,即邕南土语、左江土语、德靖土语、砚广土语、文麻土语。

因为语言、风俗传统的差异,各方言区衍生出不同的文化传统,珠江上游各支流的壮族聚居区也拥有不同的文化符号。

壮民族在历史上创制的具有代表性的文化遗产杰作主要有:以龙脊梯田和"那"文化为代表的稻作文明;以"刘三姐歌谣"为核心的歌咏文化;以世界文化遗产花山岩画为代表的岩画文化;以壮锦为代表的纺织工艺;壮族铜鼓、布洛陀信仰、莫一大王崇拜;等等。这些民族智慧结晶,共同构成了壮族文化的壮丽画卷。

壮族宗教信仰文化包括麽教、师公教,还有壮族独特的自然崇拜、生殖崇拜、图腾崇拜、祖先崇拜等。人文始祖布洛陀和姆六甲崇拜、盘古信仰、莫一大王崇拜则是贯穿壮族信仰文化和文学艺术的核心。

壮族传统文化的根基在"那"(壮语"田"的意思)文化区内的稻作文明以及相关的文化习俗,壮族地区的社王、蛙神、牛图腾、田神、水神的崇拜,是稻作生产方式在精神文化领域的集中体现,与之相适应的是壮族安土重迁、遵从自然、包容谦让、敬畏神明的民族性格与文化心理。

(二)傣族

傣族是云南的世居民族,分布在云南西南部和南部,有澜沧江、怒江、元江绵延其间,山水分割,形成了许多峡谷平坝,傣语称之为"勐"。傣族人民以山间平坝作为生存空间,创造了本民族丰富多彩的历史文化。

傣族先民是古代百越族群的一个支系,史称"骆越",同百越其他成员拥有水稻种植、干栏建筑、文身、铜鼓等相一致的文化特质。但是,与瓯越、于越、闽越、扬越、山越、骆越诸部族后裔相比,傣族偏居西南一隅,自然环境的阻隔,使其文化得以相对独立地演化,文化传统得以赓续。

傣族所居住的西双版纳傣族自治州和德宏傣族景颇族自治州以及耿马、孟连、元江、新平等自治县,气候温暖,雨量充沛,土地肥沃,植物生长茂盛,动物种类繁多,自然资源十分丰富。自秦汉时代开始,中原王朝大力经营西南地区,加强双边的政治联系与经济文化交流,给傣族地区输入了先进的生产工具和生产方式,激发了该地区人民的文化创造潜能。

傣族织锦工艺、孔雀舞、象脚鼓舞,还有以《召树屯》《娥并与桑洛》为代表的大量民间长诗,集中体现了傣族的文化智慧。傣文历史悠久,文献积累丰富。上座部佛教对于文化的传承起到了重要的作用。西双版纳、孟连、耿马等地的男子,通常要到寺院生活一段时间,有的长达10年或更久,接受文化教育后方可还俗,这客观上给人们提供了就学的机会,利于民族文化的整合与传承。

(三)布依族

布依族源出古越人,史籍所载之"濮""僚""俚""谢蛮""都匀蛮""白水蛮""番""仲家""仲蛮""青仲""夷家"等族群,经过不断发展演变与重组,至近现代统合成新的族体,20世纪50年代,经民族识别而正式确认为布依族。布依族主要分布在贵州黔南和黔西南两个布依族自治州,镇宁和关岭两个布依族苗族自治县以及紫云、六盘水、毕节、遵义、黔东南苗族侗族自治州的部分地区。

布依族的社会组织主要是宗族制、寨老制和议榔制。宗族以血缘关系的远近分为不同的"房族",设族长,定族规,树族风,以各种方式维护本族的利益。寨老制超越了血缘组织,负责维护本寨的秩序。议榔制则跨越了村寨,类似于部落议事会,主持议榔的领袖称"榔首"或"榔头",负责制定并监督实施"榔规",他们大多是自然领袖,很少享有特权,却颇有威望,对布依族内聚起到了重要的作用。

布依族同百越其他族群一起创造了南方的稻作文化、干栏建筑、青铜铸造等文化特质，并传承着本民族绚丽多彩的纺织蜡染文化和独具魅力的文学艺术。布依族聚居区留有大量文化遗产，其中贵州望谟新屯土司遗址、桑郎蛮王城土司遗址、福泉竹王城遗址、安龙招提、镇宁石板村落建筑群，积淀着深厚的历史文化底蕴。布依族的蜡染技艺、土花布和牙舟陶器颇具特色。其中，位于黔南布依族苗族自治州平塘县境内的牙舟镇，当地土质黄而黏，非常适合制陶。牙舟陶器古朴典雅，鲜明光亮，至少有500年的历史，远销国内外。

布依族民间传承着丰富的神话传说、民间说唱、民间戏曲和民俗习惯。其中布依戏的代表剧目有《六月六》《祝英台》《三月三》等。"八音坐唱"是布依族古老的音乐形式，源于清代中后期的宗教仪式，演奏者操竹筒琴、月琴、短笛、铓锣、兜锣、小镲、小鼓、唢呐八种乐器，坐在矮凳上，一边演奏，一边歌唱。"六月六"是布依族除了春节之外最为隆重的民族节日，人们在完成水稻栽种之后，通过祭祀神灵，祈求风调雨顺，五谷丰登。

布依族民间保存着十分丰富的宗教文献，其中包含大量的神话、传说、故事和民间长诗，《牛经书》《丧葬歌》《古谢经》《殡亡经》《安王和祖王》等富有代表性的经典作品，是布依族民间文化的宝库。

（四）侗族

侗族分布在湘、黔、桂三省区相邻的广阔区间，境内山岭纵横，河流密布，气候温暖，雨量充沛，农林皆宜，矿产资源丰富，发展潜力巨大。

侗族族源和文化渊源来自古越人与百越文化，侗族人继承了水稻种植、青铜铸造工艺、干栏建筑等百越传统文化，尤其精于鼓楼和风雨桥的修建，使之成为侗族文化的象征。

侗族先民创造了一整套适应本地环境的生计模式，他们开辟土地，挖梯田，种植农作物；建造鼓楼，用以议事论理，订立款约，休息娱乐，传播民族文化，增强了族群的凝聚力。同时，建立款团组织，用以维系村寨间的联系，加深了解，增进团结，增强族内各部分间的交流，把侗族凝聚成统一的整体，汇成强大的势能。

侗族信仰的核心是萨神信仰，侗寨的萨坛是祭祀萨神的神圣空间。萨坛、鼓楼、风雨桥和干栏式木楼共同构成侗寨的村落结构。

侗族鼓楼"秉凉亭之清幽，兼宝塔之奇伟"，是侗族村寨的核心，在这种宝塔式建筑悬挂木鼓，用以通报信息，聚集村民。据不完全统计，湘黔桂侗族聚居区有鼓楼800多座，鼓楼结构严谨，工艺精湛，鼓楼内外常常雕刻着吉祥图案，形象生动，寓意深刻。

侗族地区目前约有330座风雨桥，风雨桥融桥、廊、亭为一体，桥墩多用青石围砌，桥面用木板铺就，桥上廊亭不用铁钉，而用卯榫结构联成整体，廊亭间设有坐凳，供路人歇息。广西三江侗族自治县程阳风雨桥被列为全国重点文物保护单位,是侗族风雨桥的代表之作。

侗族人民创作了丰富神奇的神话、古歌、创世史诗以及各具风采的叙事长诗、说理长诗、传说故事、歌谣、戏剧和作家文学。其中尤以多声部、无指挥、无伴奏的侗族大歌享誉海内外,显示出侗族同胞出类拔萃的艺术天赋。侗族人称侗族大歌为"嘎老",流传的核心区是贵州黎平、从江以及毗邻的广西三江侗族自治县,主要种类包括鼓楼大歌、声音大歌、叙事大歌、礼俗大歌、儿童大歌和戏曲大歌,等等。侗族丰富多彩的歌咏传统,集中体现了"饭养身,歌养心"的文化智慧。

(五)水族、毛南族、仫佬族和仡佬族

水族历史上被统称为"越""僚""苗""蛮",清代中叶后,称"水家苗""水家",1956年确定族称为水族。水族原为骆越人的一个支系,后自邕江流域沿龙江溯流而上,至黔桂边境而定居龙江、都柳江上游地区。水族有自己的历法,以夏历九月为正月。在文学艺术方面,水族也形成了独特的民族风格,表现出水族人民对自然、社会、人生的切实体验与深刻感受。

水族具有代表性的非物质文化遗产主要有:马尾绣和水书。

水族马尾绣是颇负盛名的国家级非物质文化遗产,是水族文化智慧的结晶。其独特工艺是刺绣者用马尾线在背扇制作图案,然后用针线将图案固定,再用结线绣和螺形绣将图案骨架填满,最后缀上闪亮的"金钱",构成精致缜密、华美富丽的画面。

水族人民凭着自身的聪明才智,借助象形、指事、会意、假借的方法,创制了600多个文字符号,形成本民族的文字——水书。水书借助原始图形、实物记事,形成表意符号,之后随着人们认知能力的提升,逐步形成口头语言符号,用以记录天象,农事和宗教仪轨等社会文化事象。用水族文字记录的历史文献,也称水书。水族文献多用毛笔写在绵纸上,民间信仰仪式主持人是水族文献的主要制作者、使用者和传承者,水书内容涉及嫁娶、丧葬、营造、出行、巫咒等方面,保存了水族古老的语言文字、宗教信仰、天文历法以及择吉避凶等民间习俗方面的资料。

毛南族80%聚居在桂西北环江毛南族自治县的上南、中南、下南三地,其余散居在河池、南丹、宜山、都安等邻近县市。毛南族源自古越人,秦时属骆越族群,南北朝时属蛮僚,唐宋时称"茅难""茆滩",逐步从百越族体中独立出来。民国时称为"毛难""毛南""冒南",新中国成立后确认为单一民族,称"毛难族",1986年6月改称"毛南族",1987年,经国务院批准,正式成立环江毛南族自治县。

毛南族人民基于当地的生活环境,创造并传承了许多颇具特色的文化特质,如被称为"毛南三宝"之一的"花竹帽",手工精细,花纹工整,美观大方,不仅是精美的生活用

品,也是青年男女恋爱时的定情信物,集中体现了毛南人的匠心、智慧、技巧与艺术修养,被海内外许多博物馆收藏,闻名遐迩。"毛南三宝"中的另两"宝"——甜红薯和菜牛,同样享有很高的声誉。毛南菜牛畅销国内外,毛南族聚居区被称为"菜牛之乡",成为广西菜牛出口的首要基地。此外,毛南族的石雕技艺也相当精湛,石匠艺人在建造房屋、修桥铺路、建立墓园以及制作日常生活器具方面,常常大显身手,制作出精美的石器作品,刻上精美细致的图案,使其成为一道亮丽的风景。

毛南族的还愿舞蹈,毛南语称"肥套",是一种具有民间信仰色彩的民间舞蹈,现已被列为国家级非物质文化遗产。毛南族师公在表演仪式舞蹈时,头戴面具,扮演各路神仙,体现了毛南族多神信仰的文化特点。"肥套"舞蹈动作相对简单,使用木鼓、长鼓、铜鼓、唢呐等乐器伴奏,是毛南族音乐、舞蹈、绘画和民间信仰习俗汇集的大舞台。

毛南族素有重视教育的优良传统。明代,毛南地区出现了"学宫",清初有了书院。在清代,先后有20多名毛南族子弟成为秀才、廪生和贡生。民国时期,毛南族儿童入学率达30%,这是十分难能可贵的。

仫佬族自称"姆佬",史籍中有"木佬""穆佬""木娄""姆佬"等族称。其中,"佬"与"僚"音近,仫佬族源是僚族。僚同骆越相承,属百越族群。仫佬族聚居在广西罗城仫佬族自治县,部分散居于忻城、柳城、都安、环江等周边诸县。仫佬族在物质文化和精神文化的各个方面都有所建树。在科学技术方面,仫佬族的制陶术已经达到较高的水平,清代出现了砂罐作坊,而煤砂罐不仅是日用炊具,也是一种精美的工艺品,体现了仫佬人善于适应当地产煤生活环境的聪明才智。

仫佬族有代表性的文化符号首推依饭节。依饭节又称"喜乐愿""敬依饭公爷"等,立冬后择吉日举行,每三年举行一次,是仫佬族最为隆重的节日。依饭节通常以宗族为单位,在祠堂内举行。仪式过程由法师主持,祭典包括安坛、请延、点牲、唱牛歌、合兵、送圣六个程序,完成祭祀仪式之后,全村聚餐,唱歌演戏,耍龙舞狮,狂欢一天一夜。

仫佬族没有本民族文字,以口耳传承本民族的民间文学作品。1949年以后,包玉堂等民族诗人脱颖而出,跻身中国文坛,使仫佬族文化焕发出新的光彩。

仡佬族世代栖居在贵州、云南、广西等省区,仡佬语属于汉藏语系壮侗语族仡央语支。2008年,贵州省仡佬学会的学者寻找到《九天大濮史录》一书,共6000余字,包括汉字和仡佬文字,与贵州关岭境内发现的"红崖天书"的部分文字相似。

仡佬族曾是贵州大族,后在民族纷争中战败,退居偏僻贫瘠的山区。新中国成立后,仡佬族人获得了新生,重新确认了本民族的身份。仡佬之读音似"僚",同广布西南的僚族有直接的渊源关系,同"濮"的关系亦很密切。仡佬先民夜郎人曾建立"古夜郎国",依附于南越国和汉王朝,其首领受封为夜郎王,政治中心在今贵州六枝特区的郎岱镇,习农耕,有邑聚,善做枸酱,种植水稻,饲养家畜,民族势能强盛一时。1世纪,夜郎王国被汉朝攻破,遗民流散四方,融入其他族群,有一部分演化成仡佬族,传承本民族的文化。

仡佬族善于冶炼水银,制造铜鼓,至今还保留着有关铜鼓的传说。仡佬族的刺绣和民族服饰绣工精致,构图新颖,富有生活情趣。仡佬族的竹编品种繁多,图案美观,深受人们喜爱。仡佬族最富有特色的非物质文化遗产是哭嫁歌。哭嫁歌由新娘独唱,新娘的母亲以及女性亲友陪唱,有"娘劝唱""姐劝唱""姑劝唱""嫂劝唱"等,劝唱的内容主要是嘱咐新娘到婆家后,要谦和忍让,吃苦耐劳,勤俭持家,体现了仡佬族伦理道德的核心精神。

(六)黎族

黎族主要聚居于海南岛上的乐东、东方、白沙、陵水、昌江五个黎族自治县和保亭、琼中、三亚、通什等地。黎族文化的衍生,是基于海南岛的自然位置与生存环境,充足的阳光、温暖的气候、丰沛的雨量、富饶的资源,给黎族提供了丰富的物质能量,汉族的迁入,带去了先进的文化思想,促进了黎人心智的开化。

黎族支系较多,称谓复杂,自称为"赛""倖""杞""润""美孚"等,同华南古代民族有直接的渊源关系,多数学者认为黎族是从百越民族中的骆越发展而来的,与南北朝时期的俚人关系密切。

黎族人民创造了不少值得称道的民族文化特质。比如,黎锦是黎族妇女纺织技艺的结晶,花纹细密,色彩鲜艳,美观适用,远近闻名。船型屋因其屋顶像倒扣的船只而得名,是典型的黎族传统建筑。船型屋根据其外部形态,可分为高架船型屋、低架船型屋、落地船型屋、半船型屋等类型。

黎族文化结构的更新,同汉人入岛及汉文化的传播密切相关。唐宋以来,不少汉族政治家、文学家因被贬而来到海南岛。他们致力于讲学明道,教民读书著文,传播中原礼仪文化,深受黎族人民的爱戴和怀念。明清两代,黎汉文化进一步汇融,黎族中读书识字的人增多了,有些人还进县学或太学,尤其是文昌地区,因为汉文化的隆盛,该地的黎族逐渐同化于汉族,有"文昌无黎"之说。

海南建省后,开辟为全国最大的特区和旅游开发试验区,伴随着经济大潮的涌动,汉族文化、西方文化以前所未有的渗透力,传播到黎族地区,黎族文化结构迎来了更新的良好机遇,也面临着被冲击的挑战。

二、苗族、瑶族、畲族文化的渊源

(一)苗族

苗族文化起源于上古时期的蚩尤、九黎、三苗、南蛮等古代族群所创造的远古文化,这些文化在古代传承于黄河下游、长江中游地区,其久远程度足可同华夏族群相比肩,由于蚩尤与黄帝、三苗部落与尧舜部落的战争,苗族先民战败,趋于分化,从平原退居南方山林。

苗族先民经历了从北到南,从肥沃的平原到贫瘠山区,从民族结构的整合到文化差异增大,从与汉族文化相对举到与多民族文化相交织的复杂过程。

据《国语》《吕氏春秋》《战国策》等史籍记载,苗族先民——九黎部落凭借优越的生态环境和辛勤的拓殖,开发了黄河、长江下游地区,成为雄踞我国东部的强大部落,与兴起于黄河上游地区的黄帝部落相比肩。

苗族人民淳朴善良,热情坚毅,勇于抗争,适应性强,具有强烈的民族认同心理。苗族文化重视整体协同,主张求真务实,讲究尊老崇古,提倡重义轻利,至今仍然洋溢着古朴清淳的魅力。①

苗族历史悠久,文化渊源深远,文化遗产种类繁多,声名远扬者主要有:苗族银饰、刺绣、蜡染、剪纸、织锦、苗族古歌、芦笙舞、飞歌、吊脚楼、苗年、广西融水苗族系列坡会群、吃新节,等等。其中苗族银饰种类繁多,风格各异,凝结着苗族深厚的自然崇拜、图腾崇拜、祖先崇拜等文化意涵。苗族刺绣可与湘绣、蜀绣、粤绣、苏绣相媲美,其制作精美绝伦,幻象与实景相交织,体现了苗族妇女神奇的文化想象和心灵手巧的聪明才智,承载着关于苗族起源、民族迁徙和宗教信仰的历史记忆。

苗族医药源自苗族源远流长的社会实践,历史上以"巫医一体"而自成体系。对人体的认知、疾病的根源与分类、诊断与治疗的方法,苗医都有独到的见解,认为一切疾病可归纳为"冷病""热病"两大类,治疗的法则是"冷病热治""热病冷治",治疗方法包括血疗法、刮治法、爆灯火疗法等 20 余种。

(二)瑶族

瑶族历史悠久,源远流长。《山海经》:"帝舜生戏,戏生摇民。"《梁书·张缵传》:"零陵、衡阳等郡,有莫徭蛮者,依山险为居,历政不宾服。"瑶族文化的渊源可追溯到黄河中下游的远古文化,近源始自长江流域,尤其是湘江、资江的中下游和洞庭湖沿岸的广大区域。在这一范围内,瑶族先民同苗、楚、夷、越诸族群一道,共同开发了荆楚大地和东南地区。

瑶族在适应自然生态环境的过程中,从大自然中获取滋养民族生命之资,建立了和谐的人地关系,这是适应自然的文化智慧。瑶族建立并奉行以"两可居"为核心的婚姻家庭制度,维系了男女双方家庭血脉的延续。瑶族服饰文化独树一帜,已被列入国家级非物质文化遗产名录。瑶族文化传统集中体现在祭祀盘王、还愿仪式、度戒仪式和跳长

---

① 何积全. 苗族文化研究[M]. 贵阳:贵州人民出版社,1999:135-142+267+290.

鼓舞等文化事象之中,瑶族人通过敬仰本民族的祖先,崇奉本民族的神灵,使人的心灵得到安慰,人的灵魂找到归宿,这是一种让人精神安详、心灵幸福的文化智慧。

瑶族文化的形成,经历了一个复杂的融合、化解、吸收、采借的过程,文化的渊源深受民族间互动关系的影响,瑶族作为一个民族是多元起源的,瑶族文化的起源也不是单一的。瑶族文化源头始自何地?瑶族民间广泛流传的千家峒传说以及相关的资料,激起了人们的广泛兴趣。

千家峒传说所描述的人文景观,美如陶渊明笔下的"桃花源"。峒内田舍俨然,景色优美,气候宜人,民生富足,社会安定。1305年,元朝派兵镇压瑶民,瑶民寡不敌众,逃离家园,流落他乡。目前收集到的《千家峒史记》《千家峒流水记》《千家峒源流书》《千家峒永远流水簿》《千家峒曲》《千家峒路引》《世代流传祖居来历书》等相关文献共20多件,记述了千家峒的自然环境和瑶民逃离情况,为人们认识瑶族社会历史提供了宝贵的线索。宫哲兵先生据相关材料,认为今湖南广西交界的都庞岭是千家峒故地。[1][2][3][4] 1985年,在湖南江永召开的"千家峒故地问题座谈会",引起了人们的广泛关注。无论如何,多元起源的瑶族文化是复合性的文化,这是我们探讨瑶族文化的基本立场。

从瑶族现存的语言的复杂性、支系的多样性、文化传统的差异性来看,瑶族文化具有多源性。瑶族有复杂的支系和迥异的文化传统,勉族系、布努族系、拉珈族系是现代瑶族的三大组成部分。

勉族系所占瑶族整体的比例最大,播布范围最广,占瑶族总人口的68%,分布在湘、桂、滇、黔、粤、赣等省区,以盘瓠为图腾,祭祀娱乐用长鼓,共同使用勉语,珍藏《评皇卷牒》等历史文献和《盘王歌》等民间神话传说。盘瓠(龙犬)、长鼓、《评皇卷牒》(《过山榜》)是勉族系文化的重要象征。

布努族系占瑶族人口的31%,分布于桂、滇、黔、湘等省区的三十多个县,其中广西都安、巴马、大化三个瑶族自治县是布努瑶的聚居地。该族系崇拜创世女神"密洛陀",逢年过节、丧葬祭祀必打铜鼓,珍藏《密洛陀》创世史诗,其文化以密洛陀、铜鼓为核心,衍生出别具一格的文化传统和象征体系。

拉珈族系,人口较少,占瑶族总人口的0.1%,居住在广西金秀瑶族自治县和平南县马练瑶族乡。拉珈族系的文化象征是陶鼓,宗教信仰以自然崇拜、祖先崇拜为主,辅以道教信仰。

---

① 宫哲兵. 从《千家峒》文献考证瑶族逃离千家峒事件[J]. 广西民族研究,1998(3):10.

② 宫哲兵. 论都庞岭千家峒是瑶族发祥地之一[J]. 广西民族研究,1999(1):6.

③ 宫哲兵. 从地图、地名和族谱考证千家峒在都庞岭——瑶族千家峒三考[J]. 广西民族研究,1999(4):6.

④ 宫哲兵. 从出土文物考证千家峒在都庞岭:瑶族千家峒故地四考[J]. 广西民族研究,2000(1):3.

"岭南无山不有瑶",从五岭山脉到哀牢山,从桂西山地到桂东南的十万大山,都是广大瑶民的栖息之所,湖南、云南、广东的瑶族,绝大部分也居住在山区。瑶民入山唯恐不高,入林唯恐不深,无形中使瑶族能够保存较多的原生态文化。

(三)畲族

畲族主要分布在福建、浙江、江西、广东、安徽等省,其中,96.4%的畲族人民聚居在福建东北部和浙江南部。

畲族文化渊源同苗蛮集团密切相关,秦汉时期共同居住在武陵山区,被称为"武陵蛮"。晋以后,相继分化,向西迁徙,形成今之苗族;向南移居,演化成今之瑶族;向东谋生,统合成今之畲族。三族的诸多文化特质,银饰工艺、刺绣、武术等,都有密切的渊源关系和普遍的共性。

畲族地区山岭连绵,河流众多,耕地稀少,素有"八山一水一分田"之称,仙霞岭、武夷山、杉岭、太姥山、戴云山横亘其间,境内峰岭竞秀,江河纵横,林海苍茫,梯田环山,畲族村寨掩映在深山密林中,构成一幅远离尘世的自然风景画。

畲族的传统文化建立在梯田水稻耕作和旱地杂粮种植的经济基础之上,由于山岭阻隔,耕地有限,外来先进技术难以推广,集约化经营困难重重,民族文化的交流与综合遇到了巨大阻力。畲族人民在艰险的环境中求得生息繁衍,赓续至今,不能不感叹其卓越的适应能力。

畲族服饰文化,色彩斑斓,绚丽多彩;畲族手工工艺,巧夺天工。比如,畲族彩带用不同颜色的棉纱或蚕丝线编织而成,规格多样,图案丰富。彩带是畲族姑娘的定情物,送彩带时吟唱赠带、系带的情歌,表达对情郎的深情厚谊。

另外,畲族的口承文化魅力无穷,展示出畲族的聪明心智与突出的创造才能。畲族的拳术功夫,包括蓝枝拳、洪拳、四斗拳、畲家拳、连环拳、法山拳等门类,各有风格,能攻善守,扬名四方。畲族武术文化强调习武与修德兼顾,练技与健体并重,是中国武术文化的珍贵遗产。

当今改革大潮涌动的时代,畲族文化的转型,既存在诸多不利因素,也拥有国内其他少数民族少有的地缘优势。畲族世居东南山地,走下山岗,便是发达的江浙文化区和粤东文化区,反观故地,则是旖旎的山川景色;向外拓展,可以吸英纳精,采借沿海地区的先进文化,向内开发,可以利用自然资源发展旅游观光等行业,增进文化的交流与互补,促进新陈代谢,实现传统文化的更新。

三、土家族、京族、高山族文化

(一)土家族

栖息在湘鄂川黔四省边界地区的土家族同古代的巴人存在密切的渊源关系,其文化历史始于遥远的石器时代,春秋战国时期已屡见于史籍。古之巴人,劲勇尚武,以虎为族徽,行船棺葬,信鬼事道,架木为居,同华夏、濮、越、楚、氐、羌等族群来往频繁,文化互化。土家族的文化渊源久远而又相对封闭,有自己的文化传统,又无时不受到周边民族文化的影响。土家族创造了既有中华民族共同特征又与土家族本体文化存在千丝万缕联系的、表现为物质、制度、精神各个层面的文明成果。

土家族的文化杰作包括土家织锦"西兰卡普""哭嫁歌""毛谷斯"等。唐代,土家族先民喜唱《竹枝词》,白居易、刘禹锡借题发挥,给唐代诗坛带来一股清风。唐宋以来,汉族文人不断移居土家族地区,兴办书院,传道授业,土家上层人物的潜能得到激发,能量结构的运作转向诗文创作,承袭至今。当代土家族文坛诗人、作家辈出,实是土家族文化流变的固有律则使然。

(二) 京族

京族聚居在广西防城港市东兴的山心、巫头、沥尾三岛(素有"京族三岛"之称),其余散居在潭吉、红坎、恒望、寨头、互村等地。据说京族祖先原住越南涂山一带,由于追捕鱼群来到我国北部湾的山心、巫头、沥尾三岛,发现这里人烟稀少,渔业资源丰富,便定居下来,传承了一整套适应海岛生态环境的生计及文化模式。

1949 年之前,京族地区经济落后,尤其是教育事业,几乎是一片空白,只有零散的私塾,没有正规的学校。20 世纪 50 年代之后,京族文化教育事业飞速发展,京族子弟获得了接受教育的机会,各岛都创建了小学,在江平镇开办中学,许多优秀的京族学生有机会进入全国高等学校学习深造。

京族群众擅长文学艺术的创作,其中最富民族特色的是"唱哈"。京族每年都举行隆重的仪式,欢度"唱哈节",即"哈节"。"哈节"包括迎神、祭神、入席、唱哈、送神五个程序,唱哈是唱哈节的高潮,内容丰富,涉及的民间文学体裁较多,有长篇叙事歌、生产劳动歌、诉苦歌、情歌、盘歌等,通常持续三天三夜。

作为国家级非物质文化遗产的京族独弦琴结构简单,但弹奏起来音质优雅、婉转动人,余音袅袅,动人心扉,作为京族文化的象征之一,体现了京族人出类拔萃的艺术天赋及音乐造诣。

(三) 高山族

高山族现有 9 个支系,台湾高山族的先民属于环太平洋移民集团的古老成员,依凭相对独立的地域空间,艰苦卓绝地创造并传承着古朴粗犷的民族文化,在外来文化的强烈渗透与同化中,顽强地经受着历史的考验。

地质学和考古学的研究成果表明,台湾岛屿奠基于 2 亿年以前,距今四千万至二三百万年前的喜马拉雅山造山运动的挤压,形成了现代的地貌。① 此后,冰河时代海水回落,中国大陆与中国台湾及菲律宾群岛之间,有陆桥相连,黄海一带裸露,为一坦荡的平原。距今 1 万~1.5 万年,冰川时期结束,海水上升,大陆架沉沦,台湾岛与大陆分离,但是,海峡两岸的文化交流并未因此而中止。林惠祥先生根据古越人文化特质的播布范围及过程推测:"台湾的新石器时代人应是古越族的一支","是大陆东南沿海一带渡海,漂过去的。至于传播的路径应以福建较有可能,因为闽台相距最近,中间又有澎湖列岛"。② 考古学、语言学、民族学多角度多侧面的论证,厘清了台湾高山族的文化渊源与播布过程,证明了高山族的血缘与文化都同中国大陆存在一脉相承的联系。

高山族创造并传承着十分丰富的文化遗产,著名的文化符号有:祖灵柱与人像雕刻、口传文化经典作品《矮灵祭歌》。

17 世纪中叶,郑成功收复台湾,汉族移民大规模入岛。清朝实施汉化政策,高山族历史出现了重大转折,汉族移民及其后裔成为台湾的主体民族。

从 1895 年到 1945 年,日本帝国主义占领台湾半个世纪,在台湾实施殖民统治政策,高山族文化陷入停滞和逆转境地,高山族人开展了坚贞不屈的抗争。据统计,日寇霸占台湾 68.5%的耕地和 97%以上的山林资源,高山族男子被迫无偿地为日寇伐木、采矿。日本推行"差别教育制度",实施效忠"天皇"的奴化政策,鼓吹"日本语中心主义",禁止使用母语与汉语,强迫皈依"天照大神",取缔或废止传统宗教信仰,高山族文化经历了一场前所未有的大劫难。

1949 年,国民党政权退居台湾,高山族文化面临新的变革。台湾当局实施"山地平地化""山地现代化""促进山胞与一般社会融合"的政策,促进高山族社会文化的"整体转换""走向现代社会",逐步实现经济形式、社区组织、生活方式、文化教育、婚姻制度、宗教信仰、风俗习惯等传统文化各个侧面的全面转型。高山族的文化大变革,一方面促进了高山族社会的进步,使其能够共享现代文化的成果,另一方面,不可避免地造成民族传统文化的失落,本族语言、文字、社会结构、传统习俗渐次丧失了生存的根基。走向文明是每个民族的必然选择,而继承民族传统文化,防止文化断层,保持民族个性,避免彻底同化,又是一个民族得以屹立于世界民族之林的必要条件。两种趋向之间的背离与调和,不仅值得高山族人深刻反思,也值得民族文化研究者深入探讨。

---

① 刘东生,等. 中国第四纪沉积物区域分布特征的探讨[M]//中国第四纪地质问题,北京:科学出版社,1966. 朱永其,等. 关于东海大陆架晚更新世最低海面[J]. 科学通报,1979(7):317-320.

② 林惠祥. 台湾石器时代遗物的研究[J]. 厦门大学学报,1955(4):35.

思考题

1. 简要说明中南与东南少数民族文化的主要构成与文化象征。

2. 试述壮侗语族诸民族的文化渊源与文化特征。

3. 苗族文化与瑶族文化的渊源与差异主要表现在哪些方面?

第十二章
西南少数民族文化源流

学习提示

　　西南地区是中国少数民族的重要集聚地，众多的民族人口构成了独具一格的文化景观，在全球一体化进程日益加快的当今，文化的多样性面临严峻的挑战。本章的学习重点：了解西南地区的民族构成、历史渊源、文化传统，了解古代的氐羌、百濮、百越民族与当今西南少数民族的族源关系；了解藏传佛教的形成过程与当代传承情况，还有彝族、白族、纳西族以及其他民族的社会组织和文化成就，感悟西南少数民族的精神世界及其文化魅力。

　　祖国的大西南包括了西藏、四川、云南、贵州等地区。从空中鸟瞰，世界屋脊青藏高原屹立在亚洲中部，地势向东逐渐倾斜降低。在这片绵延数千千米的高原山地中，怒江、金沙江、澜沧江、雅砻江、大渡河等河流从高原上飞流直下，自北而南横穿而过。在这片由高原、江河以及崇山峻岭构成的神奇古老的土地上，生息繁衍着藏族、门巴族、珞巴族、羌族、彝族、纳西族、白族、拉祜族、傈僳族、哈尼族、阿昌族、傣族、佤族、布朗族、德昂族、景颇族、普米族、怒族、独龙族、基诺族等西南少数民族。仅云南一省就有 26 个民族，悠远的民族历史与绚烂多彩的文化，向人们展示了中国原生态文化的浩博精深。西南民族的语言系属关系如下表所示：

表 12-1　西南民族语言系属表

语系	语族	语支、语言
汉藏语系	藏缅语族	藏语支——藏语、门巴语
		景颇语支——景颇语
		羌语支——羌语
		彝语支——彝语、白语、哈尼语、纳西语、拉祜语、土家语、傈僳语、基诺语

续表

语系	语族	语支、语言
汉藏语系	藏缅语族	缅语支——阿昌语
		语支未定——独龙语、珞巴语、怒语、普米语
南亚语系	孟高棉语族	德昂语、布朗语、佤语

一、族系构成与民族迁徙

根据历史上的族属和来源,西南少数民族大致可分为三大族系。(1)氐羌族系后裔:藏族、门巴族、珞巴族、彝族、羌族、纳西族、白族、拉祜族、傈僳族、哈尼族、阿昌族、基诺族、普米族、景颇族、独龙族、怒族等;(2)百越族系后裔:傣族;(3)百濮族系后裔:佤族、布朗族、德昂族。在我国境内的佤族、布朗族、德昂族是濮人的后裔,他们和怒族、独龙族的一些支系都自称是当地最早的居民。氐羌族系和百越族系分别居住在西南和华南地区。

公元前4世纪,羌部族掀起了西南民族大迁徙的浪潮。据《后汉书·西羌传》记载,公元前384年,秦献公对西部羌人发动大规模征讨,羌人向西部和西南地区迁徙,到达青藏高原腹地的部族,与当地原住民相融合,成为藏族的祖先,由于特殊的地理位置,从此"与众羌绝远,不复交通",直到唐代才以吐蕃族的新面貌出现在中国历史舞台上。原住民中一部分,退居喜马拉雅山脉南麓山区,发展成今天的门巴族、珞巴族。其余留居甘青大草原的羌人部落大多被华夏、吐蕃族融合。还有在川北甘南岷江上游的一小部分羌人,历经无数的战乱,顽强保持着自身传统,发展成为今天四川阿坝藏族羌族自治州的羌族。

羌人的大部沿横断山脉向南迁徙,与新石器时期就已迁徙到西南的氐羌部族和当地濮、越族系居民发生密切联系,形成西南的众多民族。彝族源于由南迁的羌人与濮人中的哀牢部落联合而成的昆明族,与同为羌人系统的叟族在隋唐时融合为乌蛮,并于唐代建立强大的政权——南诏国,后演变为宋元时期的"罗罗"和近代的彝族。南北朝时从昆明族中分化出的一支部族,为摆脱乌蛮、南诏、大理政权的统治,先后多次大规模迁徙,南迁至今西双版纳和临沧地区,演化成为今天的拉祜族。

在唐代,乌蛮中有一支居于雅砻江和金沙江两岸,在吐蕃王朝的支持下分化出来,独立发展;明代时被称为"力些",从原居地翻越碧罗雪山进入怒江,成为怒江地区人口最多的民族,即今天的傈僳族。僰人也是南迁氐羌集团的一支,从战国末期至汉初,僰人沿岷江由湟中迁入云南曲靖至滇中地区,有发达的农业、青铜制造业,由于其文化水平较高,与迁入云南的汉族逐渐融合,在唐代形成白蛮,势力强大,在唐末取南诏而代之,建立了大理国,立国300余年,为祖国的统一和云南的发展做出重大贡献。明代,大批汉族移民和屯军融入白蛮,使白蛮生产力水平提高到与当地汉族相当的水平,被尊称为"民家",自称为"白尼(白人)",20世纪50年代被定名为白族。

纳西族与彝、白等族经历了大致相同的发展过程,其前身是摩沙族,大致在东汉末年已从南迁的氐羌集团中分化出来,分布在四川盐源以西经云南永宁、永胜至丽江地区,汉、晋时被称为"磨些蛮",长期与南诏、大理抗衡,元代以后,又称为"么些族",由中央王朝委任本族头人为土司治理,直至清雍正以后改为由中央王朝直接统治,发展为今天的纳西族。

西南地区民族来源和民族成分非常复杂,一个民族中往往有不同来源的支系或由多个源头融合而成,如景颇族最早的来源是古羌人,同时又与仍处于原始社会的"锣形蛮"相交融,唐代发展为"峨昌蛮",明朝中叶,随着土司制度在当地的确立,一部分峨昌人受汉文化影响,演化为阿昌族,另一部分则发展为景颇族。

氐羌族系各族的文化同样精彩纷呈,引人神往。羌族先民早在汉代已能依山而居,垒石为室,高者十余丈为"邛笼"。"邛笼"为羌语音译,意为碉楼,羌族垒石为碉,形成独特的建筑风格和居住传统,延续近2000年,丰富和发展了我国建筑文化。门巴族、珞巴族居住在喜马拉雅山脉南侧的深山密林地区,尽管自然条件恶劣,两族主要居住地西藏墨脱县交通不便,但两族人民却发展出极具特色的狩猎文化,编织、造纸等手工业享誉雪域高原,历史上还为保卫祖国领土的完整做出过贡献。

西南民族拥有对远古文明的迷恋追忆、对神灵世界的虔诚信仰,还有色彩斑斓、神奇迷离的轻歌曼舞,以及对现代文明的执着追求,对民族文化新崛起的真情渴望。

西南民族实现人生价值的方式,给受到信仰危机困扰的现代人提供了重要的启迪。随着西部大开发战略的深化发展,乡村振兴战略的全面推进,西南地区富饶的自然资源和旅游资源,将得到更为有效的开发,西南民族文化将更全面地展示在世人面前。

二、藏族文化与藏传佛教

藏族是中华民族大家庭当中分布广泛、历史悠久、文化独特、势能强大的少数民族,主要分布在西藏自治区,青海省的海北、黄南、海南、果洛、玉树等藏族自治州、海西蒙古族藏族自治州,甘肃省的甘南藏族自治州、天祝藏族自治县,四川省的阿坝、甘孜两个藏族自治州和云南省的迪庆藏族自治州等地。

素有"世界屋脊"之称的青藏高原,地域辽阔,莽莽苍苍,雪山环绕,藏族文化在这里萌生。藏族文化发源于青藏高原上的古代文化,同时融合了羌、戎、月氏、鲜卑等民族的文化,经长期汇流整合而成。

藏族文化遗产的杰作首推布达拉宫。布达拉宫被称为"世界屋脊上的明珠",是全国文物重点保护单位,1994 年被列入世界文化遗产名录。它是西藏的标志,也是藏民族精神寄托之所。

藏族的《格萨尔王传》共有 120 多部,100 多万行,2000 多万字,是世界上规模最大、篇幅最长的英雄史诗,是举世闻名的文学巨著,也是研究藏族社会历史、宗教信仰、心灵世界、审美文化的珍贵文献。

西藏文化区弥漫着浓郁的宗教文化气息,但原本西藏地区流传的不是单一的藏传佛教,而是多种原始宗教同佛教的汇合。在佛教文化播布之前,西藏已有原始的本土巫教文化,或称傩文化,其主要功能是酬神祛邪、禳灾纳吉,以巫术的表演和操作为主要的形式。

藏族文化结构的变迁过程,深受苯教和藏传佛教的影响。苯教是藏族地区具有浓郁自然宗教色彩的古老宗教,它历经三个发展阶段:

第一,笃苯。原始苯教,相信万物有灵,崇拜天空、地上、地下三界的鬼神精灵和自然物,用血牲祭神,奉行驱鬼祈福禳灾的仪式。

第二,恰苯。自外流传来的苯教,是苯教的大盛时期,苯教巫师身居高位,其权力可直接影响王室的重大政治决策。

第三,觉苯。改信的苯教。王室与苯教矛盾尖锐化之后,佛教势力日增,苯教的义理带上了佛教色彩。至今在西藏的仁布、南木林、藏北三十九族地区,藏东的芒康、工布江达和四川的阿坝等地仍有苯教流行。

佛教开始传入吐蕃之时,信奉山神、水神、风雨神、雷电神、光明日月等神祇的苯教,与信仰一元主神释迦牟尼的佛教,展开了急剧的冲突和互化。松赞干布前半生推崇苯教,以苯教治国,后半生改信佛教。8 世纪中叶,吐蕃王朝宣布苯教为非法宗教,佛教势力大增,占据了主导的地位。但是,作为藏民族古老的传统宗教,苯教并没有就此退出历史舞台,而是尽力克服苯教无经典、无寺院、无僧侣制度,本质上是一种原始巫教的弱点,吸取佛教经典浩繁、教义深邃、制度完备的优势,经过长期的借鉴和改造,创造了自己的经典和寺院。而佛教也采取了灵活变通的让步措施,如莲花生进藏时,打着密宗的旗号,采用苯教的仪轨,借鉴苯教中的“羌姆”(跳神)和“古尔鲁”(道歌)来宣传佛教教义,寺庙里除供奉释迦牟尼外,还供奉苯教的威德金刚(战神)、欢喜金刚(性神)等神灵。双方互相吸收,终于整合成独具特色的藏传佛教,即喇嘛教。藏传佛教的兴盛,一方面反映了佛教对陌生社会高度的适应能力,另一方面,更重要的是体现了藏族传统宗教文化的顽强生命活力与藏族人民敢于吸收外来文化,并对外来文化进行创造性改造的可贵精神。

7 世纪到 9 世纪为佛教传入西藏的“前弘期”,10 世纪至 14 世纪为“后弘期”,随着各教派的兴起,逐渐形成了“政教合一”的制度。到 15 世纪,宗喀巴创立格鲁派,以雄厚实力和压倒优势取得统治地位,达赖和班禅两个活佛系统就属于这一派。

格鲁派的成功,源于 13 世纪后,藏传佛教中的萨迦、噶举各派在政治和经济上享有很大特权,上层僧侣生活放荡,无所不为,引起人民的强烈不满。在这种背景下,宗喀巴实施改革,要求僧众严持戒律,崇尚苦行,禁止娶妻,学经要遵循次第,得到了地方政府和僧众的大力支持,遂成为西藏的正统教派。

三、彝语支诸民族的文化

彝族支系众多,分布广泛,方言复杂,主要居住在云、贵、川的凉山、楚雄、红河、马边、峨边、威宁、峨山、路南、南涧等自治州和自治县。

彝族源出古氐羌族系,历史悠久、文献浩繁,对中国文化的发展贡献卓著,是中国西南地区拥有强大势能的民族。

彝族多居高原山地,文化得以相对独立地传承,形成了一整套思想、宗教、民俗体系,维系着彝族文化的完整结构,有利于保存民族文化的独特性。彝族拥有较为发达的传统科技,包括独特的彝医、彝药、天文历法、民间工艺等,都对彝族潜能的激发起到积极的作用。彝族创制了完整的文字体系,保存了丰富的宗教、历史、天文历算、医药卫生、伦理、文学等方面的珍贵文献。作为彝族文化遗产杰作的漆器工艺、火把节、十月历、叙事长诗《阿诗玛》等,都在国内外享有很高声誉。

白族是西南地区一个历史悠久、文化璀璨的民族,聚居在滇西大理白族自治州等地,其文化渊源同洱海地区的原住民“昆明”“叟”“白蛮”所创造的古文化及氐羌、巴蜀、百越等古代族群文化存在悠久的交流历史。白族人善于学习其他民族的先进文明,心态开放,涌现出一大批成就卓著的哲学家、思想家、文学家、军事家、艺术家、科学家、社会活动家及其他方面的高级专门人才,这在其他许多少数民族中是罕见的。

白族的经济文化发展水平较高。白族精湛的文学、绘画、建筑、服饰等艺术形式,历来闻名于世。云南剑川石钟山石窟,被誉为“南天瑰宝”。此外还有滇池畔的崇圣寺三塔,号称六朝碑镌之首的《爨宝子碑》,唐代著名的《南诏德化碑》,元、明、清三代相继涌现的白族作家诗人群体,都显示出白族文化的巨大成就。电影《五朵金花》更使白族优美的民族服饰、动听的民间歌谣得到各族人民的喜爱。

在西南众多的民族当中,纳西族既能保存本民族的文化传统,又能以开放的心态采借其他民族文化,并推陈出新。偏居滇、川、藏交界的纳西族人,创造了博大浩繁的东巴文化,同时广泛地吸收汉族、藏族、白族及西方民族的优秀文化,达至水乳交融、相得益彰之境,实是民族文化结构运作的最佳状态与民族文化涵化的良好范例。

1986 年被列为国家历史文化名城、1997 年入选世界文化遗产名录的丽江古城是纳西文化的集中体现。纳西古乐由白沙细乐、丽江洞经音乐、皇经音乐组成,是纳西文化的名片。

纳西族信奉东巴教。东巴文化包括东巴文、东巴经、东巴工艺及东巴音乐、舞蹈、占卜和祭祀礼仪等,东巴是东巴文化的传承主体。东巴文有象形和标音两种,其中东巴象形文字是目前世界上唯一存在的原始象形文字。

纳西族素有重视文化与学术的传统。至明代,丽江地区已相当开化,木氏土司致力于汉文化、佛教文化及本族文化的播布,成效卓著。《明史·云南土司传》:"云南诸土官,知诗书,好礼守义,以丽江木氏土司为首云。"清代纳西族人才辈出,计有翰林 2 人,进士 7 人,举人 60 多人,有诗文传世者 50 多人。新中国成立以后,纳西族东巴文化得到全面的发掘、整理、研究,涌现出一批蜚声国内外的画家、作家、诗人、学者及其他领域的优秀人才,纳西文化焕发出绚丽的光彩。

哈尼族源于唐代乌蛮中的一支"和蛮",为南诏统治下的一个部族,居于六诏山区,即今红河地区。

哈尼族主要分布在云南省的哀牢山、无量山和西双版纳的广阔山区。公元前 3 世纪,秦王朝征讨邻近部落,古羌人流散四方,其中一支迁徙到滇西北、滇东北,史称"和夷",后又陆续向南移居,进入滇东南、滇南各地,形成当今哈尼族的分布格局。

哈尼族遵循山区生态环境及其演化规律,利用山高谷深的切割地貌、气候以及植被立体分布的特点,创造了令人惊叹的"森林—村寨—梯田"生态循环系统,其子系统还包括地表径流系统、防灾减灾系统、森林蓄水系统、梯田蓄水系统、梯田湿地生态系统、生态净化系统和农林牧副渔生产系统等。

现已列入世界遗产名录的哈尼梯田,构成了一幅幅动人的风景画:"依山麓平旷处,开凿田园,层层相间,远望如画","数里不绝"①。哈民梯田被列为中国农耕史上的七种田制之一,充分体现了哈尼人坚忍耐劳的品格和杰出的聪明智慧。以梯田农耕文化为核心,形成与之相适应的农事历法、祭祀活动、家庭生活、村赛规模、社会组织,既是哈尼族能量外化的结晶,也是哈尼族文化结构的根基。

在现代文化重组过程中,哈尼文化也面临严峻的挑战。正如毛佑全先生所说:

> (哈尼族)长期频繁的迁徙活动,又加剧了他们被动的历史境遇。没有长期稳定的故土,无法形成稳定、统一的政治、经济、文化体制和聚合力;没有本民族的文字和典籍,没有村以上的社会组织,甚至没有连成一片的地理环境,而是组成村落散居,夹处于拥有别种文化和组织较强的其他民族之间。与其他民族相比,哈尼族似乎很珍视与世隔绝的情景。这也证明了他们南迁是由逃避饥荒和战乱造成的。②

① (清)江濬源. 嘉庆临安府志校注[M]. 昆明:云南人民出版社,2018:218.
② 李德洙. 中国少数民族文化史·哈尼族文化史[M]. 沈阳:辽宁人民出版社,1994:867.

　　哈尼族同中国其他少数民族一样,在漫长的历史长河中度过了艰难的岁月,现今商品经济大潮和外来文化的冲击,将在更广的范围、更深的层面上影响哈尼族的传统文化。

　　傈僳族聚居于云南省怒江傈僳族自治州,散居在云南丽江地区、迪庆藏族自治州、保山地区、德宏傣族景颇族自治州、大理白族自治州以及四川的盐源、盐边、木里、西昌等地,与汉族、白族、彝族、纳西族、哈尼族等民族交错杂居。傈僳族是氐羌族群的后裔,原事游牧,后经川滇交界的金沙江两岸,迁至云南西北部的澜沧江和怒江流域。这里千山万壑,交通极为不便,造成民族文化交流不畅,文化整合程度低,民族势能难以汇聚。

　　傈僳族在每年农历二月初八举办刀杆节,主要内容是"上刀山"和"下火海",目的是重温明代抗击外敌入侵而大获全胜的历史记忆。傈僳族有句谚语:"盐不吃不行,歌不唱不行。"傈僳族一向以能歌善舞著称。创世长诗《创世纪》和传统叙事长诗《生产调》《捕蜂调》在中国民间文学宝库中都占有重要地位。

　　拉祜族栖息于云南西南部澜沧江两岸的思茅、临沧两地区,为古羌人遗裔,文化形貌同傈僳族及彝族相似,崇拜虎,尚黑色。拉祜族著名的民间工艺是背带制作。代表性的史诗是《牡帕密帕》,描述天神厄莎开天辟地,造日月星辰、造万物的过程。拉祜族的传统信仰是自然崇拜和祖先崇拜。佛教、天主教和基督教也传入拉祜族地区,外来宗教的教义渗透在原始信仰中,促使拉祜族的信仰文化发生了变更。

　　基诺族聚居在云南西双版纳傣族自治州景洪县基诺山基诺民族乡等地。"基"指"舅舅","诺"意为"后边","基诺"可理解为"舅舅之后"或"尊重舅舅"的民族,是基诺族舅权至上文化特征的深刻体现。基诺族人口较少,文化积蓄未丰,以采集、狩猎、原始农耕作为谋生的主要手段。值得称道的民族文化当推独具一格的"竹器文化"和民间文学。

　　基诺山区竹林葱茏,品种繁多,竹器制品遍及日常生活的方方面面。竹楼的梁、柱、楼板、隔墙、大门以及桌、凳等用具全是竹子做的,此外还有竹水桶,竹篓,竹制的烟盒、饭盒、杯、碗、勺、乐器等,无不体现出基诺人的聪明才智及其对自然生态环境的充分利用。

　　基诺山寨传承的神话、故事、传说和歌谣,焕发着古朴清新的艺术魅力,基诺人的生命历程,总有歌声相伴——幼儿时期,听母亲唱催眠曲;童年时代唱儿歌;青年时代唱情歌;人至中老年唱礼俗歌;去世时,人们唱哀歌送行。基诺族人人善歌,情切切,意绵绵,实是基诺族文化潜能显现的重要路向。

四、西南其他民族的文化

　　羌族是广泛活动于黄河中上游地区的势能强大的古老民族,曾建立过"后秦""西夏"等地方政权,与华夏族同为黄河文明的开拓者。《诗经·殷武》:"昔有成汤,自彼氐羌，莫敢不来享，莫敢不来王。"说明先秦时期，羌族先民已经处于商文化的涵摄之中，并以发达的畜牧、狩猎文化与商朝农耕文化建立起互动互补的关系。西周兴起于黄河中上游，同羌相邻，羌人参加了反商联军，羌族出现了分化，一部分随着周王朝的建立，融入华夏族之中，另一部分向西部和西南部迁移，前者演变成农耕民族，后者仍传承着畜牧、游牧文化。

今之羌族，主要分布在四川省阿坝藏族羌族自治州的茂县、理县、汶川、黑水、松潘，以及绵阳的北川和甘孜的丹巴等县，与汉族、回族、藏族等民族杂居，从事农业、畜牧业和家庭副业，其中尤擅钻石、砌石工艺，充分体现了羌族人的聪明智慧。羌人通常沿河谷、山坡建房，充分利用地形，建造便于生产、生活、防卫的居室。羌族的碉楼风格独特，技艺高超，呈四角、六角或八角形式，不用吊线，全凭目测砌成，为中国建筑文化增添了风采。

羌族代表性的文化遗产还包括口传宗教经典《坛经》、传统舞蹈羌舞和刺绣。《坛经》分上坛、中坛、下坛三部分，分别关于神事、人事、鬼事，传承主体是羌族的端公。羌族舞蹈包括自娱性、祭祀性、礼仪性、集会性舞蹈四大类，其中自娱性的"羌族锅庄"流传最广。羌族妇女善于挑花、刺绣，织工精湛，针法细密，绣工精美，文化意蕴丰富，具有浓郁的乡土气息，在中国工艺美术史上有一定的地位。

历史上喜马拉雅山东段南坡低热的森林谷地，被称为"门"，藏语称"门隅"，意指"角落""边远"的地方，"巴"为"人"，"门巴"即居住在门隅的人。中国门巴族主要居住在西藏的墨脱、错那等县，与印度、不丹相邻，深受藏族文化的影响，懂藏语，用藏文，从藏历，依藏俗，唯计数用二十进位制。

长期以来，门巴族聚居的墨脱县交通不便，阻遏了先进技术的传播和文化的交流。门巴族在相对封闭的自然环境中，传承着自身的文化。门巴族的竹编工艺、木碗制作技艺，闻名遐迩，许多制品制作精良，造型别致，深受人们的喜爱。

珞巴族以部落或氏族为单位，居住在西藏东南部喜马拉雅山峡谷地区，以种植旱稻、鸡爪谷、玉米以及蔬菜作为生活之资。珞巴地区山高路险沟深，交通不便，以背篓和丁字手杖作为主要的交通工具，珞巴人在与世隔绝的生境中传承着本民族的文化。

珞巴族善于在水深流急、地势险峻的交通要道上，用藤条架设桥梁。藤网桥根据地形不同，长度或五六十米，或一二百米，改善了当地的交通条件，体现了珞巴人的聪明才智。

普米族也是古氐羌集团的一支，可追溯到东汉时分布在川西南大渡河、雅砻江流域的羌人中的白狼部，元代被称为西番。一部分西番人随忽必烈南征进入云南，明清时继续迁入，居于滇西北地区，留居四川西部的西番人后被同化入当地藏族中，而云南的西番人则演变为今天的普米族。

普米族主要分布在云南省西北部的兰坪、宁蒗两县，以及丽江、永胜、维西等地。普米,亦称"培米",意指"白人"。其语言属藏缅语族羌语支。普米族信仰原始宗教、丁巴教(巫师教)、藏传佛教,由于同摩梭人杂居,亦受东巴教和达巴教的影响。普米族生活的环境竹木资源十分丰富,明代就以"砍伐竹木编织篾笋营生"而闻名,男女老幼都擅长编织,尤其以碗、糌粑盒等木制餐具的制作最为精致,用精选的雪山上生长的洋花木,经过选材、制坯、泡煮、晾干、磨光、上漆等多道工序制成,显示出普米人适应环境、利用资源的能力。

怒族主要分布在怒江两岸的大峡谷地区,境内山高林密,峭崖千仞,峰连天际,交通极为不便,怒族人在相当恶劣的自然环境中艰难而顽强地创造并传承着本民族的文化,尽管没有显赫的民族历史和辉煌的文化成就,但是,怒族人在长期的社会历史发展过程中,形成了一套适应当地生活环境的生计模式,开拓了祖国疆土。

17世纪以前,怒族人使用木制、石制工具进行刀耕火种和从事原始采集活动。此后,傈僳族迁入怒江地区,带来了铁制工具和先进的生产技术,提高了怒族人利用能量的水平。20世纪以来,汉族、白族、纳西族等民族大量移居怒江两岸,改变了当地落后的生产方式,怒族人也学会了水稻种植技术,同时带动了其他生产门类的发展。

云南贡山的仙女节是怒族最隆重而富有特色的民族节日活动,起源于怒族民间传说,每年农历三月十五日举行。如今仙女节已经融入转山、喇嘛教诵经、歌舞表演、祈求安康、物资交流等活动,成为多民族共同参与的盛会。

古羌人遗裔之一阿昌族,主要分布在云南省德宏傣族景颇族自治州的陇川、梁河、潞西、盈江等县及周边地区,这里位处高黎贡山南延的余脉,地势相对平缓,以丘陵为主,河流纵横,水能资源丰富,地下蕴藏着大量的煤、铁、铜、云母、石墨等自然资源,莽莽林海中遍布名贵中药和珍禽异兽,为民族能量结构的灵活流转,提供了巨大的基源。

阿昌族的历史可追溯到宋元时期的"峨昌""莪昌""蛮昌",乃至先秦时期的古羌人,唐初的叟、摩沙等族群在甘青、川西、滇西一带所创造的灿烂历史文化。阿昌人尤善于种稻,被称为"水稻王"。此外,其"户撒刀"锻造精纯,柔可绕指,削铁如泥,闻名遐迩。阿昌族的著名口传文化遗产是2000多行的创世史诗《遮帕麻和遮咪麻》,它是阿昌族宇宙观的集中体现。

景颇族主要分布在印度中南半岛西北部、中缅两国交界地区。中国的景颇族聚居于云南省德宏傣族景颇族自治州的潞西、陇川、瑞丽、盈江、梁河等县和畹町镇。景颇地区位于亚热带,气候温暖,雨量丰沛,四季温差不大,适于植物生长。景颇人种植稻谷、玉米、高粱、蔬菜,饲养牛、猪、鸡等。农闲时节,男子外出打猎、捕鱼,妇女从事采集,作为生活之补充。

景颇族自古以来一直保持着氐羌先民"以勇悍相尚"的特点,景颇男子十分珍视随身携带的长刀,称为"日恩途"(生命刀),并形成了独具特色的景颇刀法。景颇妇女的服饰以花统裙和被称为"孔雀衣"的银饰紧身短上衣为主,盛装时还在腰间围上40多股彩色的藤篾腰箍,更显出穿着者身段的矫健多姿。

景颇的传统节日是"目瑙纵歌",意为"大伙跳舞",每年农历正月十五举行。原来是融宗教和文化习俗为一体的传统庆典,后来逐步演化成不同类别的集会形式。

独龙族在新中国成立前,曾有"太古遗民"之称,食不果腹,衣不遮体,以石洞为屋,或巢居野处,尚有原始群婚和对偶婚遗存。造成独龙族社会文化缓慢演化的根本原因是大自然的隔绝和封闭的地理生态环境。

独龙族90%以上居住在云南西北部贡山独龙族怒族自治县的独龙江畔,其他散居怒江两岸等地。独龙江从西藏自治区察隅县东南部奔腾而下,劈开横断山区西北麓的高黎贡山和担当力卡山,形成神秘而壮观的窄长河谷,独龙族人就在这里艰苦创业,生息繁衍,传承独特的民族文化模式。每年12月至次年5月,皑皑白雪隔断了独龙河谷同外界的联系,冰雪融化之后,欲抵达独龙地区,要翻越海拔4000—5000米的崇山峻岭,跨过惊涛汹涌的澜沧江和怒江,穿行于原始森林之中,攀藤附葛,历尽艰险,才能进入云雾缭绕、神奇迷离的独龙河谷。

独龙族的服饰很简单,男女均用麻布裹身为衣,称"独龙毯"。其竹篾工艺品结构复杂,做工精细,深受人们的喜爱。独龙族的年节称为"卡尔江哇",通常在每年的冬腊月,现定为每年10月10日举行。

德昂族被认为是怒江两岸最早的居民,也曾是怒江流域人口较多、势能较强的民族。德昂族跨境而居,分布在中国境内的德宏、保山、临沧、思茅等地,与傣族、汉族、景颇族、佤族等民族杂居。德昂族被认为是秦汉时期"百濮人"的后裔,其文化源出孟高棉族体共同创造的濮文化和茫人(金齿)文化。11世纪后,德昂族先民摆脱了大理国控制,建立了金齿国,汇融百夷、骠人、峨昌、比苏等族群的力量,实现了对今云南南部、缅甸北部、老挝北部、越南西北部地区较长时期的统治。

德昂族信仰南传佛教,其图案雕刻和绘画艺术,凸显了民族风格。德昂族聚居区盛产竹子,竹文化丰富多彩,独树一帜。德昂族的非物质文化遗产杰作是神话史诗《达古达楞格莱标》(意为最早的祖先传说),体现了德昂族由原始思维方式衍生出的价值观。

布朗族源自古代的"濮人",主要分布在云南西南部海拔1000～1500米的山林地带,那里气候温和,风景秀丽,自然资源丰富。布朗人善于制作弩,自幼学习射击技巧。他们练习的方式是白天射刀刃,晚上射香头,以刀刃两分、香头熄灭为优胜,世代相传,成为布朗文化习俗。

布朗族的居住形式以干栏式竹楼和土木砖瓦结构的房屋为主,民间流行万物有灵观念以及自然崇拜、图腾崇拜、祖先崇拜等习俗。

佤族在汉文典籍中称为望蛮、哈剌、哈瓦、木棉濮等,说明佤族人及其文化很早就进入汉人视野,并产生了渊源深远的相互影响。佤族主要分布在云南西南部的澜沧江和萨尔温江之间,怒山山脉的南段。直到唐代,佤族人仍以采集、狩猎为生,元明清时期才掌握开荒种地、种麻织布的技术。

佤族富有民族特色的文化符号很多,比如沧源佤族岩画、西盟型铜鼓、木鼓、木鼓房、木鼓舞、甩发舞等,这些是人们认识古代佤族社会生活的珍贵资料。

总而言之,西南地区是中国少数民族的重要聚居地,众多的民族人口构成了独具一格的文化景观。在全球一体化进程日益加快的当今时代,文化的多样性面临严峻的挑战,西南少数民族的文化逐渐显示出弥足珍贵的文化魅力,同时,西南少数民族文化与外来文化的交融及其传承机制,也引起人们的广泛关注。随着西部大开发战略的深入推进,西南少数民族文化的保护问题,也引起了人们的高度重视。

思考题

1. 简述西南民族文化的基本构成。
2. 西南各民族的文化符号和文化象征有哪些?
3. 为什么说全球一体化时代西南少数民族文化日益凸显重要价值?

第四编
中国文化形态结构

第十三章
文化符号与生活习俗

🌀 **学习提示**

美国人类学家格尔茨认为,文化是体现在象征符号中的意义模式,人是生活在"意义之网"中的动物,因而文化具有符号性、公共性和系统性。中华民族浩如烟海的文化符号与中国人的日常生活融为一体。本章的学习重点:理解文化不只是典籍中的圣人之言,文化的载体是多种多样的,书籍、器物、网络空间是文化载体的重要组成部分,而人自身是更为直接而重要的文化载体。表现为服饰、饮食、居住等形态的生活习俗,凝聚着深厚的文化意蕴,与民族的生存发展密切相关。借助"文化深描"的方法,理解服饰是民族文化最直接的显示;饮食滋养着民族的生命,被赋予各式各样的文化内涵;居住文化是人们安所遂生的保证,也凝聚着各民族适应自然的生存智慧;交通出行是民族文化的重要表征。

在中华民族各种文化形态中,包括文化符号、服饰习俗、饮食文化、居住传统、交通出行在内的生活习俗,都具有重要的研究价值。恩格斯指出:"人们首先必须吃、喝、住、穿,然后才能从事政治、科学、艺术、宗教等等。"①表现为服饰、饮食、居住、交通出行等形态的文化现象,虽然司空见惯,为日常生活所必需,但同样凝聚着深厚的文化意蕴,与民族的生存发展密切相关。服饰是民族文化最直接的显示;饮食滋养着民族的生命,被赋予各式各样的文化内涵;居住文化凝聚着各民族适应自然的生存智慧;交通出行促进了各民族文化的互动与交融;而语言文字是民族文化的重要载体,对民族文化的传承发展具有至关重要的作用。

一、符号隐喻:文化信息的载体

人类从本质上说是"符号的动物",人类通过创造承载着大量信息的符号而延续文化,

---

① 恩格斯.在马克思墓前的讲话[M]//马克思恩格斯选集(第三卷).北京:人民出版社,2012:1002.

文化符号凝聚着特定民族的核心价值观和文化精神。文化符号主要包括以下几种类型：

（1）图像符号

远古岩画、金属器物和陶瓷上的图形，给人以直觉的感知，隐含着某种文化意蕴。图像符号具有直接明了、易读性强等特点。

（2）象征符号

在漫长的文化传承过程中，有些符号让人联想到某种文化特质，其内在隐喻为人们广泛认同。比如，在中国人的眼中，龙凤象征吉祥，龟鹤象征长寿。

（3）图腾符号

远古人类总是将自身的起源同某种动物或植物联系起来，并将之作为族徽，对之顶礼膜拜。"龙"是中国人的图腾，隐喻着吉祥、神圣、威严。

（4）语言文字

语言是表达文化的普遍而常用的工具，文字是记录语言的书写符号系统，语言文字是传播文化的重要工具，也是传承文明的重要载体。

中国文化符号是中国人情感经验和精神风貌的表征。在人们的认知图景中，常见的中国文化符号有：孔子、老子、庄子、《道德经》《论语》、汉语、故宫、长城、道教、太极图、龙凤、五行学说、阴阳观、孙子兵法、兵马俑、莫高窟、丝绸、瓷器、春节、端午节、中秋节、京剧、中国功夫、天坛、旗袍、针灸、中国书法、中国画、中国茶文化、中国菜、中国结等。

相较而言，在所有中国文化符号中，汉字是最为源远流长、意蕴深邃、影响深远的符号系统。尽管中国各地的口音不同，但用汉字书写成文本，人们彼此都能交流。

殷墟甲骨文是相当成熟的文字，更早的文字符号是距今8000多年的贾湖刻符，还有7000年前的双墩刻符、6000年前的半坡陶符、5000多年前的青墩遗址刻符、连字成句的庄桥坟遗址文字、骨刻文、大汶口陶尊符号、尧舜时代的陶寺朱文、夏墟的水书等。

汉字的起源主要有以下几种说法：

（1）结绳说

《周易·系辞下》："上古结绳而治，后世圣人易之以书契，百官以治，万民以察。"《北史·魏本纪》："射猎为业，淳朴为俗，简易为化，不为文字，刻木结绳而已。"后人据此推断"文字起源于结绳"。

（2）八卦说

孔安国《尚书·序》："古者伏羲氏之王天下也，始画八卦，造书契，以代结绳之政，由是文籍生焉。"

（3）河图说

《周易·系辞上》："河出图，洛出书，圣人则之。"《河图·玉版》："仓颉为帝，南巡狩……灵龟负书，丹甲青文，以授之。"

（4）仓颉造字

《吕氏春秋·君守》："仓颉作书，后稷作稼。"《说文解字注序》："仓颉氏见鸟兽之迹，依类象形。"传说中，仓颉是黄帝的史官。

（5）图画说

持这一观点的学者认为：汉字真正起源于原始图画。一些出土文物上刻画的图形，很可能与文字有渊源关系。

汉字的演变经历了几千年的漫长历程，有甲骨文、金文、篆书、隶书、楷书、草书、行书等不同形态。

殷墟甲骨文，是商王朝（约公元前1600年—约公元前1046年）王室用于占卜记事而刻写在龟甲和兽骨上的文字。殷墟是殷商时代后期中央王朝都城的所在地，位于河南省安阳市西北小屯村、花园庄、侯家庄等地。目前，在殷墟发现的甲骨大约15万片，甲骨文单字数量有4500个左右，有指事、象形、会意、形声等造字方法。占卜内容涉及生育、疾病、天气、灾殃、兵战、祭祀等方面，承载着政治、军事、文化、天文、历法、医药、社会习俗等领域的文化信息。

金文是铸刻在青铜器上的文字，也叫钟鼎文。商周时青铜器铸造达到相当高的水平，主要有作为礼器的鼎和作为乐器的钟，因而"钟鼎"成为青铜器的代名词。钟鼎文是庄重而典雅的铭文。

汉字是形音义的集合体，汉字符号的表现与意义关系密切，能指和所指具有趋同的特点。汉字在驾驭语言和表达意义方面具有象征—表象的双重价值。中国人把书法的线条、墨色、节奏和空间作为表现手段，用线条的粗细、笔势仰俯和章法结构，体现书家内心世界的律动和自然万物的阴阳变化。在参差错落、调轻配重、浓淡相间中展示书家心灵空间的外化，追求一种整体的灵动、平衡和中正。

汉字是单音节文字，一字一音，每个音又分四个音调，节奏感强，富于音乐美，诵读起来响亮清晰、婉转动听。古典诗词讲究平仄、对仗，诗句整齐，节奏鲜明，朗朗上口，有铿锵悦耳、抑扬顿挫的美感。

汉字是象形文字，形声结合，字体形象生动，直观达意，好懂好认。汉语语法讲究语意的配合，语法形式灵活多变，若干关键词语在意义上大致搭配得当，就能写出结构独特、灵活多变、意涵丰富的语句，言简意赅地达到表情达意的目的。

汉字是世界上唯一能跨越时空的文字。当今中国人仍能读懂2500年前的《诗经》。千百年来，无数中国人诵读"关关雎鸠，在河之洲，窈窕淑女，君子好逑"，都能领略其间充满情趣的美感。1000多年前的唐诗、宋词，至今仍是中国儿童的启蒙读物。

所以说，中国汉字记载着文明、传承着精神、创造着辉煌。汉字作为中华文明的传统符号，已经永远地扎根在中国人的心中，形成一种刻骨铭心的文化情结。

二、服饰文化：时代风貌的表征

服饰文化，其渊源可追溯到蛮荒的远古时代，经历了由强调实用到讲究审美的演化历程，展示出不同时代的文化风貌。

据考古发现，至少在新石器时代，华南古人类已经用骨针作为纺织工具，工艺技术相对成熟，证明中国南方的纺织业和服饰文化具有悠久的历史。①

中国的丝织工艺、麻织工艺、棉织工艺、印染工艺，都有一定的先进性，甚至可以说中华民族是许多纺织技艺的发明者。据《岭外代答》记载："广西亦有蚕桑，但不多耳，得茧不能为丝，煮之以灰水中，引以成缕，以之织细，其色虽暗，而特宜于衣，在高州所产为佳。"②这说明，至少在宋代，广西已有相当完善的纺织技术。

明清时期，全国各地不乏先进的纺织技术，为服饰文化的发展繁荣提供了可靠的物质保证。不难想象，没有相当水平的纺织技术作基础，服饰的用料与质量必然受到制约。中国历代封建王朝对官员的服装做了严格规定，加上不同时代文化风格的影响，形成了各具特色的服饰特征。

汉魏时期，士大夫们喜欢喝酒，服用五石散，身体发热，不得不穿宽大的衣服，习以成俗。

张亮采在《中国风俗史》中把汉魏、唐五代列为奢靡浮华时代，而唐代尤甚。唐朝的服饰制度日臻完善，规定了颜色等级，帝王与大臣的服装多为黄、黑、绿、紫等颜色，庶人则穿白色。

北宋时期，皇族与大臣偏爱深色，改紫衣为黝色；到南宋，服装趋于简易，喜着素装。

清初服饰既承明制，又有较大改进，突出了满族服饰的特点。富有民族特色的服装在朝野流行，为中国服饰文化增添异彩。比如，马褂原为满族男子上衣，长不过腰，袖仅掩肘，便于骑马。以黄马褂为最尊贵，由皇帝特赐。还有一种毛朝外的马褂，皮毛贵重，为达官贵人之服。

在封建社会，服装是身份地位的象征，龙袍有至高无上的地位。龙袍因上绣龙纹而得名，其领前后正龙各一，左右及交襟处行龙各一，袖端正龙各一，间以五色云，下端斜向排列着许多弯曲的线条，还有许多波涛翻滚的小浪，浪上立有山石宝物，称为"海水江涯"，象征一统山河、万世升平和绵延不断的吉祥意蕴。古代文武官员的礼服为蟒袍，有"五爪为龙，四爪为蟒"的说法。清代皇子、亲王、一品至七品官，按品级绣四爪蟒八至五条，不得用金黄色。

现代社会中，人们的着装日趋平民化。服装颜色更不像过去那样有人为规定，而是

---

① 广东省文物管理委员会. 广东潮安的贝丘遗址[J]. 考古,1961(11):577-584,3-7. 莫稚,杨豪. 广东东部地区新石器时代遗址[J]. 考古,1961(12):650-665,5-6.

② 周去非. 岭外代答[M]//钦定四库全书. 北京:中国书店,2018:166.

深受时尚和大众心理的影响,神圣性日趋淡化,世俗性越来越强。

中国服饰文化的民族性与地域性特征也相当明显。服饰特征是区分民族的重要标志之一,不同的地域性和气候条件也造就了不同的服饰文化。南方地区气候炎热,以棉纺、丝纺织品作为服装原料,北方气候寒冷,人们多以动物皮毛作为御寒之用。壮、瑶、苗等少数民族当中,传承着丰富的编织、刺绣、蜡染技术,还有以银器作为主要的装饰品,壮族银饰种类主要有银梳、银簪、耳环、项圈、项链、胸排、戒指、银镯、脚环等。

瑶族祖先"好五色衣服","椎髻跣足,衣斑斓布褐",至今瑶族服饰依然保持鲜明的民族特色。例如广西金秀瑶族自治县的盘瑶,喜留长发,将发辫盘在头上,用黑布包起。瑶族妇女的服饰很复杂,色彩鲜艳斑斓,喜用蓝靛色、黑色、青色的布料缝制衣服,中青年妇女在胸前缝两块红底或黑底的布,再用红、白、绿、黄等彩色丝线,绣上美丽的图案,工艺精致,斑斓耀目。

传统的蒙古族服饰文化深受古代匈奴、东胡、鲜卑等游牧民族的影响,喜穿长袍,男女都穿靴子,便于骑乘。清代蒙古服装借鉴了满族服饰的某些样式,王公贵族们时常在长袍外套上马褂,服制按文武品级,分别用不同的质料、颜色和花纹,夏天则穿用丝棉织品做成的衣服。

尽管中国传统服饰文化具有鲜明的地域性、民族性、时代性、阶层性和象征性,但是,随着社会的进步,民族间的交往日益频繁,世界一体化进程的加快,服饰文化的固有特征已经发生了明显的变化。

就地域性而论,现代服装生产已实现机械化、批量化、一体化,服装原料的来源途径增多,地域限制越来越少,商业与交通的发达促使各地域之间互通有无,打破了过去的封闭状态。

就民族性而论,人们不再以服饰作为区分民族的重要标志,如今流行服饰在民族地区已屡见不鲜。另外,也不应把民族服装的改变当作民族文化的失落,因为民族文化的载体是多种多样的。

就阶层性而论,服装所代表的阶层性已不再像封建时代那样具有不可逾越的鸿沟。服装文化的阶层性主要体现在不同行业之间。当然不同富裕层次的人们也有不同的服饰消费习惯,服装的高低档区分得十分明显。

就时代性而论,服装的时代性更多体现为时尚的流行与变迁。从 20 世纪 80 年代至今,许多款式三五年一变,令人目不暇接。当然,其变化也有一定的规律可循。

就象征性而论,现代服饰虽仍不失为一种地位身份的象征,但这种特性已趋于淡化,更主要的是一种心态和价值观念的折射,是个人爱好的体现。人们在讲究服饰象征性的同时,更注重实用、休闲和舒适。

三、饮食文化：民族生命的滋养

中国素有"民以食为天"之说,就食物来源、文化内涵、制作工艺而言,中国确实拥有举世无双的饮食文化。中华民族将饮食从单纯的生存之需,发展成为蕴含生活方式、价值观念、人际关系、地位身份等多种意义的文化形态。中国饮食文化的内容十分丰富,下面仅就中国菜肴与烹饪技艺及其隐含的文化观念,以及中国饮食习俗与民族生命滋养、社会进步、民族发展的内在关联略做说明。

（一）中国菜系与烹饪技艺

中国地大物博,不同区域的气候条件、地理环境、食物品种不尽相同。不同区域族群在获取生命滋养的过程中,逐步形成了一整套自成体系的烹饪技艺和地方风味。

早在春秋战国时期,中国南方和北方、游牧民族和农耕民族的饮食文化就存在明显的差异。北方寒冷,菜肴以浓厚、咸味为主;江浙、广东气候温和,菜肴以甜味为主;云贵和长江中游地区多雨潮湿,多以麻辣佐料驱寒祛湿。唐宋时期,北方和南方形成北咸南甜的饮食习俗。清代,川菜、鲁菜、粤菜、苏菜、浙菜、闽菜、湘菜、徽菜,成为中国最有影响的地方菜系,亦称"八大菜系"。

中国各地烹饪方法不同,形成了不同的菜肴特色。如鲁菜、京菜擅长爆、炒、烤、熘等;徽菜、苏菜多用炖、蒸、烧等手法;川菜擅长烤、煸、炒等;粤菜更多地用烤、焗、炒、炖、蒸等手法。各种不同的手法加上不同的调味品,形成了丰富多彩的饮食文化。

由于自然条件和社会风俗的差异,除"八大菜系"之外,较有影响的菜系还有不少,如赣菜、鄂菜、京菜、津菜、冀菜、豫菜、桂菜、潮州菜、东北菜、客家菜、清真菜等,各具特色,不胜枚举。

（二）药食同源的养生传统

中国饮食文化和养生传统强调"药食同源","以食治因医未病,以药治果医已病",认为人们日常食用的东西既是食物也是药物,食物和药物一样能够防治疾病,各种食物和药物的性味和功效很难严格区分。药膳是以药物和食物为原料,经烹饪加工而成的具有食疗作用的膳食。它"寓医于食",既将药物作为食物,又将食物赋以药用;既有营养价值,又可防病治病、强身健体、延年益寿。因此,药膳是一种兼有药物功效和食物美味的特殊膳食,既可以使食用者得到美食享受,又在享受中使其身体得到滋补,疾病得到治疗。

药食同源的理论依据是身体的阴阳协调与平衡,这就需要认识人的体质的阴阳协调情况,以及食物的性味分类情况,再根据人体体质,合理摄取食物,滋阴补阳,注意饮食宜忌,调整人体脏腑阴阳平衡,增进健康,达到延年益寿的目的。

中医根据人体的热寒、虚实、燥湿情况,将人的体质分为热证体质、寒证体质,实证体质、虚证体质,燥性体质、湿性体质,然后根据不同的体质,调节饮食,对症下药。体虚者多食用温性食,以使身体产生热能,增加活力;热证体质者则食用凉性药食,以达到镇静效果和清凉、消炎之用,达到身体的阴阳平衡,以利于延缓衰老,达到中医"治未病"的目的。

(三)饮食习俗的变迁与改良

从民族盛衰的立场审视,饮食习俗直接影响到人的健康、体质和大脑机能。狂饮暴食的奢华之风的蔓延,将极大地损耗国力,伤及民族元气。而温饱问题无法解决,生存没有保障,则是人们铤而走险、诱发社会动乱的契机。这在中外历史上都不乏其例。从民族区域的立场看,各民族的饮食文化,滋养了人们的生命,而各区域的食物来源,是该区域文化及发展的张本之一。因而,从某种程度上说,饮食文化的复兴,需要从改革饮食结构和饮食习俗入手。

改革开放以来,国人的饮食结构发生了巨变:城市敞开肉类供应,猪、牛、鸡、鸭、鱼类等成为一日三餐的常用食品。在农村,人们也逐渐改变过去"一头猪吃半年"的习俗,新鲜肉类的消费增加了。

肉类的充足供应是改革开放带给人们的红利,但是,中国饮食文化习俗还存在诸多与国情、国民健康要求不适应之处。在现代新文化建设中,应倡导新的饮食文化:食物多样,谷类为主;营养平衡,健康体重;多吃蔬果、奶类、大豆;适量吃鱼、禽、蛋、瘦肉;少盐少油,控糖限酒;杜绝浪费,兴新食尚——以此积极推进饮食习俗的革故鼎新,增强国民身体素质。

四、居住文化：安所遂生的保证

居住文化,一方面是人们为了解决躲风避雨的栖身问题而创造的,另一方面,又融入了人们的价值观念和时代文化风貌,折射出人的生存质量和文明演化的层次。

任何居住文化都是人们适应和利用自然环境的产物。蛮荒时代,人类只能借助洞穴躲风避雨,聚族而居。随着人类的进化,人们从洞穴中走出,建造半地穴式的住所,虽然简陋,却拓展了居住空间。因为岩洞的数量毕竟有限,只有兴建住宅才能为更多的人提供住处。平地建筑是比半地穴式建筑更高级的演化阶段。它标志着人类能更主动地利用自然,改造自然,摆脱了半地穴式建筑的局限,建立起更为稳固、宽敞的居住空间。

中华民族的居住文化,是各区域、各民族先民根据当地的自然生态环境和生产活动条件而创造的文明成果,凝聚着先辈们的生存智慧。

北方黄土高原地区的典型民居是窑洞。在陕北、陇东、豫西、晋中等地,黄土层深厚,沟崖纵横,土质干爽疏松,便于挖穴为居室。宋代郑刚中的《西征道里记》记载,北宋末年,陕西境内有深达数里、曲折复杂的穴居。窑洞的顶部为半圆或尖圆的拱形,洞口筑门,洞深1丈左右。其形式有靠崖窑、地坑窑等不同类型。

四合院作为流行于北京等地的传统民居,在中国建筑史上有重要地位。这种建筑形式一般坐北朝南,四周是屋子,中间是院子,大门开在东南角。四合院的正房为长辈居住,厢房由晚辈住或者用作书房、餐室,耳房多为厨房、仓库,外院为用人居住。其特点是前堂后寝,房院相连,结构方正,安静敞亮。

南方民族的干栏式建筑适应了南方潮湿多雨的气候和虫蛇出没的环境。其不足之处是:人住在牲畜之上,不卫生;相对于泥石结构的房屋来说,不够稳固耐久;木结构容易引发火灾,尤其是有的村寨,各家各户的干栏连成一体,潜在威胁极大。

中国各少数民族的居住习俗各有特点,蒙古族的蒙古包、鄂伦春人的仙人柱、苗族的吊脚楼、傣家的竹楼,还有各地常见的砖木结构平房,构成具有象征性的居住文化,是各区域民众在长期的社会实践过程中集体智慧的结晶。

在历史上,中华民族的居住文化,富有创造性地为人们提供了安所遂生之住处,使其免受颠沛流离之苦。在现代社会转型期,传统居住形式面临新的挑战和发展机遇。曾有专家为传统窑洞设计新方案,使之变得通风明亮,更符合卫生要求。但是,南方民族的干栏和竹楼,除了在民俗风情园展示以外,尚未进行符合民族心理的创造性改造,难以在现代建筑文化大观园中推陈出新。

时代的进步,使传统民居日渐失去存在的根基,越来越多的人住进钢筋水泥的高楼大厦之中。即便在民族地区,富裕起来的人们也想方设法地搬出旧屋,另起砖瓦房。中国居住文化风格一体化的进程加快了,人们在都市化的浪潮中,发现了新的安所遂生之地。但是,从建筑文化的角度审视,当代中国人在居住文化上的创造力和想象力尚未得到充分激发。

制约农村和城市住房建设发展的因素之一,是建筑材料仍是传统的砖瓦,房屋造价偏高,与人们的经济承受能力不相适应。营造现代居住文化,任重而道远。

五、交通出行:文化传播的路径

鸟凭翅膀飞翔,兽用四足行走,人类既可用双足实现身体的移动,还可借畜力、机械力运送物资,通过水路、陆路和空运,实现民族的迁徙和文化的传播。

文化人类学中的文化传播学派认为,民族和文化不是静止的,而是始终处在运动过程中。文化产生于某个区域,然后向其他地方传播,文化传播是文化发展的主要动力。并非所有民族都能创造文化,更多的是接受其他民族的文化,各民族文化的相互影响、相互借鉴、相互融合的程度,往往超过我们的想象。

中国文化当前的格局,是历史上人口不断迁徙的结果。各民族的迁徙和流动源于生存和发展的需要,既有适应自然的主动迁移,也有迫于灾荒、战争的被动漂泊,既有出于商业的目的,也有出于政治、军事的需要。汉字中大量关于"行"的字,如走、跑、奔、驰、趋、跟、赶、驱、驶、运、迁、邀、去、赴、适、返、逛、骋、跃、蹼、闯、巡、逃、遁、退、追、进、跨、越、归等,表现了不同形态、不同方式、不同目的的"行走"模式,显示出古人对"行"的细致观察和中国文化对"行"的分类。

从微观来看,人体除了坐、蹲、站、卧、躺,便是行走,行走占据了日常生活的相当一部分时间。漫步利于身心健康,旅行利于开阔视野。个人求学、谋生、求偶、创业,需要行走。人们在行走中容易萌发灵感,产生思想,许多诗人、哲学家、思想家习惯于在漫步过程中构思作品,思考人生。

从宏观来看,民族和国家的形成、发展和壮大,需要在各区域之间建立起沟通的机制,以确保政令畅通,货物"畅流",便于调兵遣将,保家卫国。因此,中国自古以来在境内各区域之间,乃至与其他文明,如西亚、东南亚、欧洲、非洲之间都建立了有效的沟通渠道。尤为著名的是京杭大运河、灵渠、茶马古道和丝绸之路。

京杭大运河堪与万里长城并称为我国古代的两项伟大工程,举世闻名。大运河全长1794千米(目前通航里程883千米),北起北京、天津,经过河北、山东,南抵江苏、浙江等省市,贯通海河、黄河、淮河、长江、钱塘江五大水系。大运河的开凿始于春秋时期,各诸侯国为发展和外界的交往,在所控制的区域内开凿运河,沟通自然水系。大运河是世界上开凿最早、里程最长、工程最大的古代运河,对中国南北地区之间的经济、文化发展与交流,特别是对沿线地区工农业经济的发展和城镇的兴起均起到了巨大作用。

秦王朝在统一中国的过程中重新整治、改造先秦诸侯国留下的运河,将水陆交通拓展到岭南地区。秦始皇二十六年(前221),史禄在今广西兴安境湘江上游开凿灵渠,沟通湘、漓二水,使长江、珠江两大水系接通,从此黄、淮、江、珠四大水系皆有运河相连,黄河流域的船只可以由水路直航岭南地区,这是中国水运史的一大发展。

在中国历史上相当长一段时期内,水路交通居于核心地位,水路兴而城镇兴,水路衰而城镇衰。江河上商旅往返,沟通各区域经济的贸易和文化交流,对维护国家统一、促进社会进步、文化互通有无,都发挥了巨大的作用。除了水路运输,中国陆上交通的形式多样,以不同的路径推动中国社会文化的交流与融合。

比如,闻名中外的茶马古道长达4000多千米,延续1000多年,横穿多民族聚居区和多种经济类型区,成为内地联系西北地区的纽带和桥梁。至今在茶马古道上还有大量遗址,见证着古代文化传播的历史印痕。茶马古道源于唐宋时期西南边疆和西北地区的茶马贸易,分为滇藏、川藏、甘陕等支路,以马帮、骆驼为主要运输工具。滇藏茶马古道始自盛产茶叶的云南西双版纳地区,经过大理、丽江、香格里拉进入西藏,辗转到印度和尼泊尔。川藏茶马古道东起四川雅安,经过康定,西至拉萨。甘陕一线以陕西商人与西北边疆的茶马贸易为主。

因中外文化交流而对中国文化产生巨大影响的是陆上和海上丝绸之路的开通。

陆上丝绸之路始于古都长安,是连接亚洲、非洲和欧洲的贸易枢纽,也是东西方之间经济、政治、文化交流的主要通道。商路主要用于运输中国的丝绸,故名为"丝绸之路"。但自从西汉张骞打通通往西域的通道以来,经这条商路流通的物品种类繁多,西方的许多物产也由此传到中国。而且,"丝绸之路"不只用于商贸,还是玄奘西天取经的必经之路,在世界文明交流史上具有显而易见的重要地位。

海上丝绸之路源于秦汉,兴盛于唐宋时期,明代初期达到顶峰。明中叶以后,倭寇之乱蔓延,明王朝实行海禁政策,阻断了海上贸易之路。海上丝绸之路有众多的始发港,今之广州、烟台、扬州、泉州、徐闻、北海等沿海城市,都是海上丝绸之路的始发港。许多船只满载中国的货物,开往东南亚、南亚、西亚和非洲。

中外文化的传播,对人类文明的演进产生了深远的影响。丝绸、瓷器在西方被视为财富和荣耀的象征。造纸术、指南针、活字印刷术和火药的传播,对欧洲人走出中世纪、发现新大陆起到了重要的作用。而葡萄、核桃、胡萝卜、胡椒、胡豆、菠菜、黄瓜、石榴、玉米、红薯等农作物的传入,极大地丰富了中国人的日常饮食结构。在精神信仰方面,佛教、拜火教、摩尼教和景教也随着丝绸之路来到中国,赢得许多信众,改变了中国人的信仰结构。

21世纪以来,中外文化的传播和交流随着科技的进步而发生了更全面、更深刻、更便捷的互动与交融。2013年9月和10月,中国国家主席习近平在出访中亚和东南亚国家期间,先后提出了共建"丝绸之路经济带"和"21世纪海上丝绸之路"的重大倡议(简称"一带一路"倡议)。古代丝绸之路的历史符号在新时代焕发出强大的活力,成为中国与沿线国家共商、共建的重要纽带。"一带一路"共建国家市场规模和投资潜力巨大,经济互补性强,文化交流的历史源远流长,这一区域有望成为世界上横跨空间最广、最具发展潜力的经济大走廊。

思考题

1. 试述时代发展与服饰文化变迁的对应关系。

2. 结合《舌尖上的中国》论述中国饮食文化的特点以及文化意蕴。

3. 中国不同区域居住文化风格的差异表现在哪些方面?时代的发展对21世纪的居住文化革新提出哪些要求?

第十四章
伦理规范与社会组织

学习提示

文化是内在的素养,是无须提醒的自觉,是以遵守文化规则为前提的自由。中华民族的伦理道德体现在家庭生活、宗族制度和社会组织的各个层面。本章的学习重点:理解中国伦理文化的生成机制、表现形态和运作机制;从家庭、宗族到国家,按照由小到大、由微观到宏观的阶梯和顺序,理解中国人伦规范的建构过程;通过家规、家训、家书、乡规民约和国家法律,理解中国人的道德养成以及社会组织的建构原则。

人类社会的形成和发展需要借助某种组织形式,建立社会成员共同认可并奉行的规范,将分散的个体和群体凝聚成一个统一体,以应付来自自然界或其他族群的种种挑战。因此,世界上的每个民族,无不创制道德原则、行为规范和组织形式以维系内部的统一性及社会的正常运转。

与西方民族更多是以地域、阶级、阶层、信仰、行业等作为区别"我群"与"他群"的标志不同,中国各民族的伦理规约最显著的特征,即以血缘作为组成集群的重要纽带。

家庭是最基本的社会组织。通过缔结婚姻组建家庭,是建立社会组织的起点。王权系统的建构离不开血缘关系的支撑,即使是在封建政体瓦解后,民间乡土社会中的村落社区结构仍以血缘作为最主要的组织原则。

一、家庭伦理与道德养成

恩格斯指出:"历史中的决定性因素,归根结底是直接生活的生产和再生产。但是,生产本身又有两种。一方面是生活资料即食物、衣服、住房以及为此所必需的工具的生产;另一方面是人类自身的生产,即种的繁衍。一定历史时代和一定地区内的人们生活于其下的社会制度,受着两种生产的制约:一方面受劳动的发展阶段的制约,另一方面受家庭的发展阶段的制约。"①

家庭以繁衍人丁为核心使命,也是道德养成的摇篮。以孝悌、仁爱、慈俭、善良作为家庭伦理文化的根基,是人际和谐、民族兴旺的根本保证。家庭伦理与婚姻习俗、家庭建构有直接关系。因此,有必要从婚姻制度、家庭伦理、生命繁衍和道德养成的角度,审视家庭文化和人伦道德的互动过程,探讨人伦道德对经济发展、社会进步、民富国强的种种作用。

在古代,婚礼属于"嘉礼",包括六个程序,称为"六礼":纳采——男方向女方发媒提亲,送雁作为礼物;问名——所派之人执雁,向女家主人问女方姓名,以合八字,定吉凶;纳吉——将合八字所得吉兆告知女方,仍以雁作为礼物;纳征——亦称纳币,即送聘礼;请期——男方再以雁为礼向女家请问合婚日期;亲迎——新郎亲往女家迎娶新娘,到家后举行设宴共食等规定仪式。

随着时代的发展,婚礼发生了巨大变化,在城市和农村,在汉族地区和少数民族地区,婚俗的传承变异历程皆不尽相同。总体而言,当代中国婚俗文化既有符合人类本性的良性转化,也有违反人伦亲情、有悖社会公德的负面危害。

现代婚姻的缔结大体上经过相识、相知、相爱的过程,但已不严守六礼程序。问名、定亲等环节,大多省简。在五一、国庆节、元旦结婚,逐渐成为一种新婚俗。甚至不设喜宴,或只请一两桌至亲好友,或只发喜糖,也为人们所接受。婚后从夫居或从妻居可根据住房条件及双方协商情况决定,南方少数民族实行双重两可居制,即在男方家和女方家都设洞房,这种情况多在双方家庭都需要年轻夫妇作为劳动力或照顾老人的时候出现,有时是因为男方不愿到女家"上门"而采取的一种妥协方式。

家庭是以婚姻和血缘关系为基础结成的人类社会的基本组织形式。迈克尔·米特罗尔和雷因哈德·西德尔认为家庭有七种功能:宗教功能、司法功能、保护功能、经济功能、社会化功能、生育功能和文化功能。② 照此观点,中国家庭有着除宗教、司法功能之外的其他五种功能。中国传统文化强调少有所长、老有所养、病有所医、贫有所扶、少者怀之、老者安之,这些都需要家庭来承担。

夫妻关系是家庭结构的主轴,夫妻间互敬、互爱、互信、互帮、互勉、互谅、互让、互慰的"八互精神",是营造温馨的家庭氛围的坚实基础。一个人要圆满地走完人生旅程,始终离不开家庭的保护。中国人还把"齐家"同"治国"相连,家庭作为社会的细胞,作为人们得以安所遂生的场所,家庭问题绝不仅是个人问题,还是关乎社会稳定和民族发展的社会问题。因为家庭伦理的崩坏,家庭结构的欠缺,其实也是社会不和谐的开端。弥漫着冷漠、对抗、冲突气氛的家庭,一方面难以培养出心态正常、关爱他人的下一代,另一方

① 恩格斯. 家庭、私有制和国家的起源[M]//马克思恩格斯选集(第四卷). 北京:人民出版社,2012:13.

② 迈克尔·米特罗尔,雷因哈德·西德尔. 欧洲家庭史[M]. 赵世玲,等,译. 北京:华夏出版社,1987:75.

面也会促使家庭成员失去生活信心,萌生危害社会的破坏性力量。

中国的家庭类型,从世系上分类主要包括父系、母系、双系家庭等;从居制上看,可分为随父居、随母居、两可居、新居制等;从家庭规模及构成来说,可分为核心家庭、主干家庭和扩大家庭。而现实中,家庭形式又总在不断变化。

中国传统家庭以父系为主导,以父子关系为核心,夫妻关系为次,注重纵向的家族延续和承继。"不孝有三,无后为大",把血脉的中断作为人生之大不幸,不在乎现世的困苦,而更担忧"断香火"。对此,费孝通先生做了深刻的论述:

> 父母与子女、夫与妻这两种关系是家庭组织的基本轴心。但在中国所谓的家,前者的关系似乎更为重要。家的基本特征是已婚的儿子中往往有一个不离开他们的父母,父母之中如有一人亡故,更是如此。……另一方面,婚姻的法定行为尽管先于生孩子,但结婚总是为了有后代。生孩子的期望先于婚姻。在农村中,结成婚姻的主要目的,是为了保证传宗接代。选聘媳妇的主要目的是为了延续后代,保证生育男儿是向算命先生明白提出的要求。如果当媳妇的没有能力来完成她的职责,夫家就有很充足的理由将她遗弃而无须任何赔偿。妇女在生育了孩子之后,她的社会地位才得到完全的确认。①

重视"香火"延续的直接结果:一是重男轻女,对男孩的过度重视致使生育失去控制。二是妇女地位下降,甚至沦为生育的工具,妇女的命运维系于生男孩以传宗接代之上,一旦不如愿,则承受巨大的心理压力,生存境况不容乐观。李亦园先生则认为,注重父子伦的延续观念,"也使得我们格外崇古、怀古,认为过去的一切都是好的,而对创新与变迁怀有戒心。现代的社会是一个快速变迁的社会,'延续'观念的过度发挥,可能造成我们的社会在现代化过程中的困境,这一点是值得特别注意的"②。

中国家庭重视父子关系的延续,有利于子女的教育和成长,中国亦有重家教之风,"没家教"被当作没有教养的代名词。然而,现实中,虽不乏教子有方的成功例子,更多的家庭却为子女教育而伤透了脑筋。城市中,独生子女娇气,从小被当作家庭的"小太阳",养成任性的习气。而农村中,父母整天忙于农活或经商,忽视了孩子教育,只养不教的现象比较普遍。社会学家和人类学家十分重视对文化濡化和人的社会化过程的研究,把家庭作为伦理道德的养成之地,是造就民族英才的摇篮。正如人们常说的"有其父必有其子",家庭教育功能的失落对子孙后代的影响必将引起人们的广泛关注。

---

① 费孝通. 江村经济[M]. 上海:上海世纪出版集团,2013:35.
② 李亦园. 人类的视野[M]. 上海:上海文艺出版社,1996:203.

家训家规是中国传统文化的重要组成部分，它以诗歌、散文、格言、书信、谚语、杂文等形式训诫子孙后代。家训家规文化发端于先秦，成熟于宋元，明清时达到鼎盛。传统家训家规在子女训导、道德养成、社会教化等方面发挥了重要作用。传统家训家规虽存在一定的思想糟粕，但总体上蕴含着较多积极向上的为人处世的伦理规范。

比如，颜之推撰写的《颜氏家训》，共 7 卷 20 篇，内容广泛，涵容儒、道、释的教育精髓，核心理念是重人伦、行仁义、遵礼教、慎交游、倡忠诚，提倡诚孝明礼、知足少欲、务实好学、谨言省事，通过排斥惰性来提升人生境界。《颜氏家训》自南北朝时期刊行以来，对中国家庭教育和伦理道德的建构产生了深远的影响。

在传统社会，家书是家庭成员之间相互交流信息的重要媒介，也是施行伦理道德教育的重要路径，家书对于人们的道德养成发挥了重要的作用。比如，曾国藩的 1000 多封家书，包含着他对家人的教育、关心以及对左右邻里的谦让、照顾。这些家书、家训、家规，成为人们为人处世的道德准则。曾国藩家书的核心理念是强调立德、修身、孝友、勤俭、睦邻及明理的重要性，主张勤俭持家、兄友弟恭、睦邻友善、读书明理，通过"因材施教、循循善诱、反省内求、慎独、防微杜渐"五种家教方法，造就"德才兼备"和"知行合一"的人格，至今依然具有重要的参考价值。

二、乡规民约与宗族制度

中华民族超越家庭组织之上的集群规约系统，是以宗族、行业、民族、年龄、性别等不同标准结成的民间社会组织，它们构成了异态纷呈的乡土社会。其间有合法的、积极的团体，也有非法的、消极的、给社会造成种种危害的组织。

在乡土社会和王权系统之间，地方绅士起到一种上传下达的中介作用，他们有一定的文化知识，取得过功名，有一定的威信，不领取官俸却同官府有密切联系，常负责处理许多公共事务。

乡规民约凝聚着地方文化智慧，也包含着历史价值、教育价值和文化价值，其社会功能包括：明确伦理规范，确立行为准则，彰显民族精神，维护传统社会和谐运作。乡规民约涉及生态保护、社会伦理、道德情操等诸多方面，体现了敬畏自然、保护自然、天人合一的生态智慧，强调通过节制欲望、适度消费等来维系特定区域自然生态系统的可持续发展，昭示出人们在日常生活中对自然资源和生物的敬惜和爱护，传达了人们期望与自然和谐共生的精神。

中国传统伦理强调孝、悌、忠、信、礼、义、廉、耻，"己所不欲，勿施于人"，憧憬"夜不闭户，路不拾遗"的理想社会。许多地方的乡规民约秉承着这些伦理传统，规定了乡民与国家之间、不同村落、不同族群和姓氏之间的行为准则，主张"穷极莫做强盗""诸恶莫作，众善奉行"，倡导隆礼重义的社会风尚，铭记乐善好施者的功德，力避强取豪夺，禁止以强凌弱,告诫人们不可违背伦理,逆道而行。

在广大农村,宗族制度是维系民众的最普遍的方式。宗族是比家庭范围更广的民间组织形式,它强调的是一群人拥有共同的祖先,包括若干房派,按照父系血缘嫡传,按辈分排列长幼次序,有约定俗成的行为准则和风俗习惯来强化宗族的团结意识。

宗族的功能主要体现为:

(1)经济资助

中国宗族,尤其是南方宗族发达地区,一般都有相当规模的族产,用以资助宗族活动以及在升学、治病时需要帮助的人。

(2)保护功能

当宗族成员受到外来侵害时,所在宗族有义务保护其利益,族长有责任出面交涉,履行保护宗族成员的职责。

(3)宗教功能

宗族是祭祀的基本单位之一,人们通过对共同祖先的供奉,强化宗族认同心理,满足神圣的宗教需求。

(4)司法功能

宗族的权威人士对宗族成员的违法行为做出裁决,对伤风败俗、偷鸡摸狗者进行惩罚。

(5)教育功能

宗族中的长辈们经常通过潜移默化的方式,将本宗族的历史、生产生活知识传授给下一代,也以宗族为单位延请教师,培养宗族子弟取得功名,为族争光。

宗族传统伦理道德融汇在生产、生活、文化、教育、宗教及传统习惯中,支撑着宗族成员的心理意识,是调适本族群内部关系和外部关系的重要手段。对子女的行为规范、道德品质教育是宗族教育的核心内容,许多家规族训倡导孝悌立身、忠孝传家、勤俭持家、诚信重义的伦理规范。

宗族的长老、乡贤及地方绅士是乡规、族规、族训的制定者、传扬者和施行者,这些社会贤达往往在民间社会的建构及运行过程中扮演重要角色。

在经济上,协助官府征粮征税,负责运输官府的货物,或者帮助实施乡村经济的开发。

在社会管理方面,参与维护地方治安;在出现混乱时,经官府授权组织民兵作为防卫力量;凭着能说会道的辩才,处理民间纠纷。

在文化上,管理和资助书院和学校,编修地方志,主持宗庙祭祀,宣传宗族历史与文化,发布道德劝谕。

在乡村建设上,组织修建道路、河堤和市场,开掘公用水井,修筑防卫用的建筑。

美国传教士明恩溥先生说:“每一个中国村庄都是一个自治的小公国,在两个或更多的村庄相邻或以其他方式相联结的情形下，它们一般由同一班人来实施统一管理。这些乡村头面人物有时被称作乡长、乡老或首事"，他们"年龄往往最高"，"可能出自殷实之家"，"是一个禀赋不凡、讲求实际并通晓世事的人，能够也甘愿花费无数的时间和精力去处理那些由他负责的事务"①。

费孝通先生在《江村经济——中国农民的生活》中，深入分析了乡村"头面人物"的地位及其扮演的社会角色："一般说来，村长易于接近，村中所有人都认识他；外来的生人，总能很快地得到村长的接待。来访者会对他的繁重的工作感到惊讶。他帮村里的居民写信、念信，以及代办其他文书，按照当地借贷规则算账，办婚礼，仲裁社会争议，照看公共财产。他们并有责任自卫，管理公款，并且要传达、执行上级政府下达的行政命令。"②费先生所描述的地方首领是有知识、有文化、诚实而肯花时间为众人办事的头面人物形象，故能得到公众的承认和支持。

20世纪以来，国家政权网络的延伸，极大地削弱了宗族的统摄力度。伴随改革开放事业的迅猛发展和世界经济的一体化，现代社会结构将在更深刻的层面上瓦解宗族组织形式。

三、王权系统与社会调控

回顾传统中国社会的演进历程，封建王权统治的广泛性与恒久性是世所罕见的。其渊源可追溯到公元前21世纪的夏代，其余波虽历经冲击但经久不衰，究其原因，在于传统经济基础根深蒂固，自给自足的小农经济迄今没有完全解体，许多人的思想意识深处还保留专制统治的传统观念，加上经济基础的窘迫，使更多的人关注生计的维持，而忽视民主权利的行使。

马克思把小农社会中的人群比作"好像一袋马铃薯是由袋中的一个个马铃薯所集成的那样"，彼此间缺乏深刻交流和联系，不能凝聚成统一的整体，因而：

> 他们不能以自己的名义来保护自己的阶级利益，无论是通过议会或通过国民公会。他们不能代表自己，一定要别人来代表他们。他们的代表一定要同时是他们的主宰，是高高站在他们上面的权威，是不受限制的政府权力，这种权力保护他们不受其他阶级侵犯，并从上面赐给他们雨水和阳光。所以，归根到底，小农的政治影响表现为行政权力支配社会。③

① 明恩溥. 中国乡村生活[M]. 午晴, 唐军, 译. 北京:时事出版社,1998:228.
② 费孝通. 江村经济——中国农民的生活. 北京:商务印书馆,2001:101-102.
③ 马克思. 路易·波拿巴的雾月十八日[M].//马克思恩格斯选集(第一卷). 北京:人民出版社,2012:762-763.

只是在中国,行政权力与宗法制度存在血肉相依的关系,"家""国"同构,政治关系与血缘关系合二为一,君权与父权高度一体化,以亲族网络构成王权统治机制的核心。王权结构的更替通常是新兴雄强的血缘集团代替老朽乏力、残酷无道、穷途末路的血缘集团,而不是像西方国家那样,一个新兴的阶层取代另一个阶层,亦非宗教的神权让位于世俗的王权。

至秦王朝建立起高度集权的机制后,皇帝集立法、司法、行政、军事指挥权于一体,历2000多年而不变。《史记·秦始皇本纪》:"天下之事无大小皆决于上。"①清康熙帝宣称:"如大小事皆朕一人亲审,则庶务何由毕理。"②清嘉庆帝则对此做了总结:

> 我朝列圣相承,乾纲独揽,皇考高宗纯皇帝临御六十年,于一切纶音宣布,无非断自宸衷,从不令臣下阻扰国是。即朕亲政以来……令出惟行,大权从无旁落。③

在这种王权体制的统治下,皇帝对臣民拥有生杀予夺之权,其实质是漠视人的尊严和生存权利,视人命如草芥。君权是天经地义的,民众的人权根本无法得到保障。"治民"实质是"制民",其手段是在皇帝的绝对权威下,通过皇亲国戚网络和户籍制度、里甲制度,将民众统摄在王权统治体制之中。

中国文人素有修身齐家治国平天下的抱负,张载甚至主张"为天地立心,为生民立命,为往圣继绝学,为万世开太平"。此之必然逻辑结果,将是士人问政干政,危及王权统治的稳固根基,动摇王权的独尊地位。所以,明清时代,文字狱迭兴,迫使文人远离现实,钻进象牙之塔,皓首穷经,耗费生命于辞章之考据,不问政事,放弃经世致用的中国传统学术正途。

中国的王权统治经久不衰,但各封建王朝却出现了周期性更替,一般都经过勃兴—壮大—繁荣—衰落—解体的过程。通常在立国之初,政通人和,百废待兴而人心思定,皇帝励精图治而相对开明,从而缔造稳定繁荣之世景。然而,好景不长,暂时的兴旺掩盖不了深层的矛盾,或因奸臣当道,或因外族入侵,或因灾民起义,致使国力大损,江河日下。首先是由于王权系统内部的分化变质,失去其稳定性,然后由来自外部的力量将其摧毁。所以,社会底层蕴藏的力量和汉族以外的各民族能量是推动旧的封建王朝瓦解的重要动力源泉,换个角度说,也是新的王朝隆兴的重要根基。

综观封建社会的中国社会结构,人们一方面苦于王权威严无情,钳制人身自由,另一

---

①　司马迁. 史记·秦始皇本纪[M]. 北京:中华书局,2013:325.
②　蒋良骐. 东华录[M]. 济南:齐鲁书社,2005:243.
③　刘泽华,等. 专制权力与中国社会[M]. 长春:吉林文史出版社,1988:12.

方面,又常感叹社会散乱无序,没有凝聚力,像一盘散沙。

如若换个角度审视,一个民族缺乏社会调控力,缺乏整体性,缺乏凝聚力,往往不利于民族的振兴,甚至软弱无力,任人蹂躏。近代中国蒙受的耻辱即是明证。

究其根源,在于中国各封建王朝是代表某个姓氏、某个宗族集团利益的政权,人人常说的刘汉王朝、李唐王朝、朱明王朝,其本质是代表特定集团的利益,王权运作机制是为了满足统治者的欲望,因而当权者极力维护其既得利益,确保其江山永固。普通民众大多只希望子孙后代有朝一日能够跻身朝廷,谋得一官半职,成为吃皇粮的人,不尽力去争取公民权利,反而把政府当作"父母",希望政府像父母照顾子女那样关照自己。当权者亦常自封为父母官,高人一等,而非自视为平民利益的代表。

每个族群的凝聚与结合,都需借助某些有形或无形的方式和途径加以调控,使社会变得有秩序、有组织,朝着符合人类本性的方向演进。

当代人类学把社会调控方式分为内在化控制和外在化控制,前者主要依靠道德感或信念力量维护社会的稳定,借助使命感、崇高感培植积极的建设性力量,借助憎恶感、厌烦感、恐惧感阻止消极的破坏性力量。宗教播布、文学欣赏、艺术熏陶、风俗习惯、道德训诫、共同的社会理想等都对内在化控制具有深远的影响。

外在化控制是通过社会制裁机构,实行正性制裁(赞成某种行为)以及负性制裁(反对某种行为)。前者以表彰、授奖、赏识作为对遵守规范行为的鼓励;后者通过监禁、处罚、驱逐等作为对违反社会规范行为的惩戒。

根据是否涉及成文法,还可分为正规制裁和非正规制裁两种。正规制裁是有组织地对影响巨大的行为进行奖赏或惩罚,如通过政府部门授予勋章,或者由司法部门做出正式裁决等。非正规制裁没有正式的组织形式实施奖罚,大多是群体成员发自内心的赞同或反对。

中国文化传统总体上更注重内在化控制与非正规制裁。虽然从秦王朝开始,各王朝都实行严刑峻法,但是并没有类似西方中世纪的宗教裁判所,道德说教、道德自律更具有普遍意义。儒家"克己恕人""己所不欲,勿施于人"的信条,长期影响着国人的行为方式。人们也深信"人言可畏",注重舆论监督作用。这也与儒家"性善"论有关:

> 因此我们中国人并不假定一个完美至善的上帝的存在以作为理想目标,我们只描述圣人的形象与事迹,以为一般人的典范。同时,在另一方面,我们也因此而不强调什么誓约、律法等外在形式的东西来约束人的行为,我们强调可以用内心修持的方法而使人的行为循规蹈矩;我们着重于内在的修持,我们教人民学习圣人的典范,所以我们的文化一向以"内圣外王"来描绘和期望为政的人,这就是我们的社会属于"人治社会"的根源,我们不是不要法律,我们因为认定人是可以自我完美的,所

以认为要靠外在法律契约的力量来约束人,实在看低了人的本质了。①

地方绅士在内在化控制与外在化控制之间,由于其独特的地位而肩负教化的角色:

政府的兴趣是在士绅中保持道德和一种公共精神以反对自私的机会主义。为了这个目的,在地方孔庙中背诵儒家教义,天子发布他的道德劝谕。1397年洪武皇帝的六条律令被下令晓谕所有村庄,这些律令具体条文为:"孝顺父母,尊敬长上,和睦乡里,教训子孙,各安生理,毋作非为。"因此在一国之主的鼓励下,读书的伟大传统被用来向普通人民宣传儒家教义,而士绅阶层、地方名流便在村庄有秩序的生活中起领导作用。②

相较而言,内在化控制更有积极意义,因为外在化控制往往是在逼不得已的情况下施行的,实质上是对内在化控制失败的一种补充。内在化控制是在最广泛层面上对人施加影响,因而更具普遍性,其作用是潜在的,但也是无所不在的。反之,社会成员如果失去良心、羞耻心、正义感、庄严感,外在化控制也就难以有效施行。

四、道德戒律与伦理传扬

道德戒律凝聚着人类的文化智慧,儒家有三戒:"少之时,血气未定,戒之在色;及其壮也,血气方刚,戒之在斗;及其老也,血气既衰,戒之在得。"还有三畏:"畏天命,畏大人,畏圣人之言。"③

道教、佛教以及民间信仰也都有自成一体的戒律,以及规定信众必须遵守的行为准则,如"道教十戒""佛教五戒"等。这些道德戒律,若能自觉奉行,应受益无穷。

进入21世纪,中华民族迎来千载难逢的发展机遇。然而,中国社会仍潜藏一些危机。因此,必须仰以察古、俯以观今,坚守自古以来体现人类善良本性的道德金律,弘扬传统美德,重建人与自身、人与社会、人与自然的和谐关系。

实现心灵纯净、人生幸福、家庭和睦、社会和谐的目标,需要大力弘扬中华传统美德,以培育人类心灵的善良根基,塑造对父母的孝敬之心、对社会的感恩之心、对自然的敬畏之心,提升全民族的文明素养,构建"礼隆文兴,风清气正"的文明社会。

中华优秀传统文化蕴含着丰富的道德理念和规范,如天下兴亡、匹夫有责的担当意识,精忠报国、振兴中华的爱国情怀,崇德向善、见贤思齐的社会风尚,孝悌忠信、礼义廉

① 李亦园.人类的视野[M].上海:上海文艺出版社,1996:163.
② 费正清,赖肖尔.中国:传统与变革[M].陈仲丹,等,译.南京:江苏人民出版社,1992:93.
③ 孔子.论语[M].董自厚,注.南京:凤凰出版社,2006:157.

耻的荣辱观念,体现着是非曲直的价值判断,影响着中国人的行为方式。通过"知己""知恩""知礼"的人文教育,可以有效地传承和弘扬中华传统美德。

（1）知己

以"知己教育"感知生命的存在。帮助人们发现生命的本真,回答"我是谁？我从哪里来？我要到哪里去？"这个人生终极问题。认识"我"的社会位置,明确"我"的社会责任,才能不负韶华,成就美好人生。

（2）知恩

以"知恩教育"让人领悟浩瀚恩泽。让越来越多的人铭记自然之恩、社会之恩、父母之恩和师友之恩,常怀感恩之心,敬畏自然、服务社会、孝敬父母、尊敬师友、奉献自己。

（3）知礼

以"知礼教育"规范言行举止。通过"礼"的教育,使人懂得不同民族、不同场合的礼仪、礼节,将内在的仁厚襟怀,外化为得体的语言、优雅的行为和周全的礼仪。

《尚书·大禹谟》:"人心惟危,道心惟微,惟精惟一,允执厥中。"这十六个字一直被人们当作"中华心法",是修身治国的要诀。"人心"与物欲相连,或在声色,或在货利,或在名高,是危险的;"道心"源于"性命之正",乃天地自然之心,是人间伦理纲常,是微妙的;人心居高唯危,须让"道心"作"一身之主",以"道心"支配"人心",做事专一专精,心无旁骛,时刻保持谦虚、谦卑的品性,做到尽职尽责的中道,方可让世道人心走向正轨。

总之,传统美德的养成和传扬,离不开经典阅读与生活实践相结合,需要时刻省思言行的得失,修正过失,通过明悟人生之大理,从一言一行的细节做起,让仁爱、诚信、博雅、文明、和谐之光华,像星火燎原照亮中华大地。

思考题

1. 家庭教育对于人们的道德养成有何意义？
2. 传统道德戒律有哪些抑恶扬善的社会功能？
3. 你认为可以通过哪些途径和措施弘扬中华民族的传统美德？

第十五章
宗教信仰与精神重构

学习提示

中国人的精神信仰结构源于中国社会文化发展史,同中国文化的旨趣相协调。与西方人不同,大多数中国人没有明确的宗教信仰,而是执着于追求精神的愉悦,以美育代替宗教,信仰宗教的功利性较强。本章的学习重点:理解中国人的精神世界和精神皈依;领会佛教、道教、基督教、伊斯兰教的历史源流、核心教义、主要教派及传播现状;关注中国人的精神信仰问题,以合法的宗教抑制邪教的蔓延,培植正面的建设性的精神信仰,以丰富的文化生活充实人的精神世界,提升各民族的人文品位,在高尚的精神世界中敬惜生命,造福人类社会。

雨果曾说过,比湖泊宽阔的是海洋,比海洋宽阔的是天空,而比天空更宽阔的是人的心灵。21世纪,人们面临着激烈的竞争,承受着前所未有的心理压力,纷繁的外部世界令人迷茫。衣食无忧的人们,把注意力转向奥妙无穷的内心世界,寻求精神的寄托、心灵的升华和生命的确证。

一、中国人信什么

宗教信仰通常包含一整套信念体系和崇拜行为,以此架起现实世界与超灵世界之间相互沟通、相互影响的桥梁。人塑造了神圣的彼岸世界,又对之顶礼膜拜,受之约束。宗教的起源同灵魂崇拜紧密相关,也许早期的灵魂信仰是朦胧的,但人们试图以此建立起用以解释梦境、晕倒、疾病、死亡等现象的潜在逻辑体系。对此,恩格斯认为:

> 在远古时代,人们还完全不知道自己身体的结构,并且受梦中景象的影响,于是就产生一种观念:他们的思维和感觉不是他们身体的活动,而是一种独特的、寓于这个身体之中而在人死亡时就离开身体的灵魂活动。从这个时候起,人们不得不思考这种灵魂对外部世界的关系。既然灵魂在人死时离开肉体而继续活着,那就没有什

么理由去设想它本身还会死亡;这样就产生灵魂不死的观念。①

　　宗教是一定历史阶段的必然产物,其演进历程交织着正义与邪恶、神圣与世俗、光明与黑暗的冲突。宗教与科学曾经相互对立,相互间拥有不同的认识宇宙及人生奥秘的探视视角,不可互相替代。宗教理论提供了一种解释问题的框架,为人类无法解答的自然现象和社会现象提供一种解答,不管这种答案是否正确,它赋予了生命、生活某种意义。因而,千百年来,宗教势力此消彼长,虽历经冲击仍生生不息。

　　在中国,除少数人之外,大多数人信奉非制度化的民间信仰,如岁时祭祀、祖先崇拜等。中国文化传统惯于以伦理说教代替宗教的感化,以养儿育女、传宗接代作为人生寄托,以追求现世的荣华富贵作为人生理想。然而,这并不意味着中国民众没有宗教情感。面对世事变迁,面对神秘的自然界,中国人同样有着超越世俗需求和解除困惑的期望。只是中国人的信仰系统与西方宗教迥然有别,常以积极入世、经世致用、拯世救民为理想信念,认为没必要皈依神圣的、虚幻的、远离世俗的神灵世界以期体验神灵感应。尽管中国人也有前世或来世的观念,但更倾向于现世的人生,而不执迷于来世的超脱。少数中国人做出信奉制度化宗教的抉择,通常出于以下几个方面的原因。

　　第一,民族文化熏陶

　　由于历史原因,许多民族成员的整体或者其中的大部分信奉某种宗教,其民族成员及子孙后代自然而然地成为某种宗教的信徒。

　　第二,家庭的影响

　　家庭成员中有人信教,尤其是长辈信教,使晚辈有接触宗教的机会,潜移默化地促进人们皈依宗教。这在基督教、天主教家庭十分常见。

　　第三,个人的人生感悟

　　现实中,个人皈依宗教的原因因人而异。比如,有的人是出于对宗教教义的认同和信仰;有的是出于对修行方法的追求、对宗教文化的兴趣;还有的是基于对传统文化的尊重和保护。如此等等,不一而足。

　　第四,传教士的宣传

　　国外传教士来华已有数百年的历史,他们往往一边从事慈善事业,一边宣传宗教观念,发展信徒。

　　20世纪80年代以来,伴随着思想的开放、文化的转型,全国出现了"宗教热"。然而,"宗教热"的产生,不是中国人在神圣与世俗间重新做出抉择而更多地倾向于神圣性方面;而是相反,世俗性的砝码加重了。

_____

　　① 恩格斯.路德维希·费尔巴哈与德国古典哲学的终结[M]//马克思恩格斯选集(第四卷).北京:人民出版社,2012:229-230.

　　中国人的信仰有明显的多元化特征。在民间,一些家庭在厅堂上立有"天地君亲师"的牌位,过年过节要举行祭祀仪式,人们普遍崇拜祖先神,特别是崇拜本宗族的直系祖先。另外,还崇拜屈原、孔明、关羽、张飞、妈祖等人格神,其中尤以忠勇刚毅的关羽地位最高。自然神如日、月、雷公、电母、山神、林神、水神在民间也有崇高地位。日常生活中还有不少神灵崇拜,如灶王、门神、床神等,尤以灶王崇拜较为普遍。

　　中国大多数民众的宗教信仰具有直接功利心理,既不是为探寻人生的意义也不是为超脱世俗的束缚,而是出自明确的功利目的,比如招财进宝、求福消灾、延年益寿、升官发财、金榜题名、求婚送子、祈求风调雨顺之类,正如费孝通先生指出的那样:

　　　　我们对鬼神也很实际,供奉他们为的是风调雨顺,为的是免灾逃祸。我们的祭祀很有点像请客、疏通、贿赂。我们的祈祷是许愿、哀乞。鬼神在我们是权力,不是理想;是财源,不是公道。①

二、当代中国的主要宗教

　　中国是个多宗教的国家。中国宗教徒信奉的主要有佛教、道教、基督教、天主教和伊斯兰教。有人把儒家学说称为儒教,将之作为中国传统宗教之一。但是,从严格的宗教学意义来看,儒学更像是一种非制度化的信仰,缺乏宗教教规、宗教组织、宗教经典和宗教信仰主体。

(一)佛教

　　"佛"是梵文"Buddha"的音译,意思是"觉"。"觉"分为"自觉"和"觉他"。"自觉"是指自身对佛学真理的大彻大悟;"觉他"意为用佛学思想去启发他人。佛教起源于公元前5世纪的印度,创始人乔达摩·悉达多,佛教徒尊称他为释迦牟尼,意思是释迦族的"圣人"。1世纪前后,佛教分化为"大乘佛教"和"小乘佛教"。

　　按照佛教传播的路向,又可分为北传佛教和南传佛教。北传佛教传播到中国汉族地区、朝鲜、日本和越南等地,亦即大乘佛教分布的主要范围。佛教传播到南亚及东南亚的缅甸、泰国、老挝、柬埔寨、斯里兰卡和中国的傣族地区,为小乘佛教,亦即南传佛教。北传佛教传入中国西藏、内蒙古等地,吸收了本土宗教的某些成分,形成喇嘛教,亦即藏传佛教。佛教与中国儒道思想交融,又形成天台宗、法相宗、华严宗、禅宗、密宗、律宗、净土宗等不同门派。

　　佛教的教义,有"四谛"与"十二因缘"说。"四谛"是指苦、集、灭、道之真谛。苦谛意

---

① 费孝通. 美国与美国人[M]. 北京:生活·读书·新知三联书店,1985:110.

为现实中的种种苦难,概括为"八苦"——生苦、老苦、病苦、死苦、怨憎会苦、爱别离苦、求不得苦和五蕴炽盛苦。集谛指造成各种痛苦的原因。灭谛即涅槃升华的无苦境界。道谛是达到无苦境界而应遵循的手段和方法。"十二因缘"包括无明、行、识、名色、六入、触、受、爱、取、有、生、老死,共十二个互为因果的环节。由于人的无知(无明)引起了意志(行),随之产生精神统一体的意识(识),衍生出精神之"名"和肉体之"色",名色导致"眼、耳、鼻、舌、身、意"六种感官,由感官同外界接触(触),继而有了感受(受),产生贪爱(爱),由此需要索取外界事物(取),因而促使生存环境的"有",并有了"生"和"老死"。这一序列的根源是由于愚昧无知引起的"无明",只有消除无明才能获得解脱。

(二)基督教

基督教以《圣经》为经典,共同信奉耶稣基督为救世主,包括天主教、东正教与新教三大派系。

基督教由古犹太教发展而来,公元1世纪产生于巴勒斯坦,公元392年,被定为罗马帝国的国教。476年罗马帝国灭亡之后,以君士坦丁堡为中心的东部教会和以梵蒂冈为中心的西部教会之间纷争加剧,在1054年彻底分裂,罗马教皇和君士坦丁堡牧首相互将对方开除教籍。西部教会正式称为罗马公教(天主教),东部教会则称为东正教。

14世纪欧洲兴起文艺复兴运动,神本主义受到冲击,人文主义随着新兴的市民力量的强大而日益占据重要地位。在这种背景下,德国的马丁·路德于1517年拉开了宗教改革的帷幕,以《圣经》的绝对权威反对教皇和神职人员的特权,从罗马天主教会中脱颖而出,形成新教,即狭义的基督教。

天主教、东正教和新教,各自的教义、教规与信仰互有异同。基督教各派都信奉上帝是唯一的真神,认为世界万物由上帝创造和主宰。人类始祖亚当和夏娃因为偷吃禁果而有了原罪,使人类陷入罪中,无法自拔,上帝爱人类,派遣爱子耶稣道成肉身,降世为人,代人受过,被钉死在十字架上,以救赎人类,人们因为信奉基督而得以免罪,获得永生。

天主教和东正教认为需要神职人员作为人与神沟通的中介,而新教则认为人人都可以直接与上帝沟通。

天主教实行教皇制,教皇是全世界天主教教会的最高领袖,下设各级主教、神父、执事,形成金字塔形的教阶制。东正教实行牧首制,有牧首—主教—司祭组成教阶制。新教采取多种组织制度,各教派自成体系,体制复杂,有长老制、会众制、主教制等,实行主教制的教派,其主教的权力也不大。

《圣经》分为《旧约全书》和《新约全书》,从犹太教继承下来的经典为《旧约全书》,而耶稣降世之后与人所立的契约为《新约全书》。《圣经》经文内容丰富,涉及神话传说、抒情诗歌、警世格言、成语典故、信仰习俗、民族历史和社会生活各个方面,阅读《圣经》

成为西方人文化修养的重要组成部分。

基督教传入中国经历了曲折复杂的过程。唐代,基督教称为景教,从西亚传入中国,得到了唐王朝的保护,后随着唐王朝的覆灭而消失。到元代再度传入,时称"也里可温教",也随着元朝被推翻而失传。明朝,意大利人利玛窦来华传教,基督教三入中国,但由于中西文化的巨大差异,影响甚微。明末清初,东正教传入中国,19世纪初,新教传入中国,揭开了基督教在中国传播的新篇章。洪秀全受基督教的影响创立"拜上帝会",但其又与基督教教义相差甚远,只被当作基督教在中国被改造了的一个教派而已,既不能兼容于中国传统文化,也无法得到基督教组织的认可。20世纪后,中国基督教开展了自立运动和革新运动,摆脱西方宗教势力的干预,将西方宗教精神与中国人的文化心理相适应,实现基督教的本土化,强调爱国与爱教的统一性,用中国经典文献来阐明中国文化精神与宗教精神的契合之处。

(三)伊斯兰教

7世纪初,伊斯兰教诞生于阿拉伯半岛。伊斯兰教信奉真主"安拉",穆罕默德是安拉的使者,其主要经典为《古兰经》,包括四个方面的内容:(1)穆罕默德的生平与传教活动;(2)伊斯兰教的教义说教;(3)伊斯兰教的宗教制度和社会主张;(4)历史故事、寓言和神话。

伊斯兰教在中国有1000多年的历史,同中国传统文化发生了多维而深刻的交融,经历了漫长的中国化过程。在中国,伊斯兰教同儒家思想关系密切,面对浩博的中国本土文化,伊斯兰教教义学家自觉地寻求伊斯兰教中国化的途径,到了明代回族形成,汉语成为回族的语言交流工具,用汉语汉文讲解伊斯兰教教义是大势所趋。这样便造就了大量信奉伊斯兰教、又谙熟中国儒家文化的穆斯林。

中国伊斯兰教义学认为,人生有三大正事:忠主、顺君、孝亲,忠于真主与忠于君王相一致,推崇并向往崇高而神圣的精神境界,这与儒家所说的"内圣外王""齐家、治国、平天下"、兼顾家庭责任与社会责任的道德准则相契合。

(四)道教

与上述外来宗教不同,道教是中国本土宗教,其教义源于中国古代的道家哲学、自然崇拜、神仙信仰和符咒方术,尊奉春秋时期思想家老子为太上老君。老子将"道"作为最高的哲学范畴,认为"道"是宇宙本原,崇尚返璞归真、笃诚守一、顺应自然、清静无为,坚守超脱物我、贵柔尚谦的处世原则。

道教正式创立于东汉末年,标志是太平道和五斗米道的形成。当时政治黑暗,社会动荡,一些方士和儒生纷纷建立有宗教色彩的集团,进而演化成组织严密的宗教团体。黄巾起义领袖张角自称大贤良师,以符水咒语为人治病,深受百姓推崇,十余年间,信徒达数十万,遍布全国大部分地区。张角利用宗教组织发动了声势浩大的反抗运动,推动了太平道的传播,后随着起义被镇压,太平道改头换面,汇入道教的洪流之中。

五斗米道的创始人张陵,人称张道陵、张天师、祖天师,他擅长治病,乐善好施,将治病与传教结合起来,深受信众拥戴。该教因要求入道者交五斗米而得名。

魏晋南北朝以后,道教进一步分化,王公贵族使道教的神仙信仰理论化,民间道教变得五花八门,繁芜庞杂,影响广泛。葛洪是道教史上承前启后的重要人物。他继承道教神仙信仰的传统,著有《抱朴子》,提倡崇尚良医,强身健体,主张炼丹成仙。

隋唐时期,道教全面兴盛,贵族道教的思想体系与各种仪式日趋完善,完成了对民间道教的改造过程,得到了统治阶层的倡导。其中,陶弘景创建的茅山宗最为鼎盛。

宋元以来出现了许多道教宗派,举其要者,主要有:正一道,提倡鬼神崇拜,画符念咒,驱鬼降妖,祈福禳灾,不重修持之法;真大道教崇奉《道德经》,兼顾儒家忠君、孝亲、诚人的道德规范,强调清静无为,少私寡欲,慈俭不争,保身救民,提倡道士出家,绝欲忍苦,利民爱物,重视现世,而不讲"飞升化炼,长生久视"之术;王重阳创立的全真教主张道佛儒三教合一、三教平等,认为"儒门释户道相通,三教原来一祖风",以《道德经》《般若心经》《孝经》为必修经典。王重阳的弟子丘处机广结高官显贵,同时大力拯救民众苦难,劝成吉思汗敬天爱民、清心寡欲、无为清净、不可滥杀,深得成吉思汗的赏识,令丘处机掌管全国的道教,全真教因此达到全盛。

鲁迅先生认为,"中国根柢全在道教","以此读史有多种问题可以迎刃而解"①。道教在哲学、政治、社会、文学、音乐、美术、医学、建筑、民俗、养生健身等方面都产生了深刻的影响,道教徒在上述各个方面都做了有益的探索,相关成果成为中国文化的宝贵财富。

三、信念的力量:宗教功能与心智统合

20世纪80年代以来宗教热的产生,充分展示了宗教的顽强生命力及其独特的社会功能。现阶段宗教在某种场域内的再起既有深刻的社会原因,也是宗教独特功能的显现:首先,当今时代是一个信仰多元化的时代,传统信念体系与解释模式的消解,给宗教再起腾出宽阔的空间;其次,在物质生活日益丰富的今天,人们渴望精神生活的充实,不少人选择借助宗教的感情体验与解释系统实现心灵的宁静祥和;最后,随着对外开放的深化发展,国内外人员互动增多,中外文化交流日趋频繁,其中也包括宗教文化方面的交流。

中国汉族和南方各民族的宗教情感较为淡薄,但各种信仰崇拜却颇为盛行。历史上的佛教对中国社会文化发展历程产生了深远的影响。中国素有儒教治世、佛教治心、道

① 鲁迅手稿全集编委会.鲁迅手稿全集:书信(第1册)[M].北京:文物出版社,1978:47-48.

教治性之说,宗教固有的积极功能,对推进我国社会历史进程起到了巨大作用。

宗教的功能集中体现在:

(1)提供精神寄托,满足人们的归属需要。

(2)增强社会化意识,促进人们接受社会组织的信仰和原则,塑造人的价值观念,确立人的行为准则。

(3)增强社会控制,促进社会从混乱到有序的过渡,维护社会稳定。

(4)增强人际沟通和团结,避免人的被遗弃感。

(5)促进人们心灵的净化和心态的宁静安详。

(6)创造共同的价值观念,减少矛盾冲突,赋予生活一种新的意义。

现代新功能学派人类学家则是把宗教的功能归为三大类:

(1)生存功能。目的是满足生存的需要,即在向自然索取生活资料的过程中,举行相关的宗教仪式。

(2)适应功能。尤其是在人的生命旅程转换时期,借助宗教的作用调适心理完成角色转变。

(3)整合功能。中国的一些宗教仪式很明显是为了增进各支系、各房派之间的沟通,加强联系,强化族群认同。①

文化建设应当引领宗教信仰成为促进社会进步、实现人格完善的力量源泉之一,以积极的、正面的宗教精神熏沐人的心灵,洗却世俗中的卑弱顽劣,戒除妄见妄行,克欲成德。同时,必须清醒地认识到,现实中宗教既有积极的一面,也有许多负面影响。

> 宗教无疑的是人类在其文明史上所有的一伟大作品,犹之乎人类生活中恒有国家和政治之出现那样。它们(宗教、国家)既出于人的聪明,亦来自人的愚蠢,既各有其有利于人、造福于人的一面,亦各有其有害于人、为祸于人的一面(随时随地不同)。不论其为利为害、为祸为福,总之皆人之所自为,不从外来。一味致其赞颂,或一味加以诟骂,皆不免类似梦中人说些梦话,不为明达。②

现实中,催人奋进的积极力量和引诱人走向堕落的消极力量相互交织,从不同的角度作用于每个人。有些人不断地开悟翻新,实现心灵世界的升华而完善自我;有些人抵挡不住光怪陆离的花花世界的诱惑,陷入追逐低级欲望的泥淖中不能自拔,甚至走上犯罪道路。社会主义先进文化建设应避开这一陷阱,因为:

---

① 李亦园.人类的视野[M].上海:上海文艺出版社,1996:248.

② 梁漱溟.人心与人生[M].上海:学林出版社,1984:181-182.

现代梦想绕了一个奇怪的圆圈。在这个圆圈中,现代科学进步本打算解放自身,结果却危险地失去了它的地球之根,人类社区之根,以及它的传统之根,并且,更重要的是,失去了它的宗教神秘性之根。它的能量从创造转向了破坏。进步的神话引出了意想不到的不良后果。[1]

"在这世界上,我们应该最关切的灵性方面的事物,也体现于身体方面、情绪方面和心智方面,我们的祖宗首先是个肉体的生物,后来才渐渐生长得具有情绪方面、心智方面以至最后具有精神方面的光景和态度。"[2]可见,借助宗教特有功能作用于人的心灵,实为未来文明演进不可或缺的重要环节。而在法治的框架内使宗教信仰与社会的稳定发展相协调,则是弘扬宗教的积极功能,抑制其消极因素的根本保证。

四、精神重构：从迷惑中警醒

人类的生存和发展,一方面有赖于基本物质生活需要的满足,另一方面,更有赖于精神生活的提升。因为人非禽兽,不可沉溺于追逐吃饱喝足的低层位的生活目标。

物质生活与精神生活密不可分,但不同民族在不同时代,或侧重物质文明的建设,或侧重精神文明的重构。但孰轻孰重,如果超过一定的幅度,就会导致畸形现象的出现。

地球上自然资源的过度消耗与生态环境的恶化使人们意识到克制物欲、实行可持续发展的重要性。只有从片面的"开发神话""发展神话""经济奇迹"中猛醒,致力于追求人与自然的和谐,人与社会的协调,人的自身内心世界的安宁,人类才会有光明的前景。

然而,受人的觉悟和感知能力等条件制约,许多人面对人生仍感到困惑迷茫,从而为形所役,作茧自缚,成为物质的奴隶,患得患失,唯利是图,追逐虚幻不居的潮流时尚,屈从于世俗的压力,被花花世界所迷惑而想入非非,沉溺于如梦如幻的妄想中而不能自拔。

21世纪,世界文化格局重新组合,人们的信仰体系和价值观念正在发生巨大变化。科技的迅猛发展为全人类不同宗教信仰模式的沟通汇融,提供了前所未有的便利条件,精神结构重组势在必行。而重组的要旨,即是培植正面的、积极的建设性力量,消解反面的、消极的破坏性力量。

中国各族群中的传统信仰,一方面为人们确立了一套完整的信念体系,起到整合社会力量的重要作用。另一方面,不同的价值观念也是各民族间纷争与冲突的根源之一。达成不同信仰之间的广泛而深刻的相互理解、相互尊重,还须付出艰苦努力,需要从人类

①　大卫·雷·格里芬.后现代精神[M].王成兵,译.北京:中央编译出版社,1998:64.
②　G.R.哈里逊.人类的前途[M].易家愿,译.北京:久大文化股份有限公司,1990:214.

文明史中获得某种启迪，以利于实现人们孜孜以求的和平与幸福。

思考题

1. 谈谈中国人精神信仰的主要对象和特点。

2. 当代中国的主要宗教有哪些？各自的经典是什么？

3. 怎样理解宗教功能的积极性与负面影响？

第十六章
审美传统与文化建设

学习提示

　　中华民族独一无二的以神韵为核心的审美传统,是民族智慧的结晶。文化发展的理想境界是审美自由的实现,中国各民族以不同的方式表达内心情感,通过"意境"和"异境"的营造,体悟心灵的愉悦。本章的学习重点:感悟中华民族传统审美文化的存在形态和表现路径,借助琴棋书画,领悟中国传统艺术的审美特质;通过民间工艺的传习,理解中国传统工艺的文化意蕴;通过养生之道的体验、诗性智慧的感悟与"和美圣境"的建构,探寻中国文化保护与文化建设的路径和方向。

　　审美传统的生成,源于人类发达的感知神经,有"喜、怒、哀、乐、忧、思、伤"等各种情感的表达方式。中国各民族拥有自成一体的使身心得以平衡愉悦的娱乐方式,借助琴棋书画、民间工艺、民间舞蹈、武术、气功以及节庆习俗等文化样式,表情达意,调节身心,获得心境的祥和和愉悦的审美体验。

　　中国审美传统的核心是追求心灵愉悦、情感表达和情境体验。文化建设的核心历史使命是通过审美价值的实现,构建美好人生、和谐社会及天人合一境界,弘扬真善美,抵制假恶丑,推进人类文明由"必然王国"向"自由王国"迈进。所以,中国文化中的审美心理、审美崇尚、审美趣味及其他实现身心愉悦的文化形态,是中国文化建设的重要精神资源。

一、琴棋书画：美曲心韵的体验

　　在中国古代社会漫长的历史阶段中,琴、棋、书、画历来被视为文人雅士的基本素养。吹箫抚琴、吟诗作画、登高远游、对酒当歌,是文人士子生活的生动写照。古琴清和淡雅,围棋奥妙无穷,书法意蕴深邃,绘画境界高远,寄寓着凌风傲骨、超凡脱俗的中国文化精神。

（一）悠扬的琴韵

古琴音域宽广，音色深沉，余音悠远，现已被列入世界非物质文化遗产名录。古琴，又称瑶琴、玉琴、丝桐和七弦琴。琴的起源，扑朔迷离，传说中的伏羲、神农、黄帝、唐尧都曾造琴，说明古琴至少有 3000 年历史。古代文人将琴视为高雅的象征，常用琴作为吟唱的伴奏乐器。

古人将弹琴的功能概括为："可以观风教，可以摄心魂，可以辨喜怒，可以悦情思，可以静神虑，可以壮胆勇，可以绝尘俗，可以格鬼神。"（唐·薛易简《琴诀》）虚静、高雅、清淡，是古琴音乐的重要艺术风格，领悟"味外之旨、韵外之致、弦外之音"是古琴审美情趣的关键所在。

春秋时期，孔子酷爱弹琴，无论在杏坛讲学，还是受困于陈蔡，操琴弦歌之声不绝。伯牙和钟子期"高山流水"遇知音的故事，流传至今。魏晋时的嵇康认为：古琴"众器之中，琴德最优"，他在刑场上弹奏的《广陵散》成为生命的绝唱。唐代刘禹锡的《陋室铭》"可以调素琴、阅金经。无丝竹之乱耳，无案牍之劳形"，描绘了一种淡泊宁静的人生境界。1977 年 8 月，美国发射的"旅行者 2 号"太空船上，选用著名古琴大师管平湖先生演奏的古琴曲《流水》，以此作为中国音乐的代表，带着探寻外星人的使命，到茫茫宇宙寻求新的"知音"。

唐宋以来，历代都有古琴精品传世，还有大量关于琴家、琴论、琴制、琴艺的文献。中国现存琴曲 3360 多首，琴谱 130 多部，琴歌 300 首。古琴的经典之作有《高山》《流水》《渔歌》《广陵散》《墨子悲丝》《平沙落雁》等。

受不同地域文化影响，琴文化形成不同的艺术风格和流派。比如，吴地清婉、蜀中躁急、京师刚劲、江南文雅。历史上著名的琴派有闽派、川派、广陵派、诸城派、燕山派、蜀山派、岭南派、中州派、九嶷派、金陵派、虞山派等。其中广陵派是清代著名琴派。江苏扬州古称广陵，以此地为中心形成的琴派称为广陵派，由徐常遇在虞山派的基础上发展而成。该派编创的《澄鉴堂琴谱》为本派最早谱集。继起者徐祺所编的《五知斋琴谱》，为近代流传最广的谱集。吴灯编纂的《自远堂琴谱》也影响深远。

中国文人信奉"达则兼济天下，穷则独善其身"的处世原则，古琴音韵醇和淡雅、温柔敦厚、乐而不淫、哀而不伤、怨而不怒，契合中国文人雅士的志趣，成为他们的精神寄托。

（二）高妙的棋局

围棋古称"弈"，是两人棋类游戏，起源于中国，历史悠久。相传尧帝发明围棋用以教育顽劣的儿子丹朱。春秋战国时代，即有关于围棋的大量记载。隋唐时围棋经朝鲜传入日本，并流传到欧美各国。围棋艺术博大精深、玄妙无穷，经常对弈，有利于提高思维能力,增长聪明才智,是东方智慧的集中体现。

围棋的黑白二色圆形棋子象征阴阳,棋盘中间星位称"天元",四个角有四颗星,象征一年四季,棋盘上有纵横各 19 条直线将棋盘分成 361 个交叉点,象征一年 360 天的约数。

围棋由黑子先行,棋子走在交叉点上,双方交替行棋,落子后不能移动,以围地多者为胜。围棋看似简单,其实包含深刻的哲理。要求对弈双方全局在胸、谋篇布局、稳扎稳打,处理好进与退、攻与守、得与失、先与后的辩证关系。棋势变化无穷、妙趣横生,或峰回路转,绝处逢生;或大意失荆州,一着不慎,满盘皆输。

围棋将变幻莫测的大千世界浓缩在方寸之间,用黑白分明的两种颜色,构成彼此交织的棋局,进退之间,掷地有声地展现人生智慧。围棋艺术的精髓在于陶冶情操,愉悦身心,增长智慧,弈棋与弹琴、写诗、绘画被人们引为风雅之事,成为男女老少皆宜的游艺娱乐项目。

当前,围棋主要流行在中国、韩国、日本以及一些欧美国家。中日韩围棋高手众多,各显风骚。2017 年 5 月,谷歌 AlphaGo 大比分 3∶0 战胜了围棋顶级选手柯洁。至此,尽管计算机无法将围棋变化全部计算出来,但在弈棋上已赶超了人类。

(三)精湛的书艺

汉字书法艺术体现了气象万千的中国文化。中国是世界上唯一将文字书写当作一种艺术样式的国家。由于汉字起源于图画和象形文字,汉字的音与意相融合,用点和线描摹客观物体,表情达意。这种特性使汉字寓情状物,栩栩如生,既可表达概念,又可给人丰富的视觉联想。

甲骨文是相当成熟的文字,是中国书法艺术的源头之一。大篆以石鼓文为代表,因刻于石鼓而得名,相传为周宣王时的太史籀所造,笔画匀称,结构工整,是流传至今最早的石刻文字,奠定了方块汉字的基础。小篆也叫"秦篆",是秦始皇统一中国后,李斯受命创制的统一文字及书写形式。小篆形体偏长,匀圆齐整,字体优美。今存《琅琊刻石》《泰山刻石》都是小篆代表作。

隶书由篆书演化而来,相传为秦末程邈在狱中所整理,其写法是将篆书圆转的笔画改为方折,字形变圆为方,笔画去繁就简,改曲为直。隶书是汉字中常见的一种庄重字体,横画长而直竖画短,结体扁平、工整精巧,讲究蚕头燕尾、一波三折,轻重顿挫,富有变化。隶书是汉字演变史上的一个转折点,东汉时期达到顶峰,书法界有"汉隶唐楷"之说。

草书成于汉代,分为章草、今草、狂草不同形体。章草笔画省变,有章可循;今草不拘章法,笔势流畅;狂草笔势狂放不羁,连绵回绕,变化繁多。

　　行书大约产生于东汉末年,笔势不像草书那样激扬,也不像楷书那样端正,是介于两者之间的一种字体,可以说是楷书的草化或草书的楷化。楷法多于草法的叫"行楷",草法多于楷法的叫"行草"。

　　楷书亦称"正书""真书"。其特点是:形体方正,笔画平直,唐代欧阳询、虞世南、颜真卿、柳公权,宋元时的赵孟頫都是楷书名家。

　　中国书法的要诀体现在执笔、运笔、点画、结构、布局等方面。执笔要求指实、掌虚、腕活,运笔要求以中锋为主,掌握好起驻、使转、顿挫、斜正、粗细、快慢的幅度,笔法要蕴含内在的力度。分布宜疏密得当,虚实相生,气脉贯通。

　　书法之美,在于变化多端的"有意味"的线条。笔画的粗细、轻重、虚实、疾涩、断连、长短、曲直、枯润、浓淡、方圆、强弱,体现了一种节奏和韵律。富有审美意味的书法作品,须是刚柔相济、方圆适度,犹如行云流水。

(四)雅致的画境

　　中国绘画源远流长,中国先民在岩壁、石器、铜器、陶瓷器上,留下了大量的绘画作品。内蒙古的阴山岩画、云南的沧源岩画、广西的花山岩画都是先民们留下的杰出画作。按题材划分,中国画主要有人物画、山水画、花鸟画等。

　　帛画用毛笔在绢帛上绘制,是中国绘画由萌芽到成熟的标志。湖南长沙楚墓出土的战国帛画作品《人物龙凤图》《人物御龙图》是极为珍贵的遗产。

　　秦汉时期,中国帛画、墓室里的壁画以及画像砖繁盛一时,留下了大量精品。

　　魏晋南北朝时期,文人士大夫谈玄论道,悠游林泉,纵情山水间,鉴赏诗画,蔚然成风。东晋顾恺之是中国绘画史上最早有画作流传至今并在绘画理论上颇有建树的画家,代表作品是《女史箴图》和《洛神赋图》。顾恺之认为,人物画重在"以形写神""传神写照",山水画贵在"迁想妙得",对中国绘画讲究"形神兼备"的传统具有深远的影响。

　　唐代是中国绘画的繁荣期,名家辈出,佳作累累。传世名作有阎立本的《步辇图》《历代帝王图》,托名吴道子的《送子天王图》,张萱的《虢国夫人游春图》,周昉的《挥扇仕女图》《簪花仕女图》等。

　　宋代绘画题材趋于多元化,表现市民生活场景的作品增多。张择端的《清明上河图》描绘了北宋京城汴梁以及汴河两岸的繁华景象和自然风光。宋代山水画家的代表有李成、范宽和郭熙。李成传世的代表作有《读碑窠石图》等。范宽的代表作品有《溪山行旅图》《雪山萧寺图》。郭熙画作技巧纯熟,意境优美,其子辑录的《林泉高致集》,记载了他的绘画理论。南宋时期,著名画家有马远、夏圭等,《踏歌图》《溪山清远图》是他们的代表作。

　　元代的著名画家首推赵孟頫,他精于书法和绘画,代表画作有《杜甫像》《人马图》

《红衣罗汉图》《鹊华秋色图》《秋郊饮马图》等。元代山水画的四大代表人物为黄公望、王蒙、倪瓒、吴镇，其中黄公望的《富春山居图》被推为"中国十大传世名画"之一。

明代出现了众多绘画流派，尤为著名的是"浙派"和"吴派"。"浙派"代表人物戴进的主要作品有《春山积翠图》和《风雨归舟图》等，另一代表人物吴伟画风豪逸奔放，气势磅礴，纵横潇洒，其代表作是《江山渔乐图》。"吴派"代表人物为苏州人士沈周、文徵明、唐寅、仇英，他们精通诗文书画，才情横溢，被称为"明代四大家"。

清代绘画的杰出代表为清初的"四僧"和清中期的"扬州八怪"，以及清后期的"四任"和吴昌硕。"四僧"指弘仁、朱耷、石溪、石涛，他们在明亡后归隐山中，削发为僧，以绘画寄托情思，其中尤以"八大山人"朱耷最为著名。"扬州八怪"是以郑燮为代表的扬州画家群体，没有定指。郑燮，字克柔，号板桥，乾隆年间考中进士。郑燮画作不拘一格，被称为"狂""怪"，尤擅画竹，其《兰竹图》《墨竹图》《竹石图》是绘画史上的杰作。"四任"指任熊、任薰、任颐和任预，其中以任颐成就尤为卓著，其山水画、人物画、花鸟画无一不精。吴昌硕则将书法、绘画、金石篆刻结合在一起，卓然成一大家。

中国的审美传统讲究"书画同源"，"诗中有画，画中有诗"。中国传统社会的文人志士借助琴的深邃、棋的奥妙、书的神韵、画的意境，在自娱、自乐中感悟人生的真谛，寻见情感的归依，其文化根源在于"琴棋书画"蕴含着相通的中国传统美学思想。在中国传统文化中，先哲们根据阴阳学说，提出"阳刚之美"和"阴柔之美"两大范畴。《易经》："地道之美贵在阴与柔，天道之美贵在阳与刚。""阴柔之美"体现为清秀、优雅、飘逸、温润、缠绵、精致，而"阳刚之美"的特质是壮丽、雄浑、劲健、刚强、豪放、新奇、刚烈、悲慨、震撼、威严。这些审美文化基因，在中国的琴棋书画中，都得以展现，让人通过对琴棋书画的感知、体验、直觉、想象、静思、妙悟，表达内心的情感，其共同的审美目的是借物悦心，借韵悦心，借意悦心，由悦耳悦目，经过悦心悦意而达到悦神悦志的境界。

二、民间工艺：精工华构的展演

中国民间工艺技术历史悠久，分布区域广阔，与民众生活息息相关。种类繁多、形式多样的民间工艺从不同的侧面反映了我国不同时代、不同区域、不同民族的社会生活、世态人情、审美观念、审美价值、审美情趣与审美追求，而贯穿其间的是向往团圆、喜庆、富裕、平安、长寿、幸福、和谐、吉祥的文化祈愿。

（一）剪纸工艺

中国传统文化剪纸，又叫刻纸，或剪画。剪纸是一种镂空艺术，其在视觉上给人以透空的感觉和艺术享受。在剪纸艺术出现之前，人们运用薄片材料，通过镂空雕刻的技法制成各种各样的图案，如窗花、门笺、墙花、顶棚花、灯花等。

剪纸工艺的产生和流传与中国的节日风俗有着密切关系，逢年过节抑或新婚喜庆，常常会剪贴"福""囍"，渲染喜庆的气氛。剪纸的纹样主要有：人物、鸟兽、文字、器具、鳞介、花木、果蔬、昆虫、山水、世界珍奇以及现代器物。剪纸的核心内容可以分为：纳吉祝福、祛邪、除恶、劝勉、警戒、趣味。剪纸的技法通常分为两类七种。第一种，单色剪纸。其包括：（1）折剪类，即将纸折叠后剪，展开后可得一种图案或字形；（2）迭剪类，即将数张纸重叠在一起，钉牢后再依稿剪之，一次可得数张作品。第二种，复色剪纸，是以数张彩纸分剪后剪拼贴成图；或以白纸依稿剪成，再染填上各种颜色；或先剪成主版，衬以白纸后再染填上各种颜色。其包括：（1）衬色类，先用单色剪纸的方法剪做成图，再以彩纸为衬；（2）套色类，以单色剪纸的方法剪成主版和次版的形象，再另剪色纸贴裱在主版需要的部位上，或将画稿所需的各色纸，重叠在一起钉牢，再沿稿线依次剪，择取一张为主版，贴裱在衬底上，再将其余的部分添贴在主版之上；（3）拼色类，即分别用色纸剪成各部分形象，再依图样贴裱在衬纸上，或将各色纸重叠在一起钉牢，再依稿剪成，贴拼于衬纸上；（4）染色类，即用易于浸渍的白纸或浅色纸剪成各种形象，再逐次染成所需的颜色，或先将纸染色，再剪成形象；（5）填色类，即先用黑色纸或深色纸剪出主版，裱贴在白纸上，再依稿填涂各种颜色，或用白纸剪成主题形象，裱贴后再填染所需颜色，也有先填色后剪做的。

（二）编织工艺

《易经·系辞》记载，在旧石器时代，人类即以植物韧皮编织成网罟（网状兜物），内盛石球，抛出以击伤动物。在新石器时代遗址出土的陶器上，印有用篾席印刻的"十"字纹、"人"字纹。

汉代以蔺草编织为席。唐代，草席生产已很普遍，福建、广东的藤编、河北沧州的柳编、山西蒲州（今永济、河津等地）的麦秆编等都是著名的手工艺品。其中广东藤编还有编织花卉、鱼虫、鸟禽图案的帘幕。宋代，浙江东阳竹编的品种有香篮、花篮、龙灯、花灯、走马灯等，能编织字画、图案，工艺精巧。明清时，中国南方许多地方的草编、藤编、竹编等生产有了发展，竹编、藤编、草编、棕编、柳编、麻编等编织种类日趋完备，艺术性明显增强，装饰方法更为多样化。

中国结是中国特有的一种手工编织工艺品，其显示的情致与文化隐喻使之成为中华文明的重要象征之一。

《周易·系辞下》："上古结绳而治，后世圣人易之以书契。"由此可知，中国结起源于中国先民的结绳记事，由缝衣打结、仪礼记事演变成一种装饰手艺。周朝人随身佩戴的玉，常以中国结为装饰，郑玄《周易注》："结绳为记，事大，大结其绳，事小，小结其绳。""结"被先民们赋予了"契""约"的法律功能，同时还有记载历史事件的作用，因此备受人们看重。及至清朝,中国结才真正成为盛传于民间的艺术。

"结"在漫长的演变过程中,被人们赋予了丰富多彩的文化意涵。许多具有向心性聚体的要事几乎都用"结"字作喻,如结义、结社、结拜、结盟、团结、结亲、结发、结婚、结合、结果、结局、结束、结论等,相应的有同心结、合欢结等。

中国结造型优美,寓意繁多,如吉庆有余、福寿双全、双喜临门、吉祥如意、一路顺风等美好祈愿。因而,中国结用途多种多样,可用作随身饰物、室内装饰和馈赠礼物。

中国结从头到尾都是用一根丝线编结而成,每一个基本结又根据其形意命名,不同的结饰与吉祥图案相搭配,形成了造型独特、绚丽多彩、寓意深刻、内涵丰富的中国传统吉祥装饰物品。

(三)雕刻工艺

雕刻是指利用可雕刻的硬质材料,刻写出具有一定文化意味的艺术形象,借以表达艺术家的审美感受、审美情感、审美理想的艺术形式。中国民间雕刻工艺主要有石雕、木雕、砖雕、竹雕等。这些雕刻艺术历史悠久,种类繁多,与人们的物质生活和精神生活融为一体。民间工匠精湛的技艺、巧妙的构思,展现了雕刻艺人令人叹服的创造力。按雕刻工艺手法分类,雕刻艺术包括:

1. 阴雕

又称阴刻或沉雕,是指凹下去雕刻的一种手法,经常以文字、八仙、蝙蝠、梅、兰、竹、菊等图案的形式体现在屏风、牌匾以及橱柜等家具的装板雕刻上。

2. 浮雕

也称为阳雕,其空间构造既可以是三维的立体形态,也可以兼备某种平面形态,既可以依附于某种载体,又可以相对独立地存在,是雕塑与绘画结合的产物。浮雕画面构图丰满,疏密得当,粗细相融,玲珑剔透。

3. 圆雕

也称为立体雕、浑雕,是指非压缩的、一种具有三维空间艺术感的雕塑艺术。圆雕是艺术创作在雕件上的整体表现,观赏者可以从不同角度看到物体的各个侧面。它要求雕刻者从前、后、左、右、上、中、下全方位进行雕刻。

4. 透雕

在浮雕作品中保留凸出的物象部分,而将背景部分进行局部或全部镂空,这种工艺手法能产生一种穿越材质感觉的视觉,具有浮雕的灵秀之气。

5. 通雕

在浮雕、镂刻传统的基础上,多层次地镂通画面,使之重重叠叠,栩栩如生,给人以赏心悦目之感。

6. 透空双面雕

透雕的一种,大多用于门窗板、隔扇、衣架等两面都可以欣赏的家具,将一种图案,进行正反两面雕刻,两面都能欣赏到同一图案,新奇玲珑可爱,类似苏州的双面绣。

(四)陶瓷工艺

陶与瓷的差别主要在于烧制黏土的温度不同。胎体没有致密烧结、质地较为疏松、吸水率较高的制品,统称为陶器。经高温烧成、胎体烧结程度较为致密、釉色品质优良的制品称为"瓷器"。据考古发现,中国仰韶文化遗址、马家窑文化遗址与齐家文化遗址、西安半坡遗址出土了精美的彩陶器。陶瓷工艺贯穿中国文化历史的整个过程。

陶器和瓷器既是一种生活用品,更是一种文化艺术品。陶瓷工艺凝聚着人的自然观念,人的想象、情绪和理想。历代陶器和瓷器装饰纹饰既有自然界的山山水水,又有人世间的美好图景,体现了中国人民对美好生活和美好事物的艺术化追求,因而成为中国传统文化的典型文化符号。

中国陶瓷工艺以祥瑞题材为主,寄寓着人们对"福、禄、寿、喜、和合、吉祥如意"的憧憬。经常选用凤凰象征大富大贵、大吉大利,以白鹤象征高洁、长寿,用牡丹象征富贵,以芙蓉象征雍容华贵,用松树象征长寿和气节,集中展示了中国大众祈求平安、吉祥、多福多寿、龙凤呈祥的文化理想。

三、健体养生:身心愉悦的根基

在中国漫长的历史演进过程中,各区域、各民族的民众在长期的社会实践中,形成各具特色的强身健体、养生养心的文化智慧,以武术和气脉调理为核心的中华健体养生的技巧和方法,是中国各族人民在长期的社会实践中不断积累起来的宝贵文化遗产。

源远流长、流派众多的中国武术,亦称中国功夫,是中国文化的重要符号之一。中国武术可有效提升人的身体素质,既可健身健体,亦可用于防卫,是中国侠客除暴安良的看家本领。长期习武,随着武艺的长进,对内可以祛除意志怯懦、身体羸弱之不足,对外可以制止暴力行为。中华武术讲究"习武先习德",习武之人不只是学习武艺,更要隆礼崇德,通过练武陶冶情操、强身健体、提升品行和修为,不可倚强凌弱。

中华武术门派繁多,著名武学大师灿若繁星。众所周知的门派有少林派、武当派、峨眉派等,拳术有南拳、太极拳、咏春拳、梅花拳、六合拳等。

太极拳发源于河南焦作市温县陈家沟,是东方哲学与武术、艺术、中医、引导术等相互交融的结晶,体现了太极、阴阳的辩证理念,融颐养性情、强身健体、技击对抗等多种功能为一体,是中国传统文化中宇宙观、生命观、道德观、人生观和竞技观的综合载体。

太极拳在陈家沟世代传承,自第 14 世陈长兴起开始向外传播,后逐渐衍生出杨式、武式、吴式、孙式、和式等流派。其共同的特征是基于太极阴阳之理念,用意念统领全身,通过入静放松、以意导气、以气催形的反复习练,以进入"妙手—运—太极,太极—运化乌有"的境界。太极拳强调身心清净,百无挂碍,含蓄内敛、连绵不断、以柔克刚、刚柔并济、急缓相间,内固精神,外示安逸,性命双修,在行云流水中使习练者的意、气、形、神逐渐趋于圆融一体,实现人与自然、人与社会的融洽和谐。

20世纪80年代以来,太极拳发源地先后举办了数届国际性太极拳交流大会。太极文化圈的影响日趋扩大。2006年5月,太极拳成为第一批国家级非物质文化遗产。

形成于12世纪的八段锦是中国优秀的传统保健功法,共为八段:双手托天理三焦,左右开弓似射雕,调理脾胃须单举,五劳七伤往后瞧,摇头摆尾去心火,两手攀足固肾腰,攒拳怒目增气力,背后七颠百病消。因其动作简单易行,柔和连绵,滑利流畅,舒展优美,犹如锦缎飘忽,故名为"八段锦"。在历代流传中,八段锦形成许多同中有异的练法和风格,其整套动作有松有紧,动静相兼,具有良好的调理气脉、养生养心的功效。

四、文化保护：诗性传统的传习

文化保护的对象和范围泛指人类祖先留下的共同文化财富,包括凝聚人类创造智慧的有形或无形的杰出文明成果。

无形遗产、非物质遗产,或称非物质文化遗产,是与人类自然遗产、有形遗产、物质文化遗产相对应的概念。

"非物质文化遗产"主要包括:(1)口头传说和表述,包括作为非物质文化遗产媒介的语言;(2)表演艺术;(3)社会风俗、礼仪、节庆;(4)有关自然界和宇宙的知识和实践;(5)传统的手工艺技能。非物质文化遗产以传统为根据,是特定群体的文化表达,并被认为是符合社会期望的作为其文化和社会特性的表达形式,其准则和价值主要以口传心授的方式代代相传。

2001年联合国教科文组织通过《世界文化多样性宣言》,同年5月,联合国教科文组织宣布了首批19项"人类口头及无形文化遗产代表作",我国昆曲位列其中。2003年10月17日,第32届联合国教科文组织大会通过了《保护非物质文化遗产国际公约》,对口头传统、表演艺术、社会风俗、仪式仪礼、节日活动、民间知识、手工技艺等非物质文化遗产的保护做出了必要规定。

文化保护的核心意旨是感悟、传习、延续隐含其中的文化精神和诗性传统。

诗性传统和诗性人生不只是能够纯熟地使用华丽的语言和整饬的韵律,而是以"自为"的积极人生态度接续诗性传统,通过体验生命的美,回归"真我"。文化保护不只局限在有形的文化遗产相关资料的收集、整理和传承,更为重要的是以经天纬地的雄才大略思考人类诗意栖居大地之上的缘由及其可能性,通过保护诗性基因和诗性智慧,引领诗性主体在人与自然共生的人生境界中抒发情感,宽慰心灵,愉悦心境,不断寻求审美人生的心灵和谐,表达对生命存在、生命意义和人类命运的终极关怀。

中国各民族的文化遗产隐含着异常丰富的诗性智慧。诗性智慧由诗性基因、诗性文化和诗性传统构成自成一体的传承谱系。想象、比兴、象征、隐喻、气韵、韵律是诗性智慧的核心基因。"气韵"蕴含在节奏当中,气的流转引发节奏的律动。气存在于天地之间,也隐藏在人的躯体之内,气血流动是生命成长之源泉。韵律是大自然的节奏和人体内在节奏"里应外合"的结果。自然界的峰峦起伏、江河流淌、云卷云舒,各有不以人的意志为转移的客观存在,随着人的观察能力的精细化,逐渐领悟到这些事象内蕴的令人愉悦的旋律。诗性节律或婉转悠扬,或激越高昂,或缠绵悱恻,或清脆欢快。

诗性主体借助节奏和韵律等诗性文化基因和审美表征手段从事自由的审美创造活动,营建令人赏心悦目的意境。在现代审美主体沉沦的时代语境中,有必要深度激发人的审美感知意识和审美创造潜能,引导现代人类从"物役"状态中解脱出来,以丰富的想象力敞开生命存在的无限可能,以"自为"的积极人生态度和生命体验,回归身心愉悦、心境澄明的"诗性人生"境界。

诗性传统不只存在于诗歌当中,而是广泛隐含在作家文学、民间文学、精英艺术和大众艺术之中,中国艺术精神强调形神兼备、虚实相生、气韵生动、风骨劲健,追求色彩、音韵形态的和谐,产生视觉、听觉、味觉、触觉的共振与通感式的审美效应。"两个黄鹂鸣翠柳,一行白鹭上青天"的诗句中,黄、翠、白、青四种颜色相协调,作用于人的视觉,构成鲜明亮丽的景致,"鸣"作用于人的听觉,"上"构成一种动感,"两个"和"一行"都构成特定的形态给人以丰富的想象余地。中国民间艺术更是多种文化形态的浑融体,音乐、歌舞、戏曲、文学、美术等同时登场,密不可分,哲学、宗教、文学、民俗相互交叉渗透,你中有我,我中有你。将之割裂开来,或者使之脱离特定的场合,显然无法深刻理解其内在的意蕴。

诗性文化和诗性传统的本质功能,就是借助人的能动性和本质力量,营造一种有意味、有审美价值的艺术境界。艺术体验及其折射出的文化价值观与人的生存质量,是人类学所特别关注的,并给予了高度的评价:

如果没有最起码的一些给人以美的享受的说书、音乐和舞蹈,那么,世界上也就没有文化。近年来,有些作者从艺术的效用到原因进行了追索,结果提出了一种理论,认为人类可能都有一种想发挥他们的想象才能的实际需求或内驱力——生来就有的或者是后天得来的。正如我们的生存需要吃、住一样,我们也需要滋养、锻炼我们的能动思维,我们的思维除了在危急时刻之外,它总是不满足于解决日常生活问题的一些事务。如果想象力得不到自由发挥,就会产生厌烦,而厌烦就可能造成缺乏生产效率,在极端情况下,甚至会导致死亡。正是艺术为我们想象力的运用提供了手段和资料,因此艺术有助于我们维持生命力。①

文化保护在于让大众从"艺境"和"异境"中获得美感享受,在口头文学——神话、传说、故事、歌谣中感受丰富的想象力;用一年轮转中的各种节日,打破了生活的沉闷;借助简朴的居室装饰、人体装饰与服饰艺术,散发出美的气息。"异境"中的美感也许是虚幻的,其功能却不可限量。恩格斯曾就民间故事的魅力做了精辟的阐述:

> 民间故事书的使命是使农民在繁重的劳动之余,傍晚疲惫地回到家里时消遣解闷,振奋精神,得到慰藉,使他忘却劳累,把他那块贫瘠的田地变成芳香馥郁的花园;它的使命是把工匠的作坊和可怜的徒工的简陋阁楼变幻成诗的世界和金碧辉煌的宫殿,把他那身体粗壮的情人变成体态优美的公主。但是民间故事书还有一个使命,这就是同圣经一样使农民有明确的道德感,使他意识到自己的力量、自己的权利和自己的自由,激发他的勇气并唤起他对祖国的热爱。②

试想每逢春暖花开之时,在一年一度的歌会上,期待很久的青年男女汇聚山岗上、田野中、绿树下,各择对手,对唱山歌,歌声嘹亮,抑扬顿挫,长声绕天,回环往复,山谷回音,远播数里,令人尽情陶醉其中,这种天然造就的境界不是"艺境"胜似"艺境"。

中国历史上渊源久远,至今仍在许多民族中传承的傩戏,主要借助面具和祛邪禳灾祈福的歌舞表演,营造古朴神奇、神人沟通的境界,观众面对狞厉威猛、夸张变形、多面糅合、色彩凝重的面具,沉浸在阵阵歌舞声中,仿佛回到了远古时代,领略神人互渗的神幻苍茫,心灵为之震撼,这种原生态文化的艺术感染力并不亚于现当代艺术所产生的艺术效果。

中国是节日众多的国度,一年四季几乎月月有节。人们通过节日的聚会和娱乐,增加交往,促进文化整合,为年轻人提供相识相知相爱的机会,其娱乐功能也是很明显的:

> 西南各民族节日尽管起源途径多种多样,不一而足,但发展至今,一个共同的特色便是节日祭祀活动中的喜庆、娱乐气氛很浓,从敬神到娱人,节日习俗活动的直接受益者乃是人自身。西南地区地形地貌奇特,生态环境各异,交通阻隔甚大,许多民族呈大散居、小聚居状况,平时民族内部各自操劳生计,遇逢节日则欢天喜地盛装厚礼、探亲访友、说媒嫁娶。分散的群体在节日中倍感世俗亲情之温暖。此时,节日祭

---

① 威廉·A. 哈维兰. 当代人类学[M]. 王铭铭,等,译. 上海:上海人民出版社,1987:528.

② 恩格斯. 德国民间故事书[M]//马克思恩格斯全集(第41卷). 北京:人民出版社,1982:14.

祀中的神灵已缥缈不存,只有歌的海、舞的海、人的海。①

越是传统社会中的人越重视节日,根源之一,即平常人们没有什么娱乐消遣,终日为生计劳累奔波,倍觉苦闷、单调、无聊、压抑,如果将此谓之"常境",期盼有摆脱的途径和机遇,那么,发明并传承各种节日,即是有效方式之一,以过年过节进入一种"异境",一方面与一年四季的流转相契合,另一方面同人的生命节律相对应。

人们常说,一年忙到头,要好好歇息一下。所以,中国人特别重视过年,因为过年过节就是营造"新境"和"异境"。新年到来之时,人们回家团聚,尽情品尝美味佳肴,各式菜色令人大饱口福,大得其乐。在外求学、经商、从政的人期待着过年时回家省亲、阖家团圆时的惬意,一般外国人很难体会得到,明恩溥先生做了生动而深刻的比喻:"猫被禁锢在牢固的阁楼里,鸟被打折了翅膀,鱼被捞离了水面,所有这些都不会比普通中国人春节不能回家更不安和更不幸。"②

中国人借助过年给往事画上一个句号,欠钱不要拖到过完年再还,不如意事也应在年内结束,新年新运新境界。在整夜回荡的爆竹声中,人们祈望除却晦气,对祖宗顶礼膜拜,求得一年的平安。对于大年初一,人们尤为看重,素有一天顶一年的说法,祈望平安地度过新年的第一天。

"异境"在生活中屡屡可见,关键需要人们去体悟,通过观赏春花秋月、蓝天白云、风花雪月,领略生命的真谛,消解生命的倦怠,排遣愁闷,充实精神世界,提高生存品位。

中国文化的根基是以人为本的现世精神,中国人不执迷于虚幻的神灵崇拜,与西方人相比更讲求直觉体验,在情景交融的文学世界里体验激情的荡漾,用比兴手法,含蓄地表情言志,从中体验生命的价值和意义。

五、文化建设:文化理想的实现

"文化建设"的核心在于精神文化及其传统价值观念系统的建构,在于通过文化的传承,为特定区域民族提供规范性的思维方式、生活方式和生活模式,促使特定的文化模式对生活其中的每一个人具有规范作用和约束效力,并由此塑造浸润其中的社会成员的心智结构,借助道德修持和心灵感悟,形成相对一致的宇宙观、人生观、历史观、审美观,由此确立人生信仰,养成精神品格,寻见生命寄托和心灵归属。

文化建设的起点以及逻辑结果是基于对中华民族的"文化自知",迈向"文化自觉",进而通过树立"文化自信",达到实现"文化自强"的目的。文化自知是文化自觉的前提;

① 黄泽.西南民族节日文化[M].昆明:云南教育出版社,1995:13.
② 明恩溥.中国乡村生活[M].午晴,唐军,译.北京:时事出版社,1998:99.

文化自觉是文化自信的基础;文化自信是文化自强的根基。文化自知是指知悉本民族文化源流、文化结构和现实处境,理性思考本民族文化的历史与未来,由"文化自知"通向"文化自觉"。

文化建设的核心脉络是由"知"而"行",知行结合,以文化智慧建立起人与自然、人与人、人与自身和谐的关系,具体方式和策略是实现"生态和谐""世态和谐""心态和谐"的不同表现形态。"生态和谐"意味着人们从大自然中获取滋养民族生命之资,建立了和谐的人地关系。"世态和谐"是指建立并奉行一整套完整的处理人与人之间关系的文化规则,包括官民之间、长幼之间、男女之间、朋友之间以及家庭、宗族、民族之间和谐共处的文化准则。"心态和谐"的意旨在于传承愉悦身心的娱乐方式,建立起人与自身内心精神世界的和谐关系,使人的心灵得到安慰,实现精神安详和心灵幸福。

文化建设者应当思考何为文化建设之"神"与"魂"?为何要开展文化建设?如何建设?谁来建设?为谁建设?建设的思想资源、理论指导、实施路径和价值指向是什么?中国文化建设的精神资源是一个开放的系统,应当明确的是,始自先秦的以儒道文化为核心的中国传统文化是当代中国文化建设至为重要的精神资源,中国文化建设必须接续五千多年中国文化的根脉。

文化建设的核心任务之一是通过"身心灵"生命教育,实现人生境界的提升。身是有形的生命体,是切实存在的"自然生命";心是寄寓于生命中的人的知、情、意,是人的心灵的觉知、体悟与意志;灵是人的心理结构中更高、更深层次的生命意识。中国文化建设的崇高使命是促进生命价值的整体实现,达到身强体健、心境愉悦、灵稳魂定的境界。

文化建设与文化保护存在密切的关联,应当秉承"传统文化保护不可故步自封,现代文化建设切勿数典忘祖"的宗旨,深入探讨文化建设与文化遗产保护协同发展的各种途径,激活各民族文化遗产的潜在价值,推进区域文化建设与文化遗产保护相结合,为构筑既有民族特色,又能适应时代需要的民族文化发展模式提供事实和理论的依据。

中国区域民族的文化遗产隐含的悦心悦意、悦神悦志的文化价值,应当通过广泛搜集各地区的国家级和省(自治区、直辖市)级非物质文化遗产资料,着重调查民间文学、民间音乐、民间舞蹈、传统戏剧、民间美术和民俗的文化事项的保护现状,系统阐发其中的智慧灵光,为现代文化建设提供完整的实证数据和思想资源。

当前,文化建设源于中央有关部委的总体部署,目的是通过传播现代科学知识,丰富民众的文化生活,提升国民的文化素养。这是自上而下的文化建设实践。此外,还有必要从有形的传承空间和无形的精神资源两个途径,深入研究区域文化建设吸纳传统文化智慧的可能性,促进文化保护与文化建设人力物力的整合、传承场域的整合,推动作为文化建设硬件设施的公共文化服务中心,成为兼容并延续民族文化遗产的传承空间。

当前,中国文化建设面临许多实际问题和困境,比如,工业化、现代化、市场化的负面影响,造成人的异化、功利化、物欲化,实现物质生活富足的同时却陷入了精神困惑。"人征服了自然,却成了自己所创造的机器的奴隶。他具有关于物质的全部知识,但对于人的存在之最重要、最基本的问题——人是什么、人应该怎样生活、怎样才能创造性地释放和运用人所具有的巨大能量——却茫无所知。"①

马林诺斯基认为:"人们为文化担负了许多艰难的工作之后,文化为他们备下一些补偿,调剂一下单调的生活,减轻一些人生的担子。""娱乐不但能引人离开厌腻的工作,而且,还含有一种建设的或创造的元素","可促成新的社会结合"。② 然而,人们被现代游戏和娱乐方式淹没了诗情画意,物欲横流冲毁了静谧安详的心境。传统文化的失落,民间优秀游戏与娱乐习俗的消歇,致使人们的生活变得缺少乐趣,源自西方的某些娱乐方式无孔不入地渗透到全国各个地区,许多年轻人热衷于赶时髦,对民族民间游戏与文艺熟视无睹,不屑一顾。传统的歌谣、故事、史诗、长诗以及民间歌舞,只有在长辈们的心目中,占据崇高地位,只有少数长老和民间艺术家艰难地传承,许多民间传统工艺、艺术、史诗、长诗,随着为数不多的传人的逝去而失传,人去歌歇的现象屡见不鲜。

20 世纪 80 年代以来,国家组织编撰民间文学三大集成,即《中国民间故事集成》《中国歌谣集成》《中国谚语集成》,大力抢救民间文学遗产,发掘、整理、保护了大批的民间文学作品,但是,网络、影视等新型的娱乐方式在很大程度上取代了讲故事的民间习俗,许多民族口头流传的文学作品很容易失传,只有加强传统文化整体保护,只有各种歌节、民间艺术表演、人生礼仪及仪式的总体传承,才能保证民间文学的源头活水不至于枯竭。

梁漱溟先生说:"生命本性可以说是莫知其所以然的无止境的向上奋进,不断翻新。它既贯串着好多万万年全部生物进化史,一直到人类之出现;接着又是人类社会发展史一直发展到今天,还将发展去,继续奋进,继续翻新。"③这是一种美好的期望,或许"在某种程度上,在建立更高,或许是更值得争取的目标时,文明可能会造就出更多的反常人"④。因此,很有必要加强社会调控力度,积极培植正面的、积极的、建设性的力量,分化瓦解破坏性的力量,激扬人性中善的方面,遏制恶的成分的滋长。实现这一目标的途径是多种多样的。政府的调控、法律法规的约束、社会舆论的监督、媒体的引导、教育部门的感化、文学艺术的熏陶,都可在不同的层面上发挥效应,而从"和美圣境"的建设入手,不失为有效途径之一。

中国人孜孜以求的精神境界以及中国文化建设的理想境界可以概括为"和美圣境":

---

① 埃·弗洛姆.为自己的人[M].孙依依,译.北京:生活·读书·新知三联书店,1988,25.
② 费孝通.费孝通译文集(上册)[M].北京:群言出版社,2002:277.
③ 梁漱溟.人心与人生[M].北京:学林出版社,1984:22.
④ 露丝·本尼迪克特.文化模式[M].王炜,等,译.北京:生活·读书·新知三联书店,1988:252.

第一,和谐之境

天人合一是千百年来贯穿中国文化的核心精神,其历史渊源同天人感应思想有关,认为社会人生与大自然有某种对应关系,逐步演化到对自然的敬畏心理,认为人与自然不是简单分为相互对立的主体和客体,而是处在相互依存的统一体当中,人与自然应该和睦相处。中国人也强调人际关系的和谐,主张家庭成员之间,宗族邻里之间,个人与集体、与国家之间,相互尽责任和义务,忧乐同担,和睦相处,谦和忍让,营造祥和环境。

第二,美乐之境

促使生活艺术化,艺术生活化,审美的愉悦弥漫在生活空间之中,借助文学艺术陶冶审美情操,熏沐纯洁高尚的心灵,使生活充满生机活力。中国园林是营造美乐之境的集中体现,人们徜徉在园林之中,领略到意趣盎然的审美感受,中国园林的建造,讲究“生境”“画境”“意境”的和谐统一。

“生境”,就是要创造出生气勃勃,具有浓郁生活气息的环境,“有自然之理,得自然之趣”,园中景观“宛自天开”“风生石洞”“云出山根”,美不胜收。

“画境”,就是按照画意造园,通过写意传神的艺术手法,以山、水、草、木作为素材,使之组合成主次分明、烘托得体,相互呼应的画面。

“意境”,体现了造园者的意愿、理想、情趣和境界,强调步移景异,回廊曲榭,变化万端,凭借“透、漏、瘦、皱”的假山,寄托无限的意趣。

第三,圣人之境

中国传统文人遵循“内圣外王”的路径,不断完善自己,以圣人的崇高心志,造就恢宏高远、仁厚博大的襟怀,以拯世救民为人生理想。所以中国推崇的人生品格,不是虚无缥缈的完美的上帝,而是超凡脱俗的圣人。现实生活中的圣人之心的造就,要与精神文化的再制相协调,圣人之境的构筑,应当与现代社区文化建设相适应。圣人之境源自成圣之心,成圣之心外化体现于圣人之境,两者是形与神的关系。温馨和谐的家居环境、浓郁的艺术氛围、优美洁净的自然生态环境、高尚的道德情操、崇高的人生理想,都是圣人之心形成的基础。

中国文化建设的重要任务之一是弘扬民族精神。民族精神是深涵在民族社会生活和文化演进历程中相对稳定的主旋律,同民族性格、文化精神、人生品格、文化特质等因素密切相关。中国人的民族性长期以来是人们热烈讨论的话题。社会心理学研究专家沙莲香教授认为,忠恕、中庸、务实构成了中国人的性格结构。[1] 特别是儒家思想,十分强调“忠恕”之道,强调“己所不欲,勿施于人”,“己欲立而立人,己欲达而达人”。曾子说

---

[1]　沙莲香,等. 社会学家的沉思:中国社会文化心理[M]. 北京:中国社会出版社,1998:14-15.

"夫子之道,忠恕而已矣"。

中国人讲究"自强不息",同时强调"厚德载物",刚健与宽柔相辅相成,天、地、人三者均衡发展。"致中和,天地位焉,万物育焉"(《中庸》),天地万物各安其位,各得其所,各遂其生,既能尽人之性,也能尽物之性,"可以赞天地之化育,则可以与天地参矣"(《中庸》)。"中庸"之作用于人的情感,则要求调节人的喜、怒、哀、乐,含而不露,不偏不倚,温文尔雅,文质彬彬。

中国人的务实精神,源于中国人的行事伦理,扎根于由近及远、由己及人的实践理性,由修身作为起点,达到平天下的目的,孝亲与忠君相统一。人生的寄托不在天国,不在来世,而在今世。

钱穆先生比较游牧文化、农耕文化和商业文化的差异,认为自然环境决定生活方式,生活方式决定文化类型和文化精神。游牧和商业文化核心是富、强、动、进,农耕民族的文化特质是安、足、静、定,"中国则为举世惟一的农耕和平文化最优秀之代表,而其所缺者,则为新科学新机械之装备与辅助。然则中国之改进,使其变为一崭新的大型农国而依然保有其深度之安足感,实不仅为中国一国之幸,抑于全世界人类文化前程以及举世渴望之和平,必可有绝大之贡献"①。

近代中国文化怪杰辜鸿铭将中、美、英、德等国人进行比较,认为:美国人博大、纯朴,但不深沉;英国人深沉、纯朴,却不博大;德国人深沉、博大,却不纯朴。而中国人的性格和中国文明兼有深沉、博大、纯朴三大特征。"要懂得真正的中国人和中国文明,那个人必须是深沉的、博大的、纯朴的。"②

辜鸿铭先生更直接地强调人的类型性对文明发展的决定性作用:

> 要估价一个文明,我们最终必须问的问题,不在于它是否修建了和能够修建巨大的城市、宏伟壮丽的建筑和宽广平坦的马路;也不在于它是否制造了和能够造出漂亮舒适的家具、精致实用的工具、器具和仪器,甚至不在于学院的建立、艺术的创造和科学的发明。要估价一个文明,我们必须问的问题是,它能够生产什么样子的人,什么样的男人和女人。事实上,一种文明所生产的男人和女人——人的类型,正好显示出该文明的本质和个性,也即显示出该文明的灵魂。③

需要意识到的是,人的塑造是特定历史环境作用于人类自身的再生产的产物,民族性格和文化理想的形成,必定基于各民族所处的生存环境,外在的自然生态环境、社会发

---

① 钱穆. 中国文化史导论[M]. 北京:商务印书馆,1994:5.
② 辜鸿铭. 中国人的精神[M]. 黄兴涛,宋小庆,译. 海口:海南出版社,1996:5.
③ 辜鸿铭. 中国人的精神[M]. 黄兴涛,宋小庆,译. 海口:海南出版社,1996:3.

展水平、经济生活形态,既是特定的民族力量外化的结果,又是未来社会文化发展的前提,也是产生什么类型的人的基础。

与中国人务实、重现世的性格特征相适应,中国人的文化理想建立在人本主义而不是神本主义的基础之上,中国人心灵深处关注的是民族文化根脉的延续,探求的是民族品质的提升,憧憬的是天下大同理想的实现。《礼记·礼运篇》:

> 大道之行也,天下为公。选贤与能,讲信修睦,故人不独亲其亲,不独子其子,使老有所终,壮有所用,幼有所长,矜、寡、孤、独、废疾者,皆有所养。男有分,女有归。货恶其弃于地也,不必藏于己;力恶其不出于身也,不必为己。是故,谋闭而不兴,盗窃乱贼而不作,故外户而不闭,是谓大同。①

回观当今社会现实,千百年来中国人一直向往的这种理想社会,尚未完全实现。

现代科技高度发达,人们能够清楚地理解人的生理规律、社会规律、经济规律,特别是克隆技术和基因工程的迅速发展,将对人类社会文化的演化产生难以估测的深远影响。人类创造了大量的财富,但是,贫困、饥饿、失学等现象并未绝迹,在有些地方还相当严重。互联网的普及,使地球变成小小的"村落",但是不同民族与不同文化间的隔阂依然根深蒂固,人与人之间的心灵沟通不见得比以前更容易,有时甚至恰恰相反。越来越多的人把自己的内心世界封闭起来,深层次的心灵共鸣成为奢望。全人类渴求和平、统一、自由、进步、和谐,但是战争阴影却时常笼罩人的心灵,分裂势力活动频繁,精神的奴役仍然禁锢人的思想自由,进步的梦想常常带来生态的失衡,各民族的和谐相处,不同文明的交融共生,还面临严峻的考验。人类的知识愈来愈发达,人类好像可以大有作为,可行最大的善,但是知识的综合与普及还做得不够,人类的理性与自主意识的弱化又时常使人感到无能为力。人类向善和向上奋进的力量与引诱人变得粗俗、走向堕落和罪恶的力量,相互交织着作用于人。在这种人类文化的大背景之下,实现中华民族的文化理想,依然任重而道远。

中华民族是富有诗性智慧和诗性精神的民族,同时又将天人合一、和谐安详、美乐圣洁的理想境界建构在现实生活中的民众安居乐业、幸福康乐的基础之上,体现了超越现实的理想追求与扎根社会基层的务实精神的和谐统一。建设和谐幸福、康乐美满、乐观进取、积极向上、多民族和谐共生的理想社会,实现中华民族伟大复兴,是千百年来中国人的共同理想和民族意志的集中体现。

总之,中国社会文化的传承发展与中国文化理想的实现,是个复杂而艰巨的系统工

① 王梦鸥,注译. 礼记今注今译[M]. 北京:新世界出版社,2011:192.

程,需要立足于中国文化演进的内在机制,建构适应全球一体化时代总趋势的中国人的文化心理结构,让中华民族杰出的生存智慧在世界新文化格局的重组中提供多样性的精神资源和思想启迪。实现中国文化理想,既存在诸多有利条件,也有许多不利因素,作为21世纪的中国文化传人,应当把个人的理想同社会的理想统一起来,认识自己所处的时代文化环境以及肩负的重建民族文化的重任,以实际行动为不同区域文化的和谐共生,为实现中华民族伟大复兴,贡献自己的一份力量。

思考题

1. 借助中国娱乐文化习俗,说明中国人审美需求的实现方式与审美心理的主要特征。

2. 为什么说中国人是充满诗性智慧的民族?试结合中国诗歌文化成就予以论证。

3. 怎样理解中国人的民族精神?中国民族精神和中国文化理想的相互关系是什么?

拓展阅读书目

1. 费孝通,等. 中华民族多元一体格局[M]. 北京:中央民族学院出版社,1989.

2. 林耀华. 民族学通论(修订本)[M]. 北京:中央民族大学出版社,2003.

3. 林惠祥. 中国民族史[M]. 上海:上海书店出版社,2012.

4. 王桐龄. 中国民族史[M]. 长春:吉林出版集团有限责任公司,2010.

5. 江应梁. 中国民族史[M]. 北京:民族出版社,1990.

6. 凌纯声. 中国边疆民族与环太平洋文化[M]. 台北:联经出版事业公司,1979.

7. 李德洙. 中国少数民族文化史[M]. 沈阳:辽宁人民出版社,1994.

8. 王永强等. 中国少数民族文化史图典[M]. 南宁:广西教育出版社,1999.

9. 乌丙安,郝苏民,葛剑雄. 中华民族文化大系[M]. 上海:上海文化出版社. 2017.

10. 杜若甫,叶傅升. 中国的民族[M]. 北京:科学出版社,1994.

11. 白寿彝. 中国通史[M]. 上海:上海人民出版社,1994.

12. 钱穆. 中国文化史导论(修订本)[M]. 北京:商务印书馆,1994.

13. 柳诒徵. 中国文化史[M]. 北京:中华书局,2015.

14. 张岱年. 中国国学传统[M]. 北京:北京大学出版社,2016.

15. 苏秉琦. 中国文明起源新探[M]. 北京:生活·读书·新知三联书店,2019.

16. 冯天瑜,何晓明,周积明. 中国文化史[M]. 上海:上海人民出版社,1990.

17. 冯国超. 中华文明史[M]. 北京:光明日报出版社,2010.

18. 冯国超. 中华上下五千年[M]. 北京:光明日报出版社,2003.

19. [法]勒内·格鲁塞. 中国简史[M]. 赵晓鹏,译. 北京:九州出版社,2016.

20. 李宗桂. 中国文化概论[M]. 广州:中山大学出版社,1988.

21. 韦政通. 中国文化概论[M]. 台北:水牛出版社,2008.

22. 吕思勉. 中国文化史[M]. 天津:天津人民出版社,2016.

23. 常乃德. 中国文化小史[M]. 哈尔滨:哈尔滨出版社,2019.

24. 唐君毅. 中国文化之精神价值[M]. 北京:九州出版社,2021.

25. 吴海江. 中国共产党与中国文化[M]. 上海:上海人民出版社,2019.

26. 宋修见. 中国文化的生命力[M]. 北京:北京大学出版社,2022.

27. 覃德清. 中国文化学[M]. 桂林:广西师范大学出版社,2015.

28. 欧阳修,等. 新唐书[M]. 北京:同心出版社,2012.

29. 中国社会科学院世界宗教所道教文化研究室. 道教文化面面观[M]. 济南:齐鲁书社,1990.

30. 孟元老. 东京梦华录[M]. 北京:中国书店,2019.

31. 王阳明. 传习录[M]. 马祝恺,主编. 罗海燕,点校. 北京:金城出版社,2018.

32. 康有为. 康南海自编年谱[M]. 北京:中华书局,2012.

33. 康有为. 大同书[M]. 上海:上海古籍出版社,2005.

34. 康有为. 康有为政论集[M]. 北京:中华书局,1998.

35. 钱乘旦. 现代文明的起源与演进[M]. 南京:南京大学出版社,1991.

36. 王夫之. 读通鉴论[M]. 北京:团结出版社,2018.

37. 王夫之. 思问录·俟解黄书·噩梦[M]. 北京:中华书局,2009.

38. 彭大成. 湖湘文化与毛泽东[M]. 长沙:湖南出版社,1991.

39. 梁启超. 论中国学术思想变迁之大势[M]. 上海:上海古籍出版社,2001.

40. 林语堂. 吾国与吾民[M]. 北京:中国戏剧出版社,1990.

41. 新疆维吾尔自治区博物馆,新疆社会科学院考古研究所. 建国以来新疆考古的主要收获[M]. 北京:文物出版社,1979.

42. 李白凤. 东夷杂考[M]. 济南:齐鲁书社,1981.

43. 梁启超. 中国地理大势论[M]. 北京:中华书局,1989.

44. 房玄龄. 晋书·吐谷浑传[M]. 长沙:岳麓书社,1997.

45. 王云吾,主编. 礼记今注今译[M]. 王梦鸥,注译. 北京:新世界出版社,2011.

46. 杨建新,马曼丽. 西北民族关系史[M]. 北京:民族出版社,1990.

47. 何积金. 苗族文化研究[M]. 贵阳:贵州人民出版社,1999.

48. 刘东生,等. 中国第四纪沉积物区域分布特征的探讨[M]. 北京:科学出版社,1996.

49. 杨丰校注. 嘉庆临安府志校注[M]. 昆明:云南人民出版社,2018.

50. 李德洙. 中国少数民族文化史·哈尼族文化史[M]. 沈阳:辽宁人民出版社,1994.

51. 恩格斯. 家庭、私有制和国家的起源[M]. 北京:人民出版社,2012.

52. 迈克尔·米特罗尔,雷音哈德·西德尔. 欧洲家庭史[M]. 赵世玲,等,译. 北京:华夏出版社,1987.

53. 费孝通. 江村经济[M]. 上海:世纪出版集团,2013.

54. 李亦园. 人类的视野[M]. 上海:上海文艺出版社,1996.

55. [美]明恩溥. 中国乡村生活[M]. 午晴,唐军,译. 北京:时事出版社,1998.

56. [德]马克思. 马克思恩格斯选集(第一卷)[M]. 北京:人民出版社,2012.

57. 司马迁. 史记·秦始皇本纪[M]. 北京:中华书局,2013.

58. 蒋良骐. 东华录[M]. 济南:齐鲁书社,2005.

59. 刘泽华. 专制权力与中国社会[M]. 长春:吉林文史出版社,1988.

60. 费正清,赖肖尔. 中国:传统与变革[M]. 陈仲丹,等,译. 南京:江苏人民出版社,1992.

61. ［德］恩格斯．马克思恩格斯选集(第四卷)［M］．北京:人民出版社,2012.

62. 鲁迅手稿全集编辑委员会．鲁迅手稿全集·书信(第 1 册)［M］．北京:文物出版社,1978.

63. 梁漱溟．人心与人生［M］．上海:学林出版社,1984.

64. 大卫·雷·格里芬．后现代精神［M］．王成兵,译．北京:中央编译出版社,1998.

65. ［美］G. R. 哈里逊．人类的前途［M］．易家愿,译．台北:久大文化股份有限公司,1990.

66. 威廉·哈维兰:当代人类学［M］．王铭铭,等,译．上海:上海人民出版社,1987.

67. ［德］恩格斯．德国民间故事书［A］．马克思恩格斯全集(第 41 卷)［M］．北京:人民出版社,1982.

68. 黄泽．西南民族节日文化［M］．昆明:云南教育出版社,1995.

69. 沙莲香,等．社会学家的沉思:中国社会文化心理［M］．北京:中国社会出版社,1998.

70. 钱穆．中国文化史导论［M］．北京:商务印书馆,1994.

71. 辜鸿铭．中国人的精神［M］．黄兴涛,宋小庆,译．海口:海南出版社,1966.

后　记

2014年，教育部颁发《完善中华优秀传统文化教育指导纲要》。2017年，中共中央办公厅、国务院办公厅印发《关于实施中华优秀传统文化传承发展工程的意见》，要求各地区各部门结合实际认真贯彻落实。这些文件的颁发，引起社会各界的广泛关注，中国文化教育迎来前所未有的发展机遇。因覃德清教授和杨丽萍教授合编的《中国文化概论》（2002年版）已经脱销，而2015年覃德清教授出版的《中国文化学》偏重理论建构，更适合教师阅读（2015年被中国教育报推荐为"全国教师暑假阅读书目"）。为适应新时代普通高校、职业学院的学生以及中小学教师等不同群体的阅读需要，我们在编写本教材时对教材的结构和内容做了新的调整和修订。主要体现在以下几个方面：

（1）调整难易程度，删去一些偏深的学术性论述，增加一些经典性、可读性强的材料；

（2）调整章节顺序，使全书脉络更加清晰，以利于读者循序渐进地形成对中国"天、地、人、文"的整体认知；

（3）突出文化符号、非物质文化遗产、文化体悟的重要性，以适合开展文化研学旅行的需要；

（4）在结构上适当调整，每章前增加"学习提示"，提炼本章的学习重点，揭示本章的主旨，书末开列"拓展阅读书目"，以供任课教师和学生进一步阅读、参考。

学无止境，教材的编写和教学过程的实施始终具有新的提升空间。中国文化的教学实践，需要各相关学科的学者共同努力、协同创新，方可使之逐步完善，以臻佳境。许多行之有效的新路径、新方法，有待在教材的应用中进一步探索，欢迎广大读者提出批评意见和建议。

在本书即将付梓之际，本书原主编覃德清教授不幸因病离世，然"言其于忠信笃敬，念念不忘"，谨以此书的出版纪念覃先生孜孜不倦为中国文化勉力传扬之绩。

本书的出版得到广西师范大学校长孙杰远教授的大力支持和帮助；江宏博士、马一博博士、吴秋燕博士承担了书稿后期的整理、校对工作，在此致以诚挚的谢意！

借书稿付梓之机,特向中国文化学术界前贤今彦一并致以崇高的敬意!
本书的不足之处,期方家有以教之。

杨丽萍　谨识

2022 年 9 月 21 日于桂林观云斋